四型生理时钟
The Power of When

[美] 迈克尔·布劳斯(Michael Breus) ◎著

郑咏滟 ◎译

CNS 湖南文艺出版社
PUBLISHING & MEDIA
HUNAN LITERATURE AND ART PUBLISHING HOUSE

博集天卷
CS-BOOKY

正如我女儿所说，这本书"应该献给你了不起的孩子和妻子"。我想不到比这更棒的表述了。

本书献给我的狼型伙伴：劳伦、库珀、卡森，和我的孩子蒙蒂、斯巴基和糖小熊。特别要感谢我十六年从医生涯中遇到的所有患者。每一次相遇，我都从你们身上学到很多。

THE
POWER OF
WHEN

目录
Contents

PART THREE　生理时钟与季节、年龄

THE
POWER OF
WHEN

推荐序

在我的节目开播之初，布劳斯博士便已经是我的朋友和同事了。他对学习，对教育大众，对获取与睡眠和睡眠障碍相关的前沿信息表现出的不知疲倦的热情，让他成为很多领域的核心专家。

在一次与布劳斯博士会面之后，我开始对昼夜节律（circadian rhythm）的治愈效果产生兴趣。当时我们讨论了睡眠药物的未来，也讨论了为什么在美国睡眠缺乏没有被视作一个严重的健康问题。我很好奇睡眠科学的下一个发现会是什么。

布劳斯博士向我解释了昼夜节律系统（又叫生理时钟）是如何影响身体功能的方方面面的：从肿瘤细胞的复制到免疫系统的完善。我清楚地意识到，关于这个话题，已经有了相当丰富的研究成果，但是对普通大众而言还十分陌生。我也知道，人们应该受到这方面的教育，所以我鼓励布劳斯博士创作本书——《四型生理时钟》。

当你进一步理解了什么是昼夜节律失调时——本书深入浅出地解释了这一概念，你就能进一步改善自己的生活。举个例子：肠胃也有自己的昼夜时钟，可是当肠胃时钟失调，激素干扰会导致炎症水平升高，新陈代谢不充分，甚至很多处方药疗效都会大打折扣。

书中一开始的小测验能够帮助读者弄清自己属于四种生理时钟类型中的哪一种，接着就会明白狮子型、熊型、狼型和海豚型典型的一天是如何度过的，以及他们是如何度过一天之中的最佳"时间"的。

或许大家都知道，我特别重视排便规律，在节目上也经常谈论这个话题。本书中我最喜欢的一个章节就详细讨论了"什么时候"排便的问题，一切都变得非常简单！还有一个章节让我尤其留意，这个章节讨论的是"什么时候"服药能够最大限度地增强药效，让生活变得更美好——答案就是晚间。那么身体运动呢？布劳斯博士在本书中用了整整一章来讨论"什么时候"做各类运动才能获得最大益处与快乐。

昼夜节律科学能够推动医药实验的发展。如今，科学家们可以根据样本采集的时间，使用基于时间的标准来比较结果，从而获得更加精确的实验结果。临床医生也能够获取更准确的结果。早上或晚上抽血检查到的甲状腺激素水平，会有差别吗？会不会影响诊断？如今看来，答案是肯定的。

根据对生理和作息的基本理解，你能够了解"什么时候"你和你的伴侣及家人会获得最大益处，包括性爱、恋爱、计划活动、与孩子谈话等各个方面。当你在这些方面得到改善时，你会变得更健康，生活也会变得更美好。

当然，我们也不能忘了工作，毕竟它占了我们每个人的大部分时间。明白、理解"什么时候"是你的最佳状态，"什么时候"是别人的最佳状态，能够让你更好地表达观点，发挥创意，接受建议。读完本书，你会知道自己"什么时候"能够在不同方面达到最优。

我做了测试，发现自己属于狮子型。这种生理时钟类型的特点和我特别符合，我也意识到，我不知不觉地创造了一套为我服务的作息时间，这套作息时间非常契合我多个领域的目标。不过我还是决定改变午睡的时间，想看看能否提高这方面的效率。在简单地改变后，我的健康得到了显著改善，对这个结果我真的十分惊喜。所以，我高兴地写下这篇序言，希望告诉所有读者：这本书一定能够帮助你、你的家人、你的事业和你的健康。

迈哈迈特·C.奥兹博士

著名心胸外科医生，哥伦比亚大学教授

引言：
时机就是一切

想不想得到一个简单、直接的生活秘诀，让你不费力气就能获得幸福与成功？当然！这听上去似乎是张空头支票，其实并非如此。

或许之前你看过诸多诀窍和建议，告诉你"什么"是成功，又"如何"获得成功。

如何减肥？

如何让你的性伴侣获得满足？

该对你的上司说些什么才能获得加薪？

如何养育孩子？

该吃什么？

如何健身？

思考什么？

如何做梦？

"什么""如何"都是非常好的问题，也十分必要。但是还有一个更加重要的问题，如果你想在生活的方方面面获得迅速、持久的提升，就必须回答这个问题。

那就是"什么时候"。

"什么时候"是终极版的生活窍门。

合适的时机是成功的基础，它能够释放一个更迅速、更聪明、更优秀、更强壮的你。

找到最佳时机能够让你发挥最大潜能。你无须改变做事的内容与方式，只需微调做事的时机，就可以变得更健康、更快乐、更加富有成效。一切就从现在开始。

"时机"就是这么简单，却又充满力量。

你只需在每日作息时间上稍做改变——比方说，什么时候喝第一杯咖啡，什么时候回电邮，什么时候小睡片刻——你一天的工作节奏就可以与你身体的生理节奏同步，每件事情都会变得水到渠成，顺理成章。

那么，"身体的生理节奏"又是什么意思？

或许这和你以前听说的不一样，事实上，做每件事情都有完美的时机。这个时机并不是你能选择、猜测或琢磨出来的，相反，它恰恰蕴藏在你体内、你的DNA里面。从你睁开眼的那一刻起，一直到你再次入睡，它存在于每时每刻中。婴儿3个月大时，深藏在大脑里的时钟就开始嘀嗒走动，记录时间。

这个计时器结构精密，被称作昼夜节律调节器，也就是生理时钟。具体地说，它是处于下丘脑视交叉上核、正好位于脑垂体之上的神经细胞束。

清晨时分，第一缕阳光穿过眼球到达视觉神经，便激活了视交叉上核，开启每天的昼夜节律。"昼夜节律"一词源于拉丁语。视交叉上核就像一个主钟，同时控制着身体其他部位的辅钟。在一天之中，你的体内温度、血压、认知功能、激素流量、灵敏度、精力状态、消化功能、饥饿感、新陈代谢、创造力与社交力、运动能力、愈合能力、记忆能力与睡眠，林林总总的身体功能无一不听从生理时钟的号令，波动起伏。无论你是否意识到，你能做的每件事、你想做的每件事都处在生理节奏的控制之下。

图示
■■■ 皮质醇
--- 褪黑素
○○○ 血压与血糖
—— 机敏度
▶▶▶ 体温

你体内正在进行的四种昼夜节律

5万年以来，我们的祖先一直遵循身体内部的时钟来组织生产活动。他们的一切行为——进食、捕猎、采集、社交、起床、休息、繁衍与复原，无一不由完美的生物时间（bio-time）来调节。当然，我不是说史前洪荒时期或者中世纪的生活有多么精彩，不过作为一个物种，我们始终日出而作、日落而息，于户外大量活动，在漆黑夜晚安眠。然而，人类今日最大的讽刺恐怕莫过于此。我们创造了文明社会，在科技上取得了令人难以置信的进步，但一切成就恰恰让原本精确进化的内部时钟转而成为我们的敌人。

生理时钟进化史上最具破坏性的事件发生在1879年10月21日。就在那一天，托马斯·爱迪生在新泽西州门罗公园的实验室里为全世界带来了高寿命的白炽灯泡。他有一句名言："我们会让电变得十分便宜，到时候只有富人才会点蜡烛。"在之后不到10年的时间里，由于各种原因，夜晚变得可有可无。我们不再日出而作、日落而息。曾经，我们从清晨工作到黄昏，在暮光中用完晚餐；可现在工作时间变得越来越长，晚餐也拖得越来越晚。我们大多数时间待在室内，接触人造光源，在户外真正沐浴阳光的时间变得寥寥无几。

爱迪生在1889年接受《科学美国人》的访问时说道："我每天的睡眠时间很少超过4小时，而且我可以一年四季天天如此。"1914年庆祝白炽灯问世35周年时，爱迪生再次把睡眠比作一个"坏习惯"，他认为美国人每天的睡眠时间应该减少，甚至预测未来会出现真正的"不眠夜"。"一个人在睡眠上能省几分，他的能力就能再增强几分，"他断言道，"其实我们真没什么理由需要睡觉，人类的未来将会睡得越来越少。"

对生理时钟产生破坏性影响的第二大事件则是交通工具的进步。汽车和飞机使人类能够在短时间内长途旅行。人体需要一天来适应一个时区的时差，骑马或乘坐马车也差不多需要一天时间才能跑那么远。从20世纪中叶开始，仿佛一眨眼间，我们突然能够在几小时内穿越好几个时区，生理时钟反而被甩在了后面。

互联网科技造就了今日的生活，一天24小时、每周7天，我们时时刻刻都在使用智能手机，而工作生活、饮食娱乐也不再区分时间。

人类花了5万年时间进化出完美的生理时钟，现代人却仅用了125年便将其摧毁殆尽。在这个新千年里，可以说科技进步全面赶超了人类的生理进化，其结果便是我们的"生理时钟"彻底失调。

一个人无法与自己的生理时钟同步，对他的生理、心理、情绪健康都会产生巨大的危害，这种现象被称作"昼夜节律失调（chrono-misalignment）"。过去15年间，科学家们一直想将那些诸如情绪障碍、心脏病、糖尿病、恶性肿瘤，还有肥胖症之类的所谓文明病与昼夜节律失调联系起来。失眠、睡眠不足等症状会直接诱发抑郁、焦虑甚至导致事故发生，更不用说种种让人觉得窒息、精疲力竭的情绪对感情、事业与健康造成的危害了。除非你每晚6：00之后关掉所有电子产品，否则你肯定会或多或少地遭遇昼夜节律失调——包括早晨睡不醒、体重增加、感到压力大、无法在工作上尽情发挥能力等情形。当然，黄昏就关掉所有电子设备很不现实，但是起码你要早一点关掉屏幕，并且随着夜色加深而调暗灯光。

小麻雀不会在早上9：00赶早高峰上班，在堵车时猛灌咖啡。三文鱼不会去听午夜场的音乐会。梅花鹿不会整个周末都泡在电视机前，看完一整季的《纸牌屋》。家猫也不会按社会日程打盹、玩耍、清理房间。这一切都绝不会发生，因为动物依旧遵守内在的时钟。人类则恰恰相反，智力超群却刻意忽略身体内部的规律。强迫生理性的昼夜节律去适应"社会节律"，往往导致我们的身体无法在恰当的时间恰当地工作。

我如何发现了生理时钟的力量

15年前我获得了临床睡眠医学的医师资格，也就是在那段时间，时间生物学（chronobiology，昼夜节律的研究）成为领域里的一个热门话题。20世纪70年代之前，针对人类昼夜节律的研究几乎空白，大众对此也一无所知。原因有很多。首先，很多保健医生完全没听说过时间生物学这个名词。医学院课程里并没有这门课，除非碰到与睡眠障碍相关的研究才会提及。即使你的生理时钟失调，医生也无药可开（除非算上咖啡因这种地球上滥用最多的物质），而很多药物和保健食品——那种有药用价值的食物——对人们的生物钟损害也极大。（请翻到157页查看这类药物。)

当时我有一些失眠症患者，对其使用标准疗法毫不见效，我便对时间生物学萌生了兴趣，后来更是越发着迷。我多方探索，试图找到新的方案帮助我的病人，并开始尝试使用时间疗法——让他们在每天特定时间段接触光源；把卧室灯泡换成"利于睡眠型"灯泡（请参看照明科学：www.lsgc.com）；此外，让他们在一天之中的特定时间段，根据昼夜节律的周期服用被称作"睡眠激素"的褪黑素。这些做法取得了一定成效。

但我并没有就此满足。我想知道，如果我的病人将作息时间调整到与自然赋予的生物时间同步，他们是不是能够进一步好转。所以我要求他们稍微调整吃饭与锻炼、社交与看电视的时间，以及接触人造光源的时间。他们照做之后，进步显而易见，不仅睡眠变好了，整个人的健康状态、情绪记忆、专注力和体重都得到了改善。我意识到，把握好时机能够从方方面面改变每个人的生活。

我就好像上瘾了似的，翻阅各类医学杂志，阅读所有关于调节生物时间带来益处的文章。如前所述，这个领域飞速发展着，我必须不断努力跟进。以下是过去几年中在昼夜节律研究方面取得突破性进展的几个顶级案例。

△ 遵循生物时间治疗肿瘤疾病能够救人一命。2009 年，北卡罗来纳大学医学院的研究者使用小白鼠进行实验，试图研究用药的时机是否会影响破损细胞的 DNA 修复速度。他们通过在不同时间抽取小白鼠大脑中的物质，发现当夜晚用药时，**DNA 修复速度快了七倍**，正好符合某种酶的昼夜升降规律。研究者得出结论，如果想减少副作用而增加药效，应该在细胞更能够修复自身的时间段给患者使用化疗药物。

△ 遵循生物时间，为智力与创造力加分。2011 年，密歇根州立大

学与阿尔比恩学院的心理学家请受试者在一天中的不同时间段解决一些问题，有些是分析型的，有些则需要洞察力。**在昏沉无力的非最佳时间段，受试者能够更好地解决创造型问题；而在清醒机警的最佳时间段，他们能更好地解决分析型问题。**研究者得出结论，创造型与分析型思考的生物时间不同。如果你想解决某一类型的问题，最好挑恰当的时间。

△ 遵循生物时间进食，有效管理体重。西班牙穆尔西亚大学 2013 年展开了一项研究，研究者招募了 420 位超重或肥胖的男性与女性参加一项为期 20 个星期、每天仅摄入 1400 千卡的节食计划。其中一半受试者被列入提早进餐计划，每天在下午 3：00 前吃完主餐。另一半受试者被列入推迟进餐计划，下午 3：00 后吃完主餐。两组受试者的用餐品种与数量相同，运动强度与频度相同，睡眠时间相同，食欲激素水平与基因功能相当。那么哪一组减重最多？**提早用餐组平均减重 20 斤，而推迟用餐组则平均减重 15 斤，相差 25%。**推迟用餐组常常不吃早餐。

△ 遵循生物时间让你更快乐。2015 年，来自丹麦哥本哈根大学医院的研究者对 75 名重度抑郁症患者进行实验，一部分使用时间疗法（充分接触光源，同一时间醒来），另一部分采取锻炼手段。**时间疗法组 62% 的病人在 6 个月后症状缓解，而锻炼组症状缓解的病人只有 38%。**

△ 遵循生物时间跑步，让你速度更快。2015 年，来自英国伯明翰大学的研究者试图揭示运动员表现与他们在早上更加兴奋还是在晚上更加兴奋之间的联系。他们的确发现了联系。**运动员从醒来到开始训练之间的间隔时间对运动表现具有巨大的影响。习惯晚起的运动员在晚上训练比在上午训练时速度快 26%，差异非常显著。**

各位读者在下文还会读到更多类似的研究实例，种种例证都说明保持良好的生物时间至关重要，忽视它则后果危险。科学告诉我们，只要你重视时间，你的生活就会像时钟一样规律有序。

但如果你和你内在的时钟不同步，你恰恰是在与自己的身体作对。这怎么可能是个好主意？

我并不憎恨爱迪生，也不是说让你们扔掉苹果手机，住进深山老林。没有科学技术，我们也不可能发现生物时间对健康与生产力的深远影响。我们可以利用研究成果与科学技术来帮助我们一边遵循近乎完美的生物时间，一边保持我们的社会日程。这正是其魅力所在：你不需要抛弃你的生活来契合生理时钟，只需稍稍做出改变，在手机上设定几个闹铃，下载免费的应用程序，你就会发现你的生活越变越美好。

术语解答

Bio-time：生物时间，又称生理时钟或生理日程；指一天 24 小时中激素与酶的波动起伏以及循环系统活动过程中的变化。

Chronobiology：时间生物学，研究昼夜节律及其对人类健康影响的学科。

Chrono-misalignment：昼夜节律失调，当社会日程与生理时钟不同步时对健康、专注力与精力产生的负面影响。

Chronotherapy：时间疗法，通过使用光照与激素补充剂，改善失眠病人与情绪障碍患者的健康状况，改善生活质量。

Chronotype：生理时钟类型，个体生理时钟所属的类型。

Chronorhythm：时间节律，在我们忙碌的现代生活环境中，进行各项活动的最佳生理日程。

Circadian rhythm：昼夜节律，即生理时钟或生理日程，指一天 24 小时中激素与酶的波动起伏以及循环系统活动过程中的变化。

Social jet lag：社会时差，当你的社会日程与生理日程不同步时出现。

Social schedule/Social rhythm：社会日程 / 社会节律，每天各项活动的日程——起床、吃饭、运动、工作、交友。

PART ONE

生理时钟类型

第一章

你属于哪种生理时钟类型

每个人的大脑里都有一个主生物钟，其他更小的生物钟则分布在身体的各个部位。

但是，并不是所有人的生物钟都节奏相同，很可能你的好友、伴侣、孩子的生物钟和你的都不一样。你肯定早已注意到这一点，比如，有些人醒得早，你想吃饭的时候他们却还不饿，或者在你昏昏欲睡的时候他们却精神抖擞。根据通常习惯早起还是习惯夜生活，可以将人们分为不同的生理时钟类型。

根据传统观念与历史定义，我们把生理时钟的类型分为三种。

1. 雀鸟：习惯早起的人。

2. 蜂鸟：既不早起也不晚睡的人。

3. 猫头鹰：习惯晚睡的人。

心理学家和睡眠医生一直以来都使用一套标准的早起—晚睡问卷（MEQ）来决定个人的生理时钟类型。不过，我和大量的病人打过交道，而且在这个领域工作了 15 年以上，我一直对这三个类别，尤其是分类标准不太满意。MEQ 问卷仅仅评估个人入睡 / 醒来 / 活动三方面的偏好，似乎只测量了一个维度。在我看来，这套问卷未能囊括所有相关因素。更重要的是，这三个类别完全无法与我在临床接触到的病患人群相匹配。

首先，现有的生理时钟类型评估体系并不包含睡眠的两步系统。如同我们对晨起时间各有偏好，人体内同样存在一种"睡眠冲动（sleep drive）"——对睡眠的需求。有些人对睡眠的需求比其他人多，好比有些人的性欲更强。

一个人的睡眠冲动遗传自父母，并决定了睡眠时间和睡眠深度。

睡眠冲动较低的人不需要睡很多，夜晚对他们而言显得太过漫长。他们睡得很浅，容易受到微小声音或灯光的干扰，醒来的时候精神也不够振奋。

睡眠冲动较高的人需要更多睡眠时间，夜晚对他们来说转瞬即逝。他们睡得更沉，然而不管他们睡了多长时间，早上醒来的时候依旧不够振奋。

睡眠冲动中等的人则睡得比较沉，他们连续睡 7 小时，醒来就已经精神抖擞了。

MEQ 的设计并未考虑到个体的性格特征，但事实上，性格是评估生理时钟类型的一大关键因素。举个例子，早起的人更关注养生，而晚睡的人则更冲动，这两种类型的人都不是特别随和。这一点已经在十几项研究中得到证实。因此，如果要全面评估生理时钟类型，性格是一个不容忽视的参数。

MEQ 问卷的第二个问题是它与我接触的病患人群无法匹配。现有的三种类型将总人口的 1/10——失眠症患者剔除在外。尽管习惯早起、习惯晚睡、既不早起也不晚睡这三类人群中都含有一定比例的睡眠不好的人，但真正的失眠症患者却是那些长期与失眠抗争、每晚睡眠不超过 6 小时的人。我认为他们应被单独归为一类，他们的醒来／入睡偏好、睡眠冲动以及性格特征与其他三类完全不同。

　　基于这些原因，我决定重新定义这个群体，便自行设计了一份囊括所有重要因素的调查问卷，并将生理时钟类型重新命名。人类不是鸟类，而是哺乳类动物，所以我们的行为与其他哺乳类动物有相似之处，这一点在我自己对生理时钟的分类中得以体现。我从哺乳动物中找到了四种动物，能很好地体现四种生理时钟类型，具体情况如下：

　　1. 海豚型。海豚每次睡觉时只有一半大脑处于休息状态，另一半大脑则十分警觉，以此来控制游泳、捕食等行为，所以这种类型又被称作单侧半脑睡眠型，尤其适合失眠症患者——他们智力高超，略带神经质，睡眠极浅，睡眠冲动低。

　　2. 狮子型。位于食物链顶端的狮子喜欢在早上捕猎。这种类型适合习惯早起的人，他们一般比较乐观，睡眠冲动中等。

　　3. 熊型。熊一般喜欢顺其自然，闲庭漫步，随处捕食，它们的睡眠很好。这种类型适合爱玩乐、性格外向的人。他们白天活动多，睡眠冲动高。

　　4. 狼型。狼一般在夜晚狩猎，所以这种类型适合喜好夜生活、创造性强的人。他们性格外向，睡眠冲动中等。

　　或许你还不能从以上简短描述中判断你属于何种类型，不过可能你已经认出你的父母属于哪一类型了。别忘了，生理时钟类型具有遗传性——由PER3基因决定。如果你拥有一种长型PER3基因，那你每天至少需要7小时的深度睡眠，而且习惯早起。如果你拥有的是短型PER3基因，那么或许你睡得少、睡得浅也无大碍，而且习惯晚睡。你父母中一方的生理时钟类型很有可能和你的一样。

　　为什么有这么多种生理时钟类型呢？为什么人群中会有如此大的差

异？人类自诞生之日起，生理时钟类型的多样性便有益于种群的生存繁衍。每种生理时钟类型都有其各自的目的，并对整个族群的安全做出了贡献。族群成员的生理时钟多种多样，他们的族群才能安全度过一个个漫漫长夜。虽然今时今日我们不再需要在山洞门口守夜站岗，但是我们的基因结构自史前时代以来并没有太多改变。各个类型的分布比例也基本上保持稳定。

△ 海豚型约占总人口的 10%。他们睡眠很浅，一听到轻微响动就可以起身警告整个族群。

△ 狮子型占总人口的 15%~20%。他们醒得很早，值早班巡逻，以防猛兽来袭。

△ 熊型约占总人口的 50%。他们的生物钟与日出日落同步，在日间负责狩猎与采摘。

△ 狼型占总人口的 15%~20%。他们值夜班巡逻，等狮子型的人早起后再渐渐入睡。

显而易见，四种类型有着完全不同的时间表。狮子型的新陈代谢与狼型的完全不同步，所以，如果让狮子型的人和狼型的人同一时间用餐，显然不合理。每种类型都须遵守其自身的时间节律，即合适的日程安排，这样才能确保获得健康，表现最佳。在以下章节中，我将一一讲述每种生理时钟类型的时间节律。

总的来说，海豚型、狮子型和狼型都不符合通常的社会规范，他们的时间节律就体现出这一点。熊型的生物钟与现存的社会规范最为相近，也是占人口比例最大的一种类型，这也解释了社会规范的一大成因。然而，社会规范虽然存在，但并不意味着熊型的人能够通过遵守这些规范而发挥他们的创造力，获得事业与生活的双丰收。

熊型的人需要注意，他们的时间节律仍然需要针对现有的生活方式做出微调。

现在，或许你已经能猜出自己属于哪一种生理时钟类型。你可以填写下面的生理时钟类型测试（BTQ）来验证自己的猜测。这个测验涵盖了所有重要因素，包括入睡／醒来偏好、性格、行为特征以及我这么多年来对病患的观察。这份 BTQ 测试在我的病人、普通大众、朋友、同事等多个人群中重复测试，应该可以说是现有工具中最能准确评估生理时钟类型的测量工具。

该测试由两部分组成。第一部分包括 10 道是非题，第二部分包括 20 道多项选择题。答案不分对错，请尽量做出诚实、客观的回答。（如果你是狼型，放轻松，你的回答不会用来分等评级。还有，狮子型，不要试图拿最高分。）

如果你希望通过电话或网络方式答题，请访问网址 www. thepowerofwhen. com。

生理时钟类型测试

△ 第一部分

在以下陈述中，符合的请在 T 上画圈，不符合的请在 F 上画圈。

1. 如果有轻微的响动或微弱的灯光，我都会惊醒或睡不着。（ T   F ）

2. 我对食物的热情不高。 （ T　F ）

3. 常常闹铃还没响我就已经醒了。 （ T　F ）

4. 在飞机上我即使戴了眼罩和耳塞也很难睡好。 （ T　F ）

5. 我常因为疲倦而发脾气。 （ T　F ）

6. 我常为一些小事过度焦虑。 （ T　F ）

7. 医生诊断或者自我诊断是失眠症患者。 （ T　F ）

8. 读书时我很在意自己的成绩。 （ T　F ）

9. 我一想到过去的事或未来可能会发生的事就睡不着觉。（ T　F ）

10. 我是一个完美主义者。 （ T　F ）

如果有七个以上的陈述你选择了 T，那么你就是海豚型，请直接跳至 19 页。

如果不是，请继续测试。

△ 第二部分

在每个选项后面的括号中都有一个数字，答题后请将选项后的数字相加，便会得到你的总分。

1. 如果第二天早上没有什么事情，你可以放任自己睡个懒觉，你会几点醒来？

a. 早上 6：30 前。（1）

b. 早上 6：30 到 8：45 之间。（2）

c. 早上 8：45 以后。（3）

2. 如果你必须在某个时间起床，你会用闹钟吗？

a. 不需要闹钟。我每次都能准时醒来。（1）

b. 需要闹钟，但不需要设置催醒功能，或只需要催醒一次即可
醒来。（2）

c. 需要闹钟，甚至需要备用闹铃，数次催醒才能醒来。（3）

3. 周末你会在什么时候醒来？

a. 和平时工作日一样的时间醒来。（1）

b. 比平时工作日醒来的时间晚 45 到 90 分钟。（2）

c. 比平时工作日醒来的时间晚 90 分钟以上。（3）

4. 你的时差反应如何？

a. 无论什么情况时差反应都很大。（1）

b. 一般 48 小时内就能调整时差。（2）

c. 能够迅速调整时差，向西旅行时尤甚。（3）

5. 你最喜欢吃哪一餐？（这里指的是用餐时间，而非菜谱。）

a. 早餐。（1）

b. 午餐。（2）

c. 晚餐。（3）

**6. 假设你回到高中时，需要再参加一次高考，那么为了达到最好的
状态（而不是只求过关），你希望什么时候开始考试？**

a. 大清早。（1）

b. 午后不久。（2）

c. 下午 3：00 以后。（3）

7. 假设你需要做很激烈的运动，你会选择一天中的什么时候？

a. 早上 8：00 之前。（1）

b. 早上 8：00 到下午 4：00 之间。（2）

c. 下午 4：00 之后。（3）

8. 一天中你什么时候精神状态最好？

a. 早上醒来后 1 到 2 小时。（1）

b. 早上醒来后 2 到 4 小时。（2）

c. 早上醒来后 4 到 6 小时。（3）

9. 假如让你选择每天工作五小时，那你会选择哪个时间段连续工作？

a. 早上 4：00 到 9：00 间。（1）

b. 上午 9：00 到下午 2：00 间。（2）

c. 下午 4：00 到晚上 9：00 间。（3）

10. 你觉得你自己属于哪种思考类型？

a. 左脑型——战略性、分析性的思考者。（1）

b. 平衡的思考者。（2）

c. 右脑型——有创意、洞察力的思考者。（3）

11. 你睡午觉吗？

a. 从不。（1）

b. 周末有时小睡片刻。（2）

c. 如果睡了午觉，整晚就睡不着了。（3）

12. 假设你需要做两小时的体力劳动，比如搬家具或劈木头，你会选择什么时间做这件事以达到最高的效率和安全性（而不是只求做完即可）？

a. 上午 8：00 到 10：00 间。（1）

b. 上午 11：00 到下午 1：00 间。（2）

c. 晚上 6：00 到 8：00 间。（3）

13. 下列陈述哪一句最符合你总的健康状况？

a. 几乎所有时间我都能做出有益健康的选择。（1）

b. 我有时候能做出有益健康的选择。（2）

c. 我很难做出有益健康的选择。（3）

14. 你承受风险的能力如何？

a. 较低。（1）

b. 中等。（2）

c. 较高。（3）

15. 你觉得你自己更符合下列哪一种情况？

a. 未来导向，有宏伟的计划、清晰的目标。（1）

b. 受过去影响，对未来抱有希望，同时也希望活在当下。（2）

c. 注重当下，此时此刻的感受最重要。（3）

16. 你是什么样的学生？

a. 明星学生。（1）

b. 踏实努力。（2）

c. 懒散懈怠。（3）

17. 每天早上你醒来的时候精神状态如何？

a. 精力充沛，两眼放光。（1）

b. 有点头晕，还算清醒。（2）

c. 头晕无力，眼皮沉重。（3）

18. 醒来半小时以后你的胃口如何？

a. 非常饥饿。（1）

b. 有点饿。（2）

c. 一点也不饿。（3）

19. 你经常失眠吗？

a. 很少失眠，除了调整时差的时候。（1）

b. 有时会失眠，尤其是遇到困难或压力过大时。（2）

c. 经常失眠，每隔一段时间就会这样。（3）

20. 总的来说，你对你的生活满意吗？

a. 非常满意。（0）

b. 比较满意。（2）

c. 不大满意。（4）

评分

19~32 分: 狮子型

33~47 分: 熊型

48~61 分: 狼型

混合型是否存在

有时候，你做了测试，又仔细看了每种类型的描述，却还是无法确定自己的类型。每个主要的生理时钟类型（狮子型、熊型、狼型）都有一个范围，但即使有些熊型的人醒得比其他熊型的人早，也不表示他们就变成了狮子型。

如果你对自己到底是狮子型还是熊型拿不定主意，或者在狼型和熊型之间犹豫不决，很有可能你和大多数人一样，属于熊型。

为了使评估更加精确，你可以试着回答下面两个问题。这是由巴西研究人员设计的迷你测试，精确度不亚于其他任何一套标准测试。

1. 请从 1 到 5 对你早上的精力水平打分（1 分表示很低，5 分表示很高）。

2. 请从 1 到 5 对你晚上的精力水平打分（1 分表示很低，5 分表示很高）。

用第一题的评分减去第二题的评分，比方说，如果你将早上的精力水平评为很高（5分），而晚上的精力水平很低（1分），那么你的总分便是4分。如果你早上的精力水平很低（1分）而晚上精力水平很高（5分），你的总分便是-4分。

评分

4，3，2分：狮子型

1，0，-1分：熊型

-4，-3，-2分：狼型

然而，判定生理时钟类型最大的分歧出现在失眠症问题上。是不是所有的失眠症患者都属于海豚型？答案是不一定。每一种主要类型中都有睡眠不好的人，他们和海豚型的人会有相似的性格特征。有些极端的狮子型甚至凌晨3：00醒来以后就再也睡不着了，属于"睡眠结束性失眠"（sleep offset insomnia）。和海豚型相似的是，狮子型都勤勉认真，目标性强，不喜冒险。而极端的狼型有时能熬夜到凌晨3：00，医生会将他们归为"睡眠起始性失眠"（sleep onset insomnia）。狼型和海豚型也有相似之处，他们都比较内向，善于创造，易感焦虑。而有些熊型的人易怒暴躁，常感疲惫。所以，不同类型之间总有相似之处，却也存在重要差异。

尽管你在BTQ第一部分测试中选择"符合"的陈述少于六个，你或许仍然不确定自己是否属于海豚型，那请试试下面的迷你测试（如果是，请直接跳至19页）。

狮子型还是海豚型?

对以下陈述请选择符合还是不符合。

1. 我醒来的时候一般不太饿。（T   F）

2. 我睡觉的时候常会醒来，睡得较浅。（T   F）

3. 我对当老板不感兴趣。（T   F）

假如以上三个陈述，你至少选择了两个"符合"，你就是海豚型。

熊型还是海豚型?

对以下陈述请选择符合还是不符合。

1. 我对食物不是特别在意。（T   F）

2. 如果一个晚上能睡上 6 小时，我会觉得非常高兴。（T   F）

3. 我不太善于与团队成员合作。（T   F）

假如以上三个陈述，你至少选择了两个"符合"，你就是海豚型。

狼型还是海豚型?

对以下陈述请选择符合还是不符合。

1. 我常常最后一个离开派对。（T   F）

2. 我常会心血来潮，突然决定大宗购买或是出去度假。（T   F）

3. 每天早上我至少要被闹钟催醒两次才能醒来。（T   F）

假设以上三个问题你至少选择了两个"不符合"，你就是海豚型。

熊型请注意

　　熊型的人或许会觉得毫无压力，毕竟他们的作息与日出日落同步。这表明他们无须太多调整便可以使自己的作息时间与生物钟同步。事实是这样吗？

　　其实并非如此。

　　熊型的人应该想这样一个问题：你现在的作息是否让你发挥了最大潜力？你是否白天精力无限，夜晚睡眠质量极高？你是不是有啤酒肚？性爱是否足够有激情？工作上所向披靡？人际关系中沟通良好？很少伤风感冒？能够集中精神、专心致志？

　　醒来 / 入睡的作息时间与生物钟同步并不意味着与你身体里的其他生物钟也同步协调。已经形成的作息时间——工作时间、用餐时间、亲密时间——都不会自然而然地与熊型的时间节律吻合。

　　事实上，一旦熊型的人在每日作息上进行调整，就一定会受益良多。如果你每天都能反应敏捷，夜晚不用到处翻东西填肚子，醒来的时候精神抖擞，不需要咖啡提神，不需要酒精助眠，每天都能觉得情绪饱满、健康有活力，那该有多好啊！

　　只要你听从我的建议，对每日作息稍做调整，你就能够掌控命运，变成你生来就注定能成为的那个人。

对狮子型的羡慕

我有一个朋友做了这个测试后对我说："我是熊型的。"

我一直知道他喜欢在周末补觉，而且性格外向，朋友成群（当然也属于微胖一族），所以对这个结果并不感到惊讶。可是他自己却不敢相信。

"我可不想做熊型！我想做狮子型！"他喊道。

我这位朋友的确有些狮子型的特点。他创业成功，一直觉得自己能干上进、动力十足，事业上的雄心一直激励他达成目标。所以当他听说生理时钟类型的说法后，便根据自己的性格特点自动将自己划为狮子型。

或许你把自己视为食物链的顶层，却因为发现自己并非狮子型而失望，又或许你希望每日都能早起，拥有旺盛的精力与战略头脑。请注意，对狮子型的羡慕往往站不住脚。从事业到感情再到生理健康，每种生理时钟类型都有利有弊。有时看上去是一项优势，实际却可能带来危害。狮子型的确会超人一等，容易成为老板，但同时也缺乏创意、性格内向。狮子型也许能在早餐前做完很多事情，可是他们却由于早睡的习惯和疲倦乏力在社交场合非常辛苦。

东西总是别人家的好。人们总会羡慕另一种生理时钟类型。其实，与其希望自己是另一种类型，不如提高自觉性，深入理解自己的生理时钟模式。

常常有人问我：你能改变自己的生理时钟类型吗？

生理时钟类型来自遗传，由 DNA 决定，所以就好比你无法改变自己的身高或眼珠的颜色一样，你也无法改变自己的生理时钟类型。但是，在生理时钟类型的自然范围内，你可以稍稍调整一两个小时。假如你生来是狮子型，你永远无法像天生的狼型那样熬夜，但是通过调整吃饭、运动、喝咖啡以及接触人造光与自然光的时间，每一种生理时钟类型都可以大大地改善健康状况、精力水平，提高工作效率。熊型的人可以变得精力更加充沛，也能成功瘦身，保证睡眠；狮子型的人也能够晚点入睡，多享受一些夜生活。狼型的人可以让自己更早入睡，这样也能保证早上和中午的工作效率，而海豚型也能改善睡眠质量，缓解焦虑，早一些投入一天的工作。

所以如果问我："你能改变自己的生理时钟类型吗？"我的答案是不能。

但是，不同年龄阶段，你的生理时钟类型能够、也会自行改变。（请翻至 323 页"一生的昼夜节律"一章查阅这个现象发生的原因与时间。）两三岁的学步儿一般都是狮子型，青少年大多是狼型，成年人则多为熊型。老年人多为狮子型和海豚型。所以在一生的不同阶段，你的生理时钟类型都会不同。但是 21 岁（狼型青少年向熊型成人转变的阶段）和 65 岁（熊型成人向海豚型和狮子型转变的阶段）之间的四十几年是人生的黄金岁月，此时你的生理时钟类型基本不会变化。所以从现在开始，你应该开始调整，以达到与生理时钟类型的完美同步。

生理时钟类型档案

科学研究的结论往往基于百分比而非绝对数量。比方说，德国海德堡教育大学生物系的研究者 2014 年调查了 564 名学生，考察他们的生理时钟类型与性格特征。他们发现，大多数夜猫子在"冲动性"这一项上得分都较高，而大多数的早上型在"活力性"方面则得分较高。但是，这并不意味着每一个狼型的人都精力不足、喜欢寻求刺激，也不意味每一个狮子型都行事谨慎、志在必得。当然不是这样。但是大多数的确符合。

2012 年芬兰赫尔辛基国家健康福利研究中心的一项研究表明，早上型的人更喜欢吃鱼、蔬菜和全麦食物，而晚上型则偏好摄入更多汽水和巧克力。不过当然，你可能恰恰就是一个爱喝健怡可乐的狮子型，或是一个爱寿司成瘾的熊型。生理时钟类型档案中的一些描述或许并不确切符合你的情况，但是总体而言，你还是能够认出自己。这个测试我在数百人身上验证过，结果表明，该测试的准确度达到 80%~100%。人们的回答经常是"完全符合"或者"惊人地相似"。

每个人都对这个话题感兴趣。为了建成生理时钟类型档案，我参考了来自世界各地的研究。生理时钟类型和情绪之间的联系来自波兰一所大学的一项研究，晚上型与冲动性的关联则来自韩国首尔延世大学药学院的研究成果。自感健康与生理时钟类型之间的关联性来自伦敦、布达佩斯以及爱尔兰科克研究者的联合研究。我同时也参考了芝加哥和曼谷、马德里和帕多瓦的数据。当然，在这里强调自己研究的范围并非为了炫耀，而是为了证明世界各地人们的生理时钟类型都是一样的，无论是纽约的狮子型和香港的狮子型，还是斯科茨代尔的熊型和加尔各答的熊型。只要你还在地球上，你就能找到你的类型。全世界的生理时钟类型，联合起来吧！

海豚型

△ **四大关键性格特征**: 谨慎、内向、神经质、聪明。

△ **四大关键行为**: 规避风险、力求完美、强迫症倾向、关注细节。

△ **入睡 / 醒来模式**: 海豚型常常醒来的时候感觉没什么精神，一天到晚都很困倦，可是到深夜却会突然清醒过来。最机敏时段: 深夜。工作效率最高时段: 一天中断断续续。午睡: 他们偶尔会想午睡补觉，却往往睡不着。

自然界的海豚属于半脑睡眠型，睡着的时候半边大脑休息，另外半边则保持警觉，防止溺毙或被捕食者攻击。它们的进食模式十分灵活，新陈代谢速度快。

与之相同，海豚型的人睡眠很浅，易被微弱的灯光或声响惊扰。他们的睡眠冲动较低，整晚会醒来数次。睡眠浅、睡眠冲动低都会引起与焦虑相关的失眠症。当他们整夜睁着眼睛睡不着觉，他们会反复去想曾经犯下的错、说过的话，如何纠正错误或收回错话，未来将会如何，甚至忧虑怎样才能在睡眠不足的情况下获得成功。海豚型的人真正睡着时反而又浑然不觉，有时候甚至不知道自己是否真正睡着过。

醒来后海豚型依旧会十分焦虑，他们通常具有 A 型人格——紧张、易怒、焦虑，却又十分聪明。他们注重细节，追求完美，所以特别适合精确度要求高的工作，包括编辑、写代码、工程、化学、作曲或演奏。他们的强迫症与完美癖使得团队合作困难，独自工作时比较快乐（也不大容易生气）。他们常常陷于细节之中，有时甚至会完全被捆住手脚，导致一事无成。

海豚型恋爱时心理防备性不强，常常会表现出超乎寻常的感性注意

（倾听、陪伴）、修复能力（解决矛盾的能力）与清晰认知（理解真正的情况如何）。他们不擅长对抗，也不喜欢争吵，但是睡眠极度缺乏会导致婚姻冲突。事实上，长期存在的紧张关系比争吵更有害，所以必须尽一切努力避免这种情况。我在临床观察中发现，海豚型或许并非熊型和狮子型的良配，但无论如何，他们仍是殷勤体贴的伴侣，和狼型更加相配。

就健康而言，海豚型是为了生存才吃东西的那类人，新陈代谢速度较快。他们中有一些人或许执着于锻炼，但大多数并不热衷于健身，也不需要运动减肥，因为他们的体重指数（BMI）一般偏低或处于平均水平。尽管海豚型会去药店买药或让医生开一些治疗失眠症或疑难杂症的药，他们还是特别关注他们的饮食与购物行为。通常，他们的整体生活满意度较低，而且不断抱怨也降低了他们的生活满意度。

狮子型

△ 四大关键性格特征：勤勉、稳定、务实、乐观。

△ 四大关键行为：成就超群、关注健康、正面互动、战略性强。

△ 入睡／醒来模式：狮子型每天一早便精神抖擞地醒来，下午以后会开始感到疲倦，晚上很早便进入梦乡。最机敏时段：中午。工作效率最高时段：上午。午睡：狮子型很少午睡，宁愿把时间花在有用的事情上。

自然界的狮子天一亮便开始捕猎，天蒙蒙亮它们就想出去——同时感到饥饿。这是有效适应自然的结果，它们精力最旺盛时恰恰猎物还没睡醒，防御能力最低。狮子野心勃勃，渴望成为狮群的领袖，名副其实的"狮王"。同样地，狮子型的人也在日出前醒来，在饥饿中起床。一用完丰盛的早餐，他们就会出门去完成今天给自己设定的目标。狮子型的人浑身上下都充满活力，势在必得、迫不及待是对他们性格特征的精确描述。他们目标清晰、计划完善，勇于直面挑战。对他们来说，生活就像一条直线，从 A 点出发，采取步骤 C、D、E 便可到达终点 B。他们善于分析、思维缜密，不会轻易屈服于诱惑，也不会轻易冒险。事实上，狮子型的人很善于规避不必要的麻烦与危险。

狮子型的人天生就是领导，但是内向的性格让他们常常高处不胜寒。每当完成一项任务，他们都会深深地感到满足；而当遭遇挫折，他们也常能坦然面对，冷静地调整策略，扭转局势。生意场中他们会计算每个风险，绝不会出现携款潜逃的疯狂情况。狮子型的人在开始投资前，一定会列好详细的商业计划，做好密密匝匝的注解，所以不出意外，他们的投资无往不利。不难理解，大多数首席执行官与企业家都属于狮子型。

狮子型喜欢有人陪伴，但因为他们晚上很早便要睡觉——毕竟已经连轴转了一天，因此他们很少与朋友们一起过夜生活。他们常常以第二天早上开会或要进行长跑训练为借口第一个离开派对。恋爱时的狮子型充满正能量，关注解决问题，而不是整天抱怨或独自苦想。

狮子型把健康放在首位，他们很少吃垃圾食品或喝酒，但偶尔吃一点会缓解他们的压力。他们的饮食多以瘦肉蛋白与高纤维谷物、水果蔬菜为主。狮子型也喜欢锻炼，常常把健身设为必须达成的目标，很多人热衷泥地奔跑或者混合式健身训练。狮子型的体重指数一般较低，而且生活满意度较高。

熊型

△ 四大关键性格特征：谨慎、外向、友善、开放。

△ 四大关键行为：避免冲突、关注健康、渴望幸福、安于现状。

△ 入睡／醒来模式：熊型的人醒来前总要按掉几次闹钟，晚上就开始感到困倦，睡眠较深，但也不能像他们想的那样睡很长时间。最机敏时段：晌午到午后。工作效率最高时段：晌午。午睡：熊型的人喜欢周末在沙发上小睡补觉。

自然界中，熊在不冬眠时属于昼行性动物——白天活动，夜晚休憩。作为杂食动物，不管上一顿吃得有多饱，它们总在不停地翻找食物。它们在家庭中爱嬉戏打闹，与家人感情很好，在更大的群体中也拥有友善关系。

熊型的人非常幸运，作息模式符合日出日落规律。他们睡眠冲动高，每天至少睡足八小时，早上醒来后必须过几小时才能完全清醒；醒来时一般会感到饥饿，甚至时刻都觉得饥饿，即使不是正餐时间，看到食物也会吃；饮食习惯不好也不坏，说不上特别喜欢锻炼。熊型的人自我报告健康状况良好，有时能够注意饮食、加强锻炼，但往往不能坚持，所以锻炼成果也喜忧参半。熊型的体重指数偏高或处于平均水平。

在职场上，熊型的人善于团队合作，是平衡的思考者、勤劳的好员工，也是人际协调能力强的中层领导。他们通常属于平易近人的 B 型人格，很少折腾，不会耍诡计逼走同事，也不会将自己的错误栽赃在他人身上。在学校里，他们是勤勉刻苦的学生。同样地，这种务实态度也体现在工作之中——在办公室兢兢业业，下班后便回家享受家庭生活。他们不喜风险，除非觉得没有退路，被逼无奈才会做出孤注一掷的选择。

熊型的人喜欢与他人做伴，独处时间太长会让他们坐立难安。在派对上，吧台旁爱热闹的调酒师或者在烤肉架上负责翻动汉堡肉饼的那位往往就是熊型。恋爱时，熊型的人非常平易近人，在感情修复（解决矛盾的能力）与清晰认知（理解真正的情况如何）方面得分较低，这或许会让他们的伴侣失望，尤其在对方是洞察力强的狼型或易焦虑的海豚型时。

熊型的情绪不会特别高涨也不会特别低落。即使他们也有情感失控的时候，那也不过是面对危机的一种直接反应。当事态平息后，他们的焦虑或抑郁也会慢慢缓和，所以他们的整体生活满意度较高。

狼型

△ 四大关键性格特征：冲动、悲观、创造力、情绪化。

△ 四大关键行为：喜欢冒险、注重享受、寻求新鲜、感情强烈。

△ 入睡 / 醒来模式：狼型的人很难在早上 9：00 前醒来（他们能早起，但并不乐意），中午才能完全清醒，午夜过后才会觉得疲倦。最机敏时段：晚上 7：00。工作效率最高时段：晌午或深夜。午睡：如果狼型的人白天午睡，晚上就睡不着，所以小睡得不偿失。

自然界里，狼群会在太阳落山后变得兴奋。作为夜行动物，它们成群捕猎，创造性强同时也凶残狡猾，即使在黑暗中也能看见各个角度。

狼型的人以大胆无畏为傲，冲动冒进、心血来潮，常常让自己身陷危险之中。他们为了新的体验、追求刺激而捕猎，所以一生中性伴侣的数量也超过平均数。他们早起的时候不会饥饿，但是日落后便变得贪婪。

狼型的人喜欢喝汽水和酒，喜欢吃高脂肪、高糖的食物，常常在深夜去冰箱里翻找食物。不出意外，狼型的体重指数处于平均到偏高水平。由于饮食不规律、不健康，他们和熊型的人一样容易得与肥胖相关的疾病，例如糖尿病。

狼型的人独处时怡然自得，甚至会显得孤僻，但他们同时又性格外向，是派对常客。他们情绪好的时候能够成为众人瞩目的中心，常常最后一个离开聚会。

当然，狼型的生活也不全然是美酒和玫瑰。他们情感激烈，难以控制，容易情绪失控。这种性格会给他们自己、家人和朋友造成困扰。

狼型的人思维敏捷、洞察力强，属于右脑型思维，常常能以奇特、创造性的方式把细节串联起来。他们特别适合创意领域——艺术、医药、出版与科技。不过创造力与学术成就往往没有必然的联系，在学校读书时狼型的人要么懒散懈怠，要么成绩忽上忽下，所以老师给他们的评语常常是"未能尽全力"。

狼型是这个世界的异类，他们的生理时钟与全球百分之八十的人都不同步，却也不像狮子型那样令人羡慕。与他人不同步带来的压力，以及别人对他们的"懒惰"偏见，使得狼型人本来就紧张的神经更加紧绷。狼型的人很有可能情绪失调，比其他类型的人更易罹患抑郁症、焦虑症等。他们滥用药物与酒精，不仅是为了追求新鲜，更可能是一种自我治疗，所以也比其他类型的人更易上瘾。他们自认为生活满意度较低，除非他们的另一半也是狼型，如果是这样，他们的生活满意度就会大为提高。

温度测试

　　还不确定自己是哪一种生理时钟类型吗？还有一种方式可以确定你的类型，只需要一点努力和一支电子体温计。

　　在人体下丘脑调节下，人体温度的波动范围很小，在36℃到38℃之间。身体感到疲倦的信号之一便是身体的"核心温度"（重要器官）在夜晚会低于"表层温度"（皮肤与肌肉），而早上温度升高则表明醒来的时间到了。你的生理时钟类型决定你的体温何时跌至低点、何时冲上高点。

　　进行体温测试时，只需记录每天下午5:00到上床睡觉这段时间内每小时的体温变化。体温何时开始上升？何时开始下降？需要注意的是，体温的上升不会特别明显，有可能只有0.01℃（所以需要用电子体温计）。连续三天进行测量并记录。

　　海豚型：**这个方法对海豚型没用。**与其他类型不同，海豚型的核心体温恰恰会在夜间上升。这也是他们很难入睡的原因之一。

　　狮子型：体温从**晚上7:00**开始下降。

　　熊型：体温从**晚上9:00**开始下降。

　　狼型：体温从**晚上10:00**开始下降。

　　还是无法确定你的生理时钟类型？那么选取一个大约八成符合你的时间，再去问问你的伴侣、父母或亲近的朋友（有时我们很难看清楚自己）。他们说你属于什么类型，你就属于什么类型，不用再犹豫。之后按照本书后面每章列出的推荐日程行事，一周后再看看是否合适，你便能真正确定自己的生理时钟类型。

在详细描述推荐的作息之前，我需要做几点说明。

△ 这些作息代表最佳安排。在某些情况中，最佳安排往往不切实际。假如日程安排和你的生活明显冲突，也不用担心，尽力而为就会受益。任何让你更加接近生理时钟的改变都有益处。

△ 这些作息是生理性的。它们代表了身体的需要，却可能与你的心理需求相左。很多人甚至不接受日程安排这一提法。但是，不要把它想成对生活的限制，最好视作实现无限可能性的必由之路。不要忘记，真正的自由是拥有无穷的精力，是甩掉肥胖的负担，是良好的沟通与格外强大的免疫系统。如果提前或推迟一小时吃晚饭、调整锻炼的时间就能让你获得自由，那么绝对利大于弊。

第二章

海豚型的完美一天

斯特凡妮是来自纽约的一名教师，她 53 岁，有一个上大学的儿子。那天门诊预约她提早到了，我偶然有机会在大楼的大堂里观察了她一番。斯特凡妮并没有趁着等待的时间收发邮件或看小说，相反，她在大堂里来回踱步。虽然类似斯特凡妮这样的海豚型一直觉得疲倦，但他们也能时刻处于精神紧绷的状态。

用"疲倦""紧绷"这两个词来形容斯特凡妮再合适不过了。她坐下来，聊起自己一直以来筋疲力尽的感受。她一边聊天，一边用手玩笔，不停地调整姿势，很难安心地坐一会儿。我问她，每天平均能睡多长时间？

"要是能连续睡 6 小时，我就谢天谢地了。可一般只能睡四五个小时，"她答道，"很难说我到底睡了几小时，因为我晚上不停地醒来，而且即使后面又睡着了，我也说不清是什么时候。"那一晚上醒来几次？""五六次。但我还是答不上来。我丈夫说不定能回答这个问题。"

斯特凡妮的丈夫恰恰是促使她来找我咨询的原因。"我从小就睡不好，"她说，"可是自从停经以后，情况变得更糟。我每晚都在床上翻来覆去，我丈夫再也受不了了，都快被我逼疯了。"她继续描述两人间的亲密关系，"他是我最好的朋友，或许是除了我们儿子之外唯一真正了解我的人。"斯特凡妮性格内向，有些神经质，但是一旦打破心防、坦然相对，他们能够形成特别亲密、忠诚的关系。

斯特凡妮向我描述了她典型的一天："早上 6：00 左右，有时甚至更早，我就放弃继续入睡。我会在床上躺一会儿，希望能再眯一会儿，不过没什么效果。所以我就起床、冲澡、吃早饭。早饭吃得挺多——一大碗牛奶麦片、香蕉片、抹了奶油芝士的百吉圈，再来杯咖啡配上点麦芬之类的甜食。"

斯特凡妮极为丰盛的早餐——麦片、百吉圈、麦芬的组合全是碳水化合物，含有超过 800 千卡的热量——这样的食量或许让人觉得她是个大块头。实际上恰恰相反，她身材瘦削，是典型的海豚型体型。

我问起她的午餐与晚餐，她告诉我："我是中学数学老师，中午一般都要为学生答疑，所以常常忘记时间，不记得吃饭。晚上一般回家和我的丈夫随便吃点，有时候就在回家的路上随便买点东西打发了。"不难看出，吃饭不是斯特凡妮的优先选项。除了早饭，她根本顾不上吃饭。但是，海豚型的人喜欢吃零食，我认为这是一种自我治疗（可以使他们平静）。食物能够给他们安慰，当然还有上升的血清素（因为碳水化合物）。

海豚型喜欢拖延，所以我又问起她的机敏程度和注意力水平。斯特凡妮说："早上很难集中注意力，实在太累了，但是下午状态会好一点。感觉我的一天是从下午一两点才开始的。晚上我会改卷子或者算算账，精力非常集中。晚上八九点，我把所有事情做好后反而最清醒。"她说。

那么晚上精力旺盛的时候又会做什么呢？"我会上会儿网——查查邮件、翻翻'脸书'，再在网上买点东西。我会吃点零食，有时候看场电影或一集电视剧。晚上 11：00 开始打扫房间，洗衣服的事我也做过，主要因为我看见家务活却不做心里就特别不舒服。到了深更半夜，甚至更晚的时候我才会上床。我需要戴上牙套防止夜里磨牙，而且还要塞上耳塞，戴上眼罩，"她说，"按理说，我头一沾枕头就能睡着，毕竟我睡得太少。但这时真正的斗争才开始，我的脑子越转越快，心跳开始加速，越想睡着，脑子就越停不下来。"

斯特凡妮来找我就诊，是希望能够改善睡眠，提高睡眠质量。她的失眠症已经影响到了她的婚姻关系和生活质量。失眠症看起来是夜晚才有的包袱，实际上却是一个关乎全天24小时的问题。斯特凡妮的工作效率很低，精力不济，不能享受每天的工作，只是在咬牙硬撑。

或许斯特凡妮并没有意识到，但是她和像她这样的海豚型所经历的恰恰是一种上下颠倒的生化模式。

皮质醇是一种应激反应的激素，当身体处于紧张状态时，肾上腺会分泌皮质醇。所以你试图放松休息时，可不想分泌这种物质。其他几种生理时钟类型的人皮质醇水平在夜晚下降，但海豚型却正好相反，皮质醇水平恰恰在晚上上升。

也许有人会说，失眠症患者在晚上皮质醇水平上升恰恰是因为他们自己的失眠症。的确，乍听之下这种推理不无道理，失眠症患者面对漫长的不眠夜自然会变得焦虑。但是如果焦虑是唯一的原因，他们的皮质醇水平应该下降，直至他们睡着。实际上并非如此。德国哥廷根大学的研究人员测试了7名重度失眠症患者一整夜的血浆皮质醇分泌，他们发现即使在睡着的时候，受试者的皮质醇水平也会一直升高。睡觉的时候皮质醇水平越高，夜间醒来的次数就越多。

早上，狮子型、熊型和狼型皮质醇的分泌让他们能够清醒过来，可海豚型呢？他们的皮质醇水平在早上却是最低的。德国吕贝克大学的研究人员比较了14名失眠症患者与15名健康正常睡眠者的唾液皮质醇水平，发现失眠症患者早上醒来时的皮质醇水平明显比后者要低。唾液皮质醇水平越低，他们自我汇报的睡眠质量越低。

海豚型的体温在夜间需要很长时间才能降下来，这使得他们的心血管节律完全颠倒。狮子型、熊型和狼型的血压在夜间降低，身体处于一种觉醒不足（非活动）的放松状态。相反，海豚型的身体在夜间则转换成过度激发（过活跃）的状态，血压升高。美国梅约医学中心2015年的一项研究表明，睡眠不足的受试者的收缩压与舒张压在入睡时双双升高，且在入睡后不会降低。所以不难想象，睡眠质量会遭受损害。

斯特凡妮说她头一沾枕头就精神抖擞，一点也不夸张。尽管筋疲力尽，可她的身体处于高度亢奋状态，海豚型的生理特性导致其全身根本无法放松。

那么海豚型的大脑又是什么情况？对正常睡眠者而言，大脑中与游走性思绪有关的区域只有在清醒时段才会活跃。相反，海豚型的大脑中与游走性思绪相关的区域在睡着时却是亮着的，所以海豚型夜晚做梦更像是在做白日梦。斯特凡妮这类病人说他们完全不知道自己有没有睡着，这是因为他们的大脑在犹豫到底应该何时休整。

白天，他们的大脑同样处于高度兴奋中。2013年，加利福尼亚大学圣地亚哥分校的研究人员在让一组失眠症患者和一组正常睡眠者做记忆测试的同时，对他们的大脑进行核磁共振成像，以测量他们的认知表现。当问题越来越难时，正常睡眠者的短时记忆区域变亮，游走性思维区域变暗，但失眠症患者却不是这样，他们的游走性思维区域一直亮着，即便他们需要努力集中注意力回答记忆测试问题。失眠症患者的认知表现与正常睡眠者不相上下，所以他们不同寻常的大脑活动模式并没有阻碍他们正常答题，但是核磁共振成像结果解释了为什么海豚型能高水平发挥却一直抱怨注意力不集中。

海豚型的确与其他人很不一样。除了他们颠倒的生理状态和怪异的性格，他们能够在以熊型为主导的世界里表现优异，取得骄人的成绩。斯特凡妮就是一个例子。她能教会十几岁的孩子几何，这对 99.9% 的人来说都是不可想象的艰难任务。要不是她一直这么疲惫（因为失眠）和紧绷（因为过激反应的大脑、高皮质醇水平和高血压），天知道她还能取得多大成就!

我的大多数病人都属于海豚型。我近距离地观察了几百名，目睹了他们如何通过改变每日作息而让生活改头换面。我为我的海豚型病人设立了几个非常简单的目标。

△ 每天早上增加能量，好好利用早上的时间。

△ 每天晚上缓解焦虑，好好休息。

海豚型的生理状态无疑是一大挑战。但如果想要达到调整昼夜节律的目标，他们也需要面对一些心理因素。

△ 不切实际的期望。失眠症患者必须放弃他们能够整晚睡足 8 小时的幻想，或许他们的所有问题就会烟消云散。海豚型的生理情况决定了他们根本无法获得连续 8 小时的深度睡眠。我可以帮助他们达到每天 6 小时的睡眠，这足以让他们获得所需的生理修复和大脑休整。

△ 断断续续。生理时钟的力量只有坚持才能发挥最大效力。海豚型可以对自己的神经质加以利用，用整整一个星期完全投入地实现我推荐的种种变化。我极力敦促我的病人将（以下的）昼夜节律转变成一种新的迷恋或强迫行为；每天在固定时间设闹钟，提醒自己应该做什么——尤其是醒来和入睡的时间。假如他们能做到这些，很快就能看到明显的改善。

现实情况

　　以下列出的作息安排是模拟理想情况下的一日行程，但现实生活并不理想。人际上、工作中的种种突发情况很可能使得你无法严格遵守日程安排。

　　不过没有关系。

　　对你来说，最糟糕的情况是"我没法在确切时间做到甲、乙、丙，整个都乱了套。干脆就算了"。其实，任何点滴改变都会改善你的健康，让你更加快乐。这并不是一个可有可无的提议。当然，你如果能全部做到最好不过，但实际上总有不尽如人意之处。总之，尽力而为即可，长久之后你会发现令人欣喜的改变，那时候你就能够做到更多。

海豚型的时间节律

早上 6：30

　　典型情况：正如斯特凡妮所说："太累了，实在爬不起来，可是又精神紧绷，没法再睡。"

　　最佳方案：起床运动。你的血压、体温、皮质醇水平都很低，所以需要做点运动使其升高。睡眠惯性——那种昏昏沉沉、刚刚睡醒的感觉——让你什么也不想做，但是必须动起来。我一直告诉我的病人，这时候就要从床上跳起来，立刻在地板上做 100 个仰卧起坐，接着翻身继续做 20 个俯卧撑。短短 5 分钟之内你的心跳便会加速，肌肉紧张（好的那种）也可以提高皮质醇水平。每天的第一个 5 分钟就会让你的生理状况有天翻地覆的改变，从疲惫倦怠瞬间变得精神抖擞。假如能锻炼 25 分钟最好不过了，不过即使只有几分钟的有氧运动也有帮助。如果有可能，最好再接受 5 到 15 分钟的阳光照射，这样就能在你锻炼或放松的时候使视交叉上核细胞得到激活。

早上 7: 20 到 9: 00

典型情况: "我拖着疲倦的身体勉强冲澡，在吃过一些麦片和百吉圈后就去学校上课。"

最佳方案: 冲一个冷水澡，吃一顿高蛋白早餐。如果你已经根据提议做了一会儿有氧运动，那肯定需要冲个澡。热水澡有可能降低核心体温（热水让血液流到四肢末端），所以最好洗个能够忍受的冷水澡。这样你的血液能够流回到身体的主要器官，核心体温升高，从而激活"我已经醒过来"的那种激素。而且这也给你提供了一分钟静思的机会。冷水冲过你的头，脑中一切都放空。回到"现时"的状态，更好地集中精力。我几乎每个早上都这么做，感觉好极了。

吃早饭之前，先喝一大杯常温的冷开水。经过一夜的休息，每个人都处于缺水状态，海豚型尤甚，因为他们的新陈代谢系统整晚都在加班工作。所以你需要让身体的每个细胞重新补水、增强营养。或许你很想吃一个百吉圈或者一大碗甜麦片，这样确实能快速获取能量，不过，早上可不是摄取碳水化合物的好时机。碳水化合物会促进血清素的分泌，这是一种让人觉得"舒服"的激素。一晚上没睡好，你或许想在早上吃顿大餐补偿一下，但是从人体激素水平来说，这恰恰是最不需要的。血清素水平一旦升高，皮质醇水平就会下降，身体反而放松了。一个百吉圈就好比一针镇静剂，直接扎在你的新陈代谢系统上。相反，**早上多吃蛋白质能够重启细胞的恢复功能**，也让肌肉充满力量，这类食物包括鸡蛋、培根、酸奶、高蛋白奶昔，或者一小碗松子坚果燕麦片。

上午 9：30 到中午 12：00

典型情况："我整个人感觉晕晕乎乎，没法提起精神，几乎不能集中思想。"

最佳方案：好好动脑筋。你能够通过运动、冷水澡，或者一盘炒鸡蛋驱散睡眠惯性带来的昏沉感。如果你喜欢喝咖啡，此时应该来点咖啡因，它可以降低让身体困倦的神经化学物质的活性。不过最好只喝一杯，两杯咖啡反而会让你紧张不安。如果你的咖啡因瘾很大，也不需要立刻减到一杯的量，可以参看 www.thepowerofwhen.com 网站上本人制作的关于如何慢慢戒除咖啡因的视频短片。

由于你还没有完全清醒，此刻并非立即投入工作的好时机。相反，可以利用早上这几个小时做一下头脑风暴、发散思维，看看能冒出哪些精彩创意。你略感疲倦的时候恰恰是大脑过分活跃、充满创意、效率最高的时候，这时，无论那些线索如何分散混乱，你的大脑都能把它们联系起来。如果你喜欢写东西，思考宏观问题，此刻也是好时机，这恰恰是海豚型晚上睡不着觉时常做的事情。不过，如果能在早上做这些会好很多——只要在夜幕降临之前都可以。

中午 12：00 到下午 1：00

典型情况："要是我有其他事情，可能会忘记吃午饭。"

最佳方案：别忘了吃饭！海豚型的身材一般比较瘦削，既不会长期节食，也不是美食家，食物对他们而言只是为了生存。有时候忙起来，就像掉进兔子洞里（警惕：一上网就像掉进兔子洞），他们会嫌麻烦而不吃饭或者甚至忘记吃饭。每天下午 1：00 在手机上设置闹铃，提醒自己吃饭。补充营养能够让你的身体和大脑充满活力：1/3 的碳水化合物，1/3 的蛋白质，1/3 的脂肪，这样的饮食能够控制过度激发的身体状态。建议食谱：一个三明治、一个墨西哥卷饼、一碗汤、一份沙拉。别忘了多喝水。如果之前已经喝了咖啡，午饭时就不要再喝，过多咖啡因并不会让你觉得精力旺盛，反而会让你紧张不安，甚至胃口变差，晚上更加睡不着（是的，即使好几个小时之后都还会有感觉）。

下午 1：00 到 4：00

典型情况："每天中午过后我都十分难受，特别想闭上眼睛打个盹儿。有时候我有空的话会趴在桌子上闭会儿眼。"

最佳方案：重新充电。不要打盹！这会降低累积的睡眠压力。晚上本来就难以入睡，这么做只会让入睡变得更加困难。你的目标是改善夜晚的睡眠时间与睡眠质量，中午打盹会让一切前功尽弃。也不要喝咖啡！对海豚型来说，每天下午 1：00 之后就不要再沾咖啡因。如果你的精力水平在每天午后降低，那么需要通过运动来重新充电。只要一觉得困倦，你就要多想想"运动与阳光"。锻炼大肌肉群能够提高你的血压和心跳，提升皮质醇水平。你不需要大汗淋漓，只需要在街边散步，或者绕着办公室走几圈，怎样都可以，但一定要出门吸收更多的阳光。

下午 4：00 到傍晚 6：00

典型情况："咖啡喝多了！都不知道到底是因为太累了还是喝了太多咖啡，我才没法集中精力。"

最佳方案：突破困境。你身边的熊型或狮子型的人已经渐渐精力不济，可此时你的皮质醇水平却开始升高。假如你摄入了较少的碳水化合物，午后还散了步，那么，此刻就到了你一天中精力最旺盛的时候。发挥神经质的一面，全身心投入工作，尝试解决一些智力难题。如果早上头脑风暴时正好有个好主意刚刚萌芽，此时最好能够专注发展。假如你是在办公室环境中工作，最好能关上门，或者获得一点私人空间（也许可以想象在自己四周挂上帘子）。好好利用下午精力最旺盛的时段解决工作中的细节和难题。

傍晚 6：00 到 7：00

典型情况："没吃午饭，这时候我会饿得发慌，只想随便找点东西填肚子。每晚吃块比萨饼就已经很好了。"

最佳方案：独处片刻。先别吃东西。因为之前已经设定了闹钟提醒吃饭，此刻你应该还能忍受。好好利用下班前的最后一段时间，用 15 到 30 分钟的时间独自放松、缓解压力。你过度激发的大脑很可能因为夜晚即将来临、皮质醇水平上升开始变得越发焦虑，所以用一段安静的独处开始晚上的时间或许能减轻激素与情绪反应。

有些海豚型或许喜欢做点冥想或瑜伽。还有人会喜欢找个僻静的场所，在有限的一段时间里尽量去想象最坏的情况。其目的在于通过每日"反思"你的焦虑，让平时偶然跳出的焦躁想法只在那段时间出现。如果你能够坚持下来，最终，你的焦虑振幅，即各种担忧的强度会有所下降，每天花在担忧上的时间也会减少。这条策略对失眠症患者尤其有效，但你必须每天在同一个时间段坚持重复。你可以在手机上设定闹铃，提醒你是时候去"反思"了。

只有一贯坚持，才能够使大脑训练与重设昼夜节律变化产生最大效益。

有些病人发现，他们很难坚持整整 15 分钟的冥想。如果你 5 分钟就想完了，那么可以数数你的呼吸，从一数到十，再从十数到一。需要更多信息，请登录网站 www.thepowerofwhen.com 观看免费视频短片，学习掌握呼吸技巧。

晚上 6：30 到 8：00

典型情况："吃完晚饭，我的精神全回来了，开始处理杂事，用电脑工作。"

最佳方案：做好准备，吃好晚餐。现在才是摄入碳水化合物的时候。来上一大碗奶酪通心粉或者烤土豆。这种食品叫作慰藉食物，会让血清素水平上升、皮质醇水平下降，让你过度激发的身体和过度活跃的大脑平静下来。如果你需要和伴侣或家人讨论引起担忧或需要集中精神的话题，记得在吃饭的时候讨论。处于高水平的血清素能够缓解紧张焦虑的心情。

晚上 8：00 到 8：30

典型情况："我做了很多事。一上网，我可能会想着做一件事却被另一件事打岔。总有一些杂事要处理。"

最佳方案：性爱。要么和你的伴侣，要么你自己解决。或许晚餐一过就做这事有点奇怪，但是晚餐后、睡觉前的性爱对你来说有几个目的。性爱不仅能够在生理上、精神上起到安慰作用——大量分泌的后叶催产素，是一种让人放松的"爱之激素"——而且能帮助重新找回"床"对你的意义。床上一段积极、爱抚的经历取代了始终无法入睡的紧张与焦躁，或许可以强化与床的正面联想，并训练自己把床想成有趣的地方，而非恐怖之处。性爱若是安排在睡前，其效果会打折扣，因为疲惫会让你变得更加焦虑，强化了"关了灯却越想越多"的负面联想。

晚上 8：30 到 10：30

典型情况: "前一晚没睡好，今天就早点上床补觉，却不奏效。只要一躺下来脑子就乱成一团，满脑子都是要做的事或想做的事。为了不想睡不着这件事，我只能在手机上刷脸书或者看电影。"

最佳方案: 放松下来。 晚饭之后应该以放松为主，旺盛的精力应该花在一些有意义却不会使你沉迷的活动上。放空大脑，和家人一起看看电视，出去看场电影，或者出门买点冰激凌（更多的碳水化合物）。你可以清理抽屉，或者做任何一件你一直惦记的家务，但一定要记住，务必在晚上 10：30 就停止，没有例外。如果晚上和朋友出去喝一杯，也应该确保在 9：00 之后就停下，因为酒精会影响睡眠，而且你的身体需要足够的时间在入睡前把酒精代谢出去。

晚上 10：30 到 11：30

典型情况: "睁着眼睛躺在床上。我开始觉得泄气，陷入了恶性循环，越害怕睡不着就越睡不着。有时候我会突然想到一件重要的事情，就喊醒我的丈夫和他聊聊。不过一切并不顺利。"

最佳方案: 关掉手机。在夜晚使用电子设备只会让入睡更加困难，电子设备散发的蓝色光波会抑制褪黑素分泌。所以，避免任何蓝光，10：30 时关掉所有屏幕，包括你的手机。我把它称作离线时间。如果你一定要看电视，就把屏幕亮度调低，且距离你的眼睛至少 3 米。事实上，最好调暗房间里所有的灯光，这样可以刺激褪黑素的分泌。我推荐使用一种能够在晚间过滤掉蓝光的特殊灯泡，如果感兴趣，请登录 www.thepowerofwhen.com 观看相关的视频短片，了解这项令人惊奇的发明（这种灯泡对孩子也很好）。与此同时，把你的注意力从与屏幕相关的活动中移开，降低皮质醇水平和血压。如果打扫卫生或者组织各种活动让你的大脑一直在工作——我知道肯定会——你必须现在就停下来。洗个热水澡是个好主意，可以帮助降低你的核心体温。或者随便聊聊天，拥抱，静坐，做一些强度不大的拉伸练习。总之，什么让你觉得无聊就做什么。什么让你觉得亢奋，那就一定要避免。不应该再查收让你兴奋或恼火的邮件，也不应该翻阅脸书去点击有趣的链接。我不建议失眠症患者在晚上读名人传记或回忆录，对他们来说，非虚构类作品比虚构类作品更让人精神集中。读小说是更安全的选择，最好找一些冗长无聊的东西读，比方说，电脑使用说明书。当然，只要别把电脑打开就好！

晚上 11：30

典型情况："继续醒着。"

最佳方案: 上床睡觉。海豚型应该现在才上床。事实上，除了晚上 8：00 的性爱，在 11：30 之前不应该在床上花任何时间。不要在床上看电视，不要在床上读书。你应该学会只将床和性爱或睡眠联系在一起。

一旦躺在床上，就试试看渐进式肌肉放松法（请登录www.thepowerofwhen.com观看教学视频短片），或者每三个数字一组，从300开始倒着数。假如20分钟内还没睡着，那就起床在椅子上坐15分钟，再回到床上。重复这样20分钟睡、15分钟坐的循环，这项策略叫作刺激控制法。其原理在于尽量避免躺在床上累积焦虑。使用这个策略或许一开始会折腾几个晚上，但最终能帮助你缓解焦虑、降低血压，从而获得持续高质量的休息。

凌晨12:30到2:30

典型情况："在床上翻来覆去，越发焦躁。时不时看钟，脑子里不停地想着如果能在10分钟、20分钟之后睡着一共能睡几个小时。浑身肌肉紧张。"

最佳方案:进入睡眠第一阶段。假如遵照我推荐的时间节律调整策略，你应该能在上床30分钟内睡着。或许这不会太容易（或许需要至少坚持一个星期或十天）。每晚最开始两小时的睡眠对你特别重要。在这第一阶段，你的身体将得到生理恢复，肌肉与大脑在白天累积的压力将全部释放，从骨头到皮肤的每个细胞都将得到重塑。失眠症患者在尝试以上时间节律的第一周或许很难30分钟内就入睡，但是千万不要放弃，坚持下去。我曾经用这种方法帮助数以百计的病人恢复了他们的身体状态。而且千万不要看钟，这只会让你更加沮丧，会不停地在脑子里做"心算"，就像斯特凡妮描述的那样。如果你练习刺激控制法，那么可以使用手机上的计时功能，但是千万不要看时间。

凌晨 2: 30 到 4: 30

典型情况： "即使我睡着，仍旧有一种在水面走的感觉。我不停地醒过来，不知道是否能再次睡着。"

最佳方案： 进入睡眠第二阶段。凌晨时分，万籁俱寂，第二阶段就是纯粹睡眠。假如你偶尔醒来，也别紧张。**醒来是一件完全正常的事情。** 我们每个人在 90 分钟的睡眠周期之后都会稍微醒过来几秒钟。深度睡眠的人完全不会记住，但是肯定会醒来。因为海豚型睡眠太浅，所以比大多数人更容易醒过来。**你应该改变自己的心态。** 醒来完全是意料之内的——也是健康睡眠的一部分。只要你觉得一切正常，你就不会一味纠结，或者将醒来看作睡不着。这样你的焦虑感会降低，醒来的时间也会变得越来越短。

清晨 4: 30 到 6: 30

典型情况： "我很少看到 4: 00 的时间。即使我那时已经睡着。"

最佳方案： 进入睡眠第三阶段。在夜晚即将结束之际，你会进入一段快速眼动期（REM）。这个阶段恰恰是我们固化记忆、清理思绪的一个阶段。对睡眠较少的海豚型来说，第三阶段能有两小时就已经达到目标了。

早上 6: 30 到 7: 00

典型情况： "我醒来时仍旧觉得十分疲惫，发誓晚上会早点睡觉。前提是我能把今天先熬完。"

最佳方案： 精神振奋地起床。如果海豚型能够整晚连续睡 6 小时且三个阶段都有足够的睡眠时间，他们的身体与大脑就已经得到休息，完全可以面对全新一天的挑战。

周末时最好能按照平时的时间起床，即使你觉得你可以多睡一会儿。睡懒觉有两方面的问题。

第一，睡懒觉对你没有任何好处。身体需要的具有生理恢复功能的深度睡眠出现在睡眠的第一阶段（又称作德尔塔睡眠），只在夜晚刚开始时发生。仅仅延长第三阶段的睡眠不会让你感觉更好。

第二，睡懒觉会破坏好不容易建立起来的时间节律。千万别忘记，海豚型只有按部就班才能茁壮成长，这自然也包括每天在同一时间醒来，即使是节假日。否则你只会打破一天的计划，晚上再次睡不着，继而触发一系列连锁反应，最终陷入之前晚上睡不着、白天没精神的泥淖。如果你每天能够在固定时间醒来，白天保持活跃，时不时散散步，我保证你的睡眠质量能够得到显著提高，你每天的精力水平也能大幅上升。这比星期天补上一小时的快速眼动睡眠效果好得多。多说一句，快速眼动睡眠通常是较浅的睡眠，并不能让人觉得精神振奋。

轻松小贴士

看上去需要彻底改变，也的确如此。但是如果你能慢慢调整你的时间节律，每周改变一点点，你就能将这些变化无缝纳入你的生活。如果每个星期持续改变，一个月内你的生活质量整体上就会得到显著提高。

第一周

固定醒来和入睡的时间。

每天早上起来锻炼，提高心跳速度。

下午 1: 00 后戒掉咖啡因。这不能让你清醒，反而会影响晚间入睡。可以换成花草茶。

第二周

继续第一周的改变。

早餐多吃蛋白质，中餐平衡饮食，晚餐摄入 60% 的碳水化合物。

早上冲凉水澡，晚上泡热水澡。

第三周

继续前两周的改变。

下午出去散步。

把重要、内容复杂的谈话安排在下午晚些时候或傍晚时分。

第四周

继续前三周的改变。

进行减压活动，包括晚餐前的冥想和晚餐后的性爱。

关掉手机。在晚上 10: 30 关掉所有屏幕。

尝试刺激控制法，换言之，如果 20 分钟内睡不着，就安静地在黑暗中坐 15 分钟，然后再上床继续尝试入睡。

海豚型的每日作息

清晨 6：30　醒来起身，不要拖延。

清晨 6：35　在房间里锻炼，或者出门锻炼 25 分钟。如果你不出门，尽量在运动最后的放松时间晒 10 分钟太阳。

早上 7：10　凉水冲澡，包括一分钟冥想。

早上 7：30　吃高蛋白早餐。

早上 8：00　穿戴整齐，整理出发。

早上 8：30　出门上班；或者在家上班，开始一天的工作。

上午 9：30 到 9：45　喝杯咖啡，休息一会儿。

上午 10：00 到中午 12：00　创意思考时间。做做白日梦，想想新点子，或者列出必须做的事情，钻研思考。

中午 12：00 到下午 1：00　午饭时间。千万不能省略。

下午 1：00 到 4：00　不要打盹！不要喝咖啡！假如累了，去散个步——最好能出门散步，晒太阳对你有好处。

下午 4：00 到 6：00　精力旺盛、产出最高的时间段。完成较难的工作。

下午 6：00　独处 15 分钟，释放压力。

下午 6：30　准备晚餐，多吃碳水化合物。

晚上 7：00 到 8：00　吃晚饭的时候可以和你的家人或朋友讨论严肃的或实际的话题。碳水化合物能够减缓焦虑。

晚上 8：00　性爱。

晚上 8：30 到 10：30　余兴犹在。高潮分泌的放松激素能帮你进入睡眠。做点家务或者上网、看电视。

晚上 10：30　关掉所有屏幕，停下所有需要思考的活动。看看小说，聊点轻松的话题，泡个热水澡。

晚上 11：30　上床睡觉。尝试使用刺激控制法对抗失眠引起的焦虑感。如果在一小时之内都无法入睡，那么将上床时间推迟 30 分钟。

第三章

狮子型的完美一天

狮子型通常没有昼夜节律方面的问题，他们天生好运气，无论是身体还是大脑都是天生的赢家。本杰明·富兰克林及其科学研究都同意一点：早起的人一般都比较健康，而且他们一般都会成为老板和领导，所以也不缺钞票。

那么他们是不是更聪明呢？狮子型的智商平均来说并不比其他生理时钟类型的人更高，他们只是能够最大限度发挥他们的才能而已。你高中同学中的明星学生基本都属于狮子型，上课积极举手发言，学习用功努力。

在一次商业午餐会上，我有幸认识了罗伯特，一名来自波士顿的销售主管。当他得知我是一名睡眠心理学家时，他自然而然地和我分享了他的睡眠经历。

罗伯特的叙述刻画了典型的狮子型作息。他每天早上 5：00 起床，晚上 10：00 的时候几乎已经睁不开眼了。其他种种迹象——精力旺盛、身形健美、职业选择——纷纷表明他就是一头货真价实的"骄傲的狮子"（是的，狮子常与骄傲联系在一起）。他目标明确，天生具有领袖气质，给人的第一印象常常就是有朝一日他一定会成为一名领导者。

"我的作息时间的确对我的工作有很大好处，"他说，"每天能完成很多事情。早上一睁眼我就迫不及待地起床，满脑子都是些长期规划和远景目标。"

早起的人在工作领域通常都动力十足，专注集中，受目标驱动。世界各大公司，包括亚马逊、美国在线、苹果、雅芳、思科、通用汽车、赫芬顿邮报、贝宝在线支付、百事可乐、星巴克、联合利华、维珍美国航空和雅虎，这些公司的现任或前任 CEO 基本都将他们事业的成功归功于天不亮就起床。脸书的首席运营官雪莉·桑德伯格曾经说过，为了能多陪陪孩子，她每天提早下班，但是会很早起床收发邮件。我完全能想象当她那些非狮子型同事看到她凌晨发来的邮件会是什么感受，几乎可以听见他们惊恐的抽气声。狮子型每天早上 5：00 到 8：00 之间会锻炼身体，阅读或发邮件——有时甚至多项同时进行。他们做事有条不紊，一心多用，天生就有超高的工作效率，更别提（对其他生理时钟类型而言）早得荒谬的作息时间。

狮子型的生理状况决定了他们的早起。每天很早，一般从凌晨 3：30到 4：00 开始，他们的皮质醇水平就会提高，褪黑素分泌减少，所以天不亮就会睁开双眼。他们通常不需要与睡眠惯性斗争，大脑中的脑"白质"——大脑胼胝体的额叶与颞叶上的脂肪组织，连接了脑"灰质"区域，能够让神经细胞之间的交流状况优良。德国亚琛一所大学的研究者使用先进的影像技术比较了 16 名早上型、23 名晚上型，以及 20 名中间型的受试者的大脑结构，发现狮子型的脑白质比狼型的更加健康。当狮子型的昼夜节律给出信号"该起床了"，大脑便顺从地做出反应。他们的时间循环连贯一致，基本每天不需要闹钟就能在同一时间醒来，即便在周末、在不同的时区也是如此。当然，这也使得他们的时差反应尤为严重。

　　除了会给穿越时区的旅行带来不便,狮子型连贯一致的睡眠作息是天赐的礼物。加拿大和法国的一项研究发现,每天保证规律的饮食时间、较早入睡有助于避免焦虑与忧郁,甚至能防止躁郁症或精神分裂症发病。更多研究也表明,早早上床对心脏健康更有利,也有助于保持正常的体重指数(BMI)。这并不令人惊讶,因为夜晚贪吃垃圾食品常常是动脉斑块形成、体重增加的重要原因。当狼型和熊型还在大吃大喝的时候,狮子型已经安然入眠。

　　狮子型占尽了这些生理优势,几乎是最佳的生理时钟类型。不过,罗伯特也承认:"从个人生活的角度看,我的作息时间不是特别好,社交生活简直一团糟。"

　　我请他说得更具体一些。他描述道:"我比每个人都醒得早,每天早上可以用两三个小时工作。这当然很棒,因为我可以集中精力投入我的事业。但我终究会有一天要组建家庭,我却根本没办法约会——在派对和酒吧里遇见心仪的人——因为别人才刚刚开始,我就已经不省人事了。"

　　罗伯特描述了他最近一次约会,对方将晚餐推迟到了晚上9:00。"一般那时候我已经准备上床睡觉了。那天晚餐我喝了点红酒,结果很快就倒下了。我努力集中精神,强装非常开心的样子,但当着她的面我至少打了三次哈欠。第二天我给她发短信,她回都没回,肯定以为我觉得她很无趣。或许她确实无趣,但我当时根本都没法判断。"可见,约会计划和他的生物时间不合拍。(更多内容请参见92页的"坠入爱河"。)

　　狮子型的情绪与精力水平通常在早上达到顶点,之后便缓慢下降。在2009年的一项研究中,比利时列日大学的研究者使用核磁共振成像每天扫描极端早起者与极端晚起者的大脑两次，比较他们的认知能力。在醒来后一个半小时内，两组受试者在完成注意力相关的任务时表现出同等的机敏水平与能力。但是十个半小时之后，晚起者再度恢复精神，大脑的注意力区域显得更活跃；与此同时，早起者则明显精力不济，大脑的相关区域几乎没有活动。这也显示出狮子型流水线似的身体机能，他们大多数身体系统效率极高，当然也包含他们的睡眠开关。睡眠开关一旦开启，身体便自动关机。

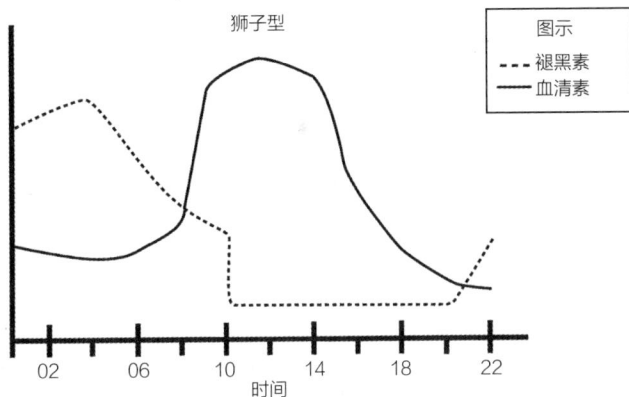

狮子型

图示
- - - 褪黑素
—— 血清素

时间

对狮子型来说，"睡眠激素"褪黑素从早上4:00左右开始下降，所以他们很早醒来。"快乐激素"血清素在晌午时分达到顶点，所以他们在那时情绪很好。

讽刺的是，罗伯特作为狮子型最大的抱怨却来自他的社交生活。他最清醒活跃的时候，全世界80%的人还在昏睡。狮子型大多比较内向（统治世界可不是一项社交活动），但即使是老板或未来的老板，他们也是正常人，也需要分享亲密关系，与他人互动。

"我知道这听起来像陈词滥调，我们这代人特别害怕错过。可对我来说这种恐慌绝对不是无中生有。我知道我错过了很多别人都能享受的乐趣，"罗伯特说，"我在图片分享网站上看到很多照片，也听到很多我走之后派对上发生的趣事。夜生活正精彩，我却得上床睡觉，而我醒过来的时候，世界上却只有我一个。"

为了激活生理时钟的力量，狮子型的人只需要达成一个简单的目标。

△ 让他们充沛的精力、正能量和机敏度能够持续更长时间，晚间不会过早关机。

狮子型适应新的作息时间一般会遭遇两大潜在的挑战，只要克服便能达到时间节律目标。

△ 波折的适应过程：狮子型的成功一般都得益于他们的高效率，所以要改变作息并不容易。以下列出的每日作息并不是要彻底改变，只是针对日常活动的微调。或许适应一套新的饮食和锻炼时间需要一个星期，在此期间，狮子型的人会饥肠辘辘或坐立不安。但是这种不适感不会持续太长时间，而且这些变化能够帮助挤出额外一小时进行晚间社交。

△ 受挫感强烈：狮子型的人一向凭借超强意志力搞定所有的事情，所以他们也期望即刻看到结果。从心理学角度看，如果他们没有立即看到效果，可能会觉得非常受挫。但是生理状态不是股票市场，改变并非在一朝一夕之间，甚至一个星期就能发生。必须提醒狮子型的人，他们一定能够达到调整生理时钟的目标，但同做生意相似，必须一次一个台阶。狮子型可以通过坚强的意志力缓解受挫感，毕竟突破晚间的极限需要多费一点力气。

现实情况

　　以下列出的作息安排是模拟理想情况下的一日行程，但现实生活并不理想。人际上、工作中的种种突发情况很可能使得你无法严格遵守日程安排。

　　不过没有关系。

　　对你来说，最糟糕的情况是"我没法在确切时间做到甲、乙、丙，整个都乱了套。干脆就算了"。其实，任何点滴改变都会改善你的健康，让你更加快乐。这并不是一个可有可无的提议。当然，你如果能全部做到最好不过，但实际上总有不尽如人意之处。总之，尽力而为即可，长久之后你会发现令人欣喜的改变，那时候你就能够做到更多。

狮子型的时间节律

早上5：30到6：00

　　典型情况：罗伯特说道："我一睁开眼睛就起床，就好像从床上弹起来似的。套上运动鞋，我先跑上几公里，有时候天都还没亮。"

　　最佳方案：醒来先吃早饭，补水。上升的皮质醇水平让你无法静坐，所以自然会想到去运动。运动会进一步提高皮质醇水平，使心跳加快，让你更加机敏。但如果你能把运动安排在下午，就可以在精神不济的时候有效提升精力水平。与其在天还没亮的时候出门跑步，不如去厨房吃顿早餐。早餐最好在醒来后 30 分钟之内。吃完以后再喝两杯水。饱腹之时你就不会再想出门运动了。狮子型一般都十分注意饮食健康，我会推荐高蛋白质、低碳水化合物的早餐，为忙碌的早上提供足够的能量。

早上 6：00 到 7：00

典型情况: "跑完步后我特别饿。其实跑步的时候肚子就开始咕咕叫了！我回来的时候跑得特别快，因为我一直想着吃饭。我会先吃早饭，再冲澡。"

最佳方案: 好好利用脑力。 吃完早饭，此时是狮子型的人坐下来考虑重要问题的最佳时间，可以考虑长期的职业目标或伴侣关系。清早独处的时间段里没有干扰，你的大脑正适合进行宏观思考。列一列应做的事情，提前一天、一周、一个月或一年做计划，在世界上其他人还在呼呼大睡的时候，好好思考你通向统治世界之路。正由于家中（甚至整个临近街区）没有人会打扰你清晨的静思时光，你可以用几分钟的时间什么都不想，以更好地利用你的脑力，之后再开始一天的忙碌工作。试试看吧。

早上 7：00 到 7：30

典型情况: "我穿好衣服，在家里根本坐不住，就干脆去办公室。我比其他所有人至少早到一小时。我会利用这段时间清理办公桌，提前开始工作。"

最佳方案: 享受性爱。 在你的皮质醇和胰岛素完全开始下降之后，狮子型应该重新回到床上，但并非小睡。早上醒来一到两小时之内，无论男女，体内的睾酮水平都处于全天峰值，所以性欲也最强烈。此时恰恰是狮子型享受性爱的最佳时间。不过提醒一句：如果你的伴侣是狼型，那么此刻求欢很可能会遭到拒绝。熊型伴侣或许会喜欢这样充满激情的唤醒方式。早晨高潮能够让身体分泌后叶催产素，能让你在之后的一天里感到平静。不过如果你有孩子，需要送他们上学，那么可以快一点，到周末的时候再尽兴享受。（参见 107 页"享受性爱"章节，获取更多有关性爱时间的信息。）

早上 7：30 到 9：00

典型情况："整个早上我状态超好，苦活累活都不怕。如果有报告要写，或者要调查什么东西，我都能在几小时内搞定。"

最佳方案：与朋友联系。经过晨间静思和性爱活动，你已经消磨掉了一部分精力。不过你还有大部分的精力，超过其他很多人。同事来上班之前先别开始工作，相反，和朋友联系一下。如果你和他人同住，你可以在家多待一会儿，你精力充沛的样子很有感染力，会让你的家人为之一振。如果你一人独住，那就写写邮件，和父母通个话，或者来个早餐约会。

上午 9：00 到 10：00

典型情况："埋头苦干。别人还在慢慢起步，我已经遥遥领先。"

最佳方案：吃点零食，给他人留下好印象。重中之重是创造机会与其他同事交流。在早餐会议上你将会成为明星。这时候你已经吃过早餐，不会太饿，不过还是再吃一点，不超过 250 千卡即可，基本上 25% 的蛋白质加 75% 的碳水化合物（例如水果酸奶，或者一小碗燕麦片），配上一杯咖啡（醒来三小时需要补充一下）。此时吃点零食能够让午饭推迟到午后，这样你的精力就能延伸到晚上。

上午 10：00 到中午 12：00

典型情况："我很早就觉得饿，必须吃午饭。我希望能和同事们一起吃，但他们都想晚点再吃，我又等不及。"

最佳方案：再坚持一会儿。如果你是老板或主管，那就在临近中午的时候召集开会。此时，从激素方面来说，你的状态最好，可以做出清晰的战略决定。临近中午是你精力爆发的时候，思维敏捷，分析能力强，这种状态能够一直持续到中午。所以好好利用这段时间，论证观点，表达意见，解决问题，找到解决方案。（假如你的员工属于其他生理时钟类型，你还需要好好学习如何与他们有效合作，详情参看 247 页"发表观点"一节。）

中午 12：00 到下午 1：00

典型情况："别人都在吃午饭，我却开始犯困。困意特别强。早上连轴转了几小时，我就像泄气的皮球。不过我会喝点咖啡，熬过去。"

最佳方案：吃午饭。午饭过后一到两小时，狮子型（同熊型、狼型和海豚型一样）会经历一段精力低谷。假如你按照原来的作息时间吃饭，你的困倦时间会来得比别人早，而熊型这个时候或许正处于精力最旺盛的阶段。狮子型可不能接受这一点，所以他们用咖啡或各种功能饮料让自己重振精神。不过这是一个你无法获胜的生理战斗，除非你的午饭能够推迟一小时。假如按照上面的建议，在 9：00 吃点零食，你就能将午饭推迟到中午。胰岛素在午后一直保持较低水平，早上的精神状态也能稍稍延长一会儿。如果你出门吃饭，户外的阳光能够帮助你击退倦意。

至于午饭食谱，切记避开高碳水化合物，否则你会感到更加困倦。试一试平衡食谱，即 1/3 的蛋白质、1/3 的碳水化合物、1/3 的健康脂肪，比如，一大盆烤鸡沙拉或三文鱼沙拉、一片面包的三明治，或者墨西哥烤肉卷饼配糙米。

下午 1∶00 到 5∶00

典型情况："这时候有点后劲不足，毕竟距离醒来已经 10 小时了。下午我逼着自己振奋，可能会来瓶功能饮料，或者一块蛋白质条。"

最佳方案: 神游片刻。狮子型的创造力与洞察力并不十分出众，这或许是因为他们把最具有创造力的时间花在了解决分析问题上。到了下午，狮子型的分析能力高峰时间已经过去，解决问题的魔力可能已经用尽。不过，魔力用完或许并不像你一直相信的那样是件坏事。狮子型一旦感到疲倦、脑子糊涂，他们的创造力和洞察力反而会生发出来。所以，试着放弃一直警惕的状态。假如你的工作有一定的自由发挥空间，此时应该神游片刻，发挥想象力，或者开一个头脑风暴的会议，说不定能产生很多创意。

写日记是一个发挥创造力的好办法。下午给自己15分钟的休息时间，拿出一本真正的纸质笔记本、一支真正的钢笔，开始在纸上写写画画，任各种想法从脑海中流向你的笔尖。焦点可以聚在一个具体的主题上，例如你的事业发展或感情生活，不过也不用太具体，任凭思想自由驰骋。说不定有什么聪明绝顶的主意就这么冒出来！

下午 5∶00 到 6∶00

典型情况："完工。所有任务都完成了。感到很累，情绪有点差，而且很饿。当然,别人都还不饿,所以我只能一个人吃晚饭。"

最佳方案: 运动。此刻吃晚饭意味着胰岛素分泌,会让你的困意更浓。不要下午 5: 00 就吃晚饭,而去运动吧。狮子型的人一贯喜欢在清晨锻炼,因为他们醒得太早而无事可做。但是,如果将锻炼时间顺延到晚上,你的身体便能通过血压升高、心跳加快、皮质醇水平升高而获得所需要的精力。与此同时,与体温较低的清晨运动相比,体温较高的晚间运动能够降低运动损伤的风险,而前者也是一向关注健康的狮子型的最大隐忧。如果天气允许,你可以尽量去户外运动,享受最后一缕阳光。运动之后冲澡时水温尽量不要太高,因为如果你的核心体温降低——正如每天下午会发生的一样——你就会开始觉得困倦。锻炼之后冲一下凉水澡可以帮助维持核心体温。

晚上 6: 00 到 7: 30

典型情况: "现在我的朋友们都准备出门聚会了,可是我的情绪和体力都在走下坡路,也没心情去参加聚会。有时候我得喝两杯来改变情绪。"

最佳方案: 吃晚饭,饮一杯酒。晚上 6: 00 吃晚餐是完全合情合理的安排。因为你的午饭时间推迟,下班后又去健身,你完全可以坚持到此时,和熊型的朋友共进晚餐。尽量少吃碳水化合物,它们会提高你的"舒适激素"——血清素水平,并且让已经下滑的皮质醇水平继续降低。晚上 6: 30,一盘意大利面对你来说无异于一颗安眠药。所以为了能够延续精力,最后一餐最好能多吃蛋白质,保持低血糖水平以避免精力崩盘。

我不能违背良心建议大家从下午 4: 00 就开始饮酒作乐,但事实上,那是狮子型的新陈代谢系统酒精耐受的最佳时段。如果在晚餐时间开始饮酒，或许一两杯还不会把你打倒。但是晚上 7：30 之后再饮酒的话，你的身体将无法在入睡前代谢掉酒精，睡眠质量会很差。

晚上 7：00 到 10：00

典型情况："完全没精神，快要趴下了。我已经清醒了 15 小时，现在身体里每个细胞都尖叫着催我上床睡觉。"

最佳方案：纵情享乐。高效的睡眠系统告诉你现在应该睡觉，不过既然你的饮食运动作息已经稍做调整，缓和了睡眠压力，你在胰岛素、皮质醇和血压下降之前又多出了一两小时的清醒时间。好好享受！不要依赖咖啡和酒精，这两样都没用，反而会毁掉你的睡眠。别忘了，狮子型的人需要良好的睡眠，这样，第二天才能继续征服世界。

如果你在家中度过了一个放松的晚上，你依旧可以通过网络或电话和家人朋友联系。你为自己获得了额外的一小时用来社交，所以好好利用这个时间，建立联系，丰富内心。

晚上 10：00

典型情况："入睡倒计时。"

最佳方案：变挡减速。我建议狮子型的人晚上不要在 10：00 以后回家。做好准备 10：30 入睡，关掉手机、平板电脑和电脑显示器，或者使用 www.thepowerofwhen.com 上介绍的那种特殊灯泡。电脑显示器的蓝光会抑制褪黑素分泌，延迟入睡时间，对狮子型亦如此。此时看看电视也可以，不过需要确保电视机离眼睛至少 3 米。

晚上 10：30 到凌晨 1：30

典型情况："不省人事。炸弹都没法把我炸醒。"

最佳方案：进入睡眠第一阶段。由于你调整作息，推迟了入睡时间，你应该能够即刻进入生理恢复性休息状态。与其他生理时钟类型相比，你的脑电波在晚间变慢、变深的时间更早。狮子型连睡眠的效率都更高！

凌晨 1：30 到 3：30

典型情况："熟睡。"

最佳方案：进入睡眠第二阶段。夜晚的中间时段，你继续获得纯粹的休息。

凌晨 3：30 到清晨 5：30

典型情况："还没醒。"

最佳方案：进入睡眠第三阶段。在夜晚的最后三分之一，你将会进入快速眼动睡眠阶段，此时也是记忆固化阶段。在平常时间醒来，做好准备再次征服世界。

轻松小贴士

看上去需要做出很多改变。的确如此。不过如果你慢慢调整作息，每周做出一到两个调整，你就能将这些改变无缝纳入自己的生活。一个月内你就可以看到生活质量整体得到显著提高。

第一周

醒来后 30 分钟内吃早饭。

傍晚时分运动，而不是清晨运动。

请登录 www.thepowerofwhen.com 观看关于太阳光照射与运动时间的视频短片。

第二周

继续上一周的改变。

尽量将社交活动安排在早上离家前或早餐会上（你可以吃点零食），而不是安排在晚间。

午饭时间改在正午 12：00。

第三周

继续上一周的改变。

晚饭时间改在晚上 6：00。

晚上 7：30 以后尽量少喝酒，一周仅限一两个晚上。

第四周

继续上一周的改变。

在上午安排重要的战略会议。

在下午安排头脑风暴的会议。

狮子型的每日作息

清晨 5：30 醒来，不需要小睡。

清晨 5：45　吃早饭。选择高蛋白、低碳水化合物的食物。

早上 6：15 到 7：00　宏观思考与组织工作。清晨静思。

早上 7：00 到 7：30　性爱。如果有孩子，需要送他们上学，那么就抓紧时间。

早上 7：30 到 9：00　冲凉水澡，穿戴整齐，上班前与家人和朋友交流沟通。

上午 9：00　零食时间：250 千卡的热量，25% 的蛋白质，75% 的碳水化合物。最好能安排在早餐会议上。

上午 10：00 到中午 12：00　私人交流，早会，打电话，发邮件，解决战略问题。

中午 12：00 到下午 1：00　均衡午餐。尽量到户外享受阳光。

下午 1：00 到 5：00　创意思考时段。听听音乐，读书，写日记。在办公室的话就参加头脑风暴会议。

下午 5：00 到 6：00　运动，最好是户外运动，之后冲凉水澡。

晚上 6：00 到 7：00　晚饭。营养均衡，蛋白质、碳水化合物、健康脂肪比例相同。碳水化合物过多的晚餐，例如意大利面，可能会让你十分困倦。

晚上 7：30　最后的饮酒时间。之后再饮酒会让你头昏脑涨。

晚上 7：00 到 10：00　出门社交，或者在家与朋友网上交流。你已经获得了额外的一小时，好好利用吧！

晚上 10：00　此时应该已经回家。关掉所有的屏幕，做好睡前准备。

晚上 10：30　入睡。

第四章

熊型的完美一天

　　本，33 岁，来自洛杉矶，三个孩子的父亲。他的家庭医生把他介绍到我这儿。他整体比较健康，尽管超重 18 斤。他最大的困扰是低强度却持续的疲倦感。作为一名家居装修仓储式商店的主管，他必须拥有比现在更好的精神状态，而且他也希望下班后和周末能有更多精力陪陪孩子。即使他晚上睡得不错，早上醒来仍然昏昏沉沉。

　　"我的工作对体力要求很高，"第一次咨询的时候他告诉我，"对脑力要求也很高。我必须关注很多方面——送货、装运、文书工作，必须时刻保持最好的状态，可我从来都无法达到。等晚上回到家，我只想吃晚饭休息。我也想在家里做点事，陪孩子玩玩，可我实在没精力。"

　　熊型是社交动物，为了情绪健康，他们必须与朋友和家人有共处时间。当问到本的交友情况时，他答道："以前我们会在下班后小聚，可后来我们都各自结婚生子，所以现在一般在周末聚会。星期六我参加了一个棒球联盟，这是朋友相聚的好机会。星期六晚上是我和太太的约会时间，我们一般会和其他夫妻一起出去吃晚饭或者看电影。星期日是家庭日，也是我的休息日。只要孩子不一大早跳上我的床把我吵醒，我就会睡个懒觉。"

　　我问本周末会不会小睡。"哦，当然！我有时候在沙发上就会睡着，醒来的时候薯片撒了满身。孩子们觉得很滑稽。"他答道，"不过星期日的晚上比较难熬。我睡不着！只能躺在床上，想着星期一又有很多事情要做。"

本描述的现象又被称为星期日失眠症。2013 年有一项研究说，网上调查公司 Toluna Omnibus 询问了 3000 多名美国成年人："每周哪一天晚上最难入睡？"其中 39% 的人选择了星期日，大多数人都说在星期日晚上要比其他晚上多躺至少 30 分钟才能入睡。星期六名列第二，19% 的人回答星期六晚上最难入睡。

星期日失眠症其实是昼夜节律失调的经典案例。你遵循了社会日程——例如星期六晚上熬夜、星期日早上睡懒觉——实际上却打破了原本的昼夜节律。结果便导致了社会时差，以及一系列后续的负面结果，需要好几天才能恢复。或许你想在周末补觉，结果却是之后整整一星期都需要重新调整你的昼夜节律，最终一周的睡眠仍旧不足。

熊型的人睡眠冲动较高，每晚至少需要保证 8 小时的睡眠，或每周 56 小时的睡眠，才能避免睡眠不足带来的超重、糖尿病、心脏病、情绪失调、整体生活满意度较低等健康隐患。如果连续五天每晚睡 6 小时，总共 30 小时，那么就意味着在周末两天你必须每天睡足 13 小时。这个计划不怎么可行，你仍然无法得到需要的睡眠。

本的另一个麻烦是"周末勇士"的习惯。由于平时太忙，健身与社交就一直拖到星期六和星期日。这样的生活方式也影响了他的睡眠、新陈代谢和精力水平。"假如我能在平时锻炼身体，我会感觉更好，但很少能付诸行动。"他说，"没时间，也没动力。一个人去健身房不仅无聊，还很孤单，不是我的风格。我宁愿和朋友一起运动，或者和孩子们练练击球。但只有周末才有空。"

熊型需要阳光，他们的生理时钟遵守日出日落规律。换句话说，一旦太阳升起，他们体内的激素系统和心血管系统便会做出反应，胰岛素、皮质醇、睾酮水平、血压和体温纷纷开始升高。早上 7 : 00 左右是他们平时醒来的时间，此时他们的身体已经做好准备，可以开始全天的活动。当太阳晚上 6：00 落山时——当然日落时间因季节而异——他们的身体再次对黑暗做出反应，内分泌系统、心血管系统会开始降低工作速度，直到入睡。由于大多数人属于熊型，社会日程一般围绕这一类型的生理时钟。这也很有道理，全世界有一半的人都在晚上 6：30 肚子饿、吃晚饭，所以这也变成了全世界通用的"晚饭时间"。全世界有一半的人在晚上 11：00 准备入睡，所以就有了"上床时间"。电视台黄金档一般在晚上 8：00 到 10：00 之间，因为在这个时间段熊型通常会精力不济，最适合瘫在沙发上看电视。

假如这个世界由狼型统治，美剧《丑闻》将会在晚上 11：00 播出。

假如这个世界由狮子型统治，美剧《嘻哈帝国》将会在晚上 7：00 播出。

假如这个世界由海豚型统治呢？好吧，我们已经有了随时可以看的在线视频网站。

或许你会认为与日出日落同步，遵守社会日程，熊型已经能够在精力最旺盛的时候工作。不过实际情况更为复杂。只是因为现有的社会活动并不能与他们的生物时间相契合。例如：

△ "周末勇士"的健身习惯是美国人超重的原因之一。

△ 周末睡懒觉是社会时差与睡眠不足的主要诱因。

△ 晚上 6：30 的晚餐食量过大、热量太高也是熊型身材中段肥胖的原因之一。

△ 安排午餐会与下午开会，使得每个参与者的工作效率都低于平均水平，尤其是熊型。

△ 晚上 11：00 进行性爱？此时你的昼夜节律希望你最好已经不省人事。我能肯定地说，如果性爱不是发生在他们体内的激素和循环系统

告诉他们的睡觉时间的话，熊型的人对性生活会更加满意。

熊型的昼夜节律与社会日程吻合使得他们比极端的狮子型或狼型有明显优势，但是熊型极易陷入社会时差的陷阱。如果他们能够在每日作息上做出微调，就能真正享受自己的生理时钟类型所带来的益处。

熊型的目标

△ 在平日获得足够多的睡眠，进行足够多的锻炼。

△ 改变饮食节奏，加快新陈代谢，减掉多余体重。

△ 通过战略性的小睡与活动安排改善下午与晚上的精力状况。

如果熊型在遵守下文列出的日程安排上遇到了困难，有可能是以下几种原因造成的：

△ 感到受限制。熊型或许不喜欢时刻围绕时间转的生活方式，但事实是，我们每个人的大脑都围着时间转，无论自己是否愿意。不要去想自己变成了时间的奴隶，而应去多想想提高的精力水平、减掉的多余体重、更好的沟通交流、更清晰的目标，如此种种能够带来的真正的自由。自由意味着你的生活更优、更强。假如这意味着需要遵循一套吃饭、入睡、锻炼、说话、思考的日程安排，这也仅仅是为获得无限可能而付出的微小代价。

△ 小睡时间过长，周末睡懒觉。如果你无法抗拒，我建议只在星期六早上稍微多睡 45 分钟，或者在星期日小睡 20 分钟。这些额外睡眠不会打破你的时间节律。不过星期天睡到中午？那下个星期就彻底毁了。

△ 睡前零食的诱惑。这是另一个必须纠正的习惯，有两大关键原因：（1）这是中段肥胖的主要原因，同时也会增加糖尿病、心脏病以及某些癌症的患病概率。（2）晚间进食会干扰或延迟入睡。熊型需要足够

的休息，如果得不到连续八小时的睡眠，他们的认知、创意、情绪功能都会受到影响。睡前零食会让你的事业和婚姻一团糟？是的，熊型，这个习惯会毁了你的睡眠，让你变得糊涂而易怒。所以这个习惯必须改掉。

现实情况

以下列出的作息安排是模拟理想情况下的一日行程，但现实生活并不理想。人际上、工作中的种种突发情况很可能使得你无法严格遵守日程安排。

不过没有关系。

对你来说，最糟糕的情况是"我没法在确切时间做到甲、乙、丙，整个都乱了套。干脆就算了"。其实，任何点滴改变都会改善你的健康，让你更加快乐。这并不是一个可有可无的提议。当然，你如果能全部做到最好不过，但实际上总有不尽如人意之处。总之，尽力而为即可，长久之后你会发现令人欣喜的改变，那时候你就能够做到更多。

熊型的时间节律

早上7：00

典型情况："闹钟一响，我会按掉闹钟好几次，然后才起身。"

本说道。

最佳方案:醒来,享受性爱。清晨时分,睾酮水平较高,欲望也较为强烈。或许你还没有完全清醒,但是在刚醒来的时候进行性爱是让你清醒、活跃的最佳方法,可以提高心跳和核心体温。同时,后叶催产素的分泌会让你整个早上都感到精力旺盛,平静愉悦。

另一个加快心跳的方法是穿上运动服,趁着还没有完全清醒绕着社区走一圈。假如你等到完全清醒再出门运动,你便会想方设法找出理由劝自己不要出门。你明白我的意思。户外运动时,阳光也可以帮你变得更加清醒。如果需要送孩子上学,你可以在地板上做五分钟的仰卧起坐与俯卧撑。每一点努力都会有效果。

早上7:30到9:00

典型情况:"早上的常规活动:冲澡,吃早饭,喝两杯咖啡,然后昏昏沉沉地开车去上班。"

最佳方案:健康早餐。最好能在早上醒来后半小时内吃早饭,这样可以与大脑中的主钟、胃部与消化系统中的辅钟保持一致。熊型一般会选择高碳水化合物的食物,比如谷物麦片或百吉圈。早上摄入碳水化合物会提高让人平静的血清素的浓度,降低皮质醇水平,而你恰恰需要皮质醇才能清醒过来。早餐应避免碳水化合物。相反,吃一些高蛋白的食物,比如培根、鸡蛋、酸奶、高蛋白奶昔。不用为如此丰盛的早餐而烦恼。相比晚上摄入大量卡路里的人,早上摄入大量卡路里的人体重指数更低——即使他们摄入的卡路里数量一样。如果想借助生理时钟的力量减重,你应该早餐丰盛、午餐中等、下午零食、晚餐减量,晚上入睡前完全禁食。你很快就会看到,我会让这些变得简单。

同时，早餐不要喝咖啡。我明白，这个习惯已经根深蒂固。但是咖啡并不会让你大清早更加清醒，反而会让你对咖啡因上瘾，而且更加烦躁。通过锻炼、日光浴和摄入蛋白质，你照样能够清醒。

上午 9：00 到 10：00

典型情况："到了办公室，我会转几圈，和同事先聊聊昨晚的电视或者新闻。一开始做不了什么事。"

最佳方案：规划整日工作。由睡眠惯性引起的昏沉感，让你刚开始毫无工作效率可言，不过这种昏沉感已经被早晨的锻炼或性爱，被阳光与高蛋白早餐赶走。现在你无须浪费刚到办公室的第一小时，就可以开始切实地规划整日的工作。

上午 10：00 到中午 12：00

典型情况："我终于觉得整个人清醒过来了。不过我已经落下了很多工作。"

最佳方案：努力工作。你的认知高峰是在晌午时段。与其把脑力浪费在社交上，不如争分夺秒地解决棘手问题。如果有可能，在这个时间段关上办公室的门或找地方独处，完成案头工作。此时可以喝咖啡提高精力水平，一杯足够。

中午 12：00 到 1：00

典型情况："我的午休时间。我最喜欢午餐。附近有好几家可以选择，不过我一般去隔壁的熟食店买一份三明治。"

最佳方案：锻炼，吃饭，锻炼。如果在午餐前步行 30 分钟，你就可以加快新陈代谢，加速食物向能量转化，也很快就能减小你的胃口。对你来说，每顿饭的食量应该越来越少，所以午餐应该是早餐的一半、晚餐的两倍。如果你习惯了在赛百味吃一份 12 英寸的三明治，那就改成 6 英寸的。吃完午饭后最好能再步行十分钟。

下午 1: 00 到 2: 30

典型情况："这个时间段我觉得精神还可以。"

最佳方案：休息充电。假如你在之前的午休时间比较活跃，那么你就能把下午的精力低谷期推迟一两小时，延续高峰期的分析能力。好好利用这段时间，直到之后不可避免的疲倦来袭。

下午 2: 30 到 2: 50

典型情况："我总是觉得非常困倦，但我必须保持精力旺盛，所以我会喝杯可乐或来瓶红牛，或者吃一块糖。一块士力架就好比能量条，不是吗？"

最佳方案：小睡片刻。醒来后七小时是小睡片刻的最佳时机。假如你早上 7: 00 醒来，那么最佳小睡时间便是下午 2: 00。如果你在一个积极进取的公司，例如谷歌或赫芬顿邮报，它们会为员工放置一些"睡眠豆荚"；抑或你在家办公，你可以躺下来闭眼休息 20 分钟。小睡片刻能够帮助恢复早上的精力与机敏水平。别忘记定闹铃，不要超过 20 分钟，否则你醒来的时候会遭遇第二波睡眠惯性的袭击，需要再过一小时才能摆脱头昏脑涨的感觉。我知道我们大多数人很难安排这样的午休，但是如果你能，你的血压会下降，这将大大提高你下午的工作效率。至少你可以休息 10 分钟，找个安静的角落，深呼吸或者冥想片刻。

下午 3:00 到 6:00

典型情况: "从下午 3:00 开始我就不停地看钟,巴不得立刻离开办公室。"

最佳方案:交流——再来点零食。 如果你已经根据推荐做出各种微调,那么此时将是最好的开会时机。和顾客、客户交流,写写邮件,打打电话。如果你中午运动了一会儿,而且还小睡了片刻,那么你现在的精神状态会很好,能够关注他人的需求与担心。况且现在已经临近下班时间,大多数熊型已经开始想着晚上的娱乐活动或晚餐,所以如果你有一些创新的观点或策略建议需要与他人分享或向老板汇报,他们也许十分乐于倾听。好好利用他们的好脾气,让你的建议获得批准。

下午 4:00 左右可以来点零食,大约 250 千卡的热量,即 25% 的蛋白质和 75% 的碳水化合物(比如一个苹果加点花生酱,或者奶酪加饼干),这样你就可以获得一些能量,度过工作日的最后一段时间。

晚上 6:00 到 7:00

典型情况: "晚饭!一回家我的肚子就像打雷!"

最佳方案:运动。 此时你的身体状态正处于巅峰,肺活量和心跳都能达到极限,手眼协调能力最佳。作为友善、喜社交的熊型,你可以好好利用身体协调能力的最佳状态和朋友们打场球。可以参加一个下班后的篮球队,和朋友们一起上运动课;如果群体运动不合你的胃口,你可以利用这个体能高峰时段跑步健身,和孩子们做游戏,或者处理一下杂事。

另一方面,此时也是和朋友们欢聚的好机会。你的酒精耐受度在傍晚时分最高,所以喝几杯也不至于喝醉,而且也有足够的时间让你在睡觉前代谢掉身体内的酒精，不至于影响夜晚的睡眠。

晚上 7：30 到 8：00

典型情况: "吃完一顿大餐，我只想换上睡衣，躺在沙发上放松一下。"

最佳方案: 晚餐与聊天。 一天之中晚餐应吃得最少，只需要填点肚子即可，比方说，一碗汤或者一盘沙拉。晚一小时吃晚餐可能对你来说非常困难，因为晚上 6：00 你已经饿得像一只熊了！但是如果你能将晚餐拖到 7：30，你或许就不会在晚上 10：00 大嚼垃圾食品。熊型体型的中段肥胖，罪魁之一就是晚上睡觉之前的夜宵。如果在晚上 8：00 后什么都不吃，你能够加速新陈代谢，提高精力水平，减去啤酒肚。而在入睡前 3 小时之内吃东西，包括夜宵，会让血压和体温都升高，这是让身体保持清醒的信号，同时，消化食物的胃酸也会让你一躺下来就感觉胃灼热。

此外，如果你能控制食量，且每天锻炼足够的时间，接触足够的阳光，你也能够保持心情愉悦。这一天已经快要结束，是时候放松一下了。这时可以和你的家人或朋友聊点严肃的话题，因为你，还有其他熊型的人，正经历第二波的好心情。

晚上 8：00 到 10：00

典型情况: "周末的时候，我和我太太会去看电影，听音乐会，或者和朋友们小聚一下。但是在平时的工作日，我大多数时间都在看电视、打游戏，或者一直上网，直到睡觉——其间还时不时去厨房找东西吃！"

最佳方案: 头脑风暴。 当机敏度和注意力水平较低时，创意水平达到巅峰。相比你特意找时间、努力思考、试图想出些创意，精彩的点子往往在你十分疲倦、昏昏沉沉的时候降临。睡前两小时是生理倦怠期，此时你不需要特意做什么就可以让好主意慢慢渗透。头脑风暴的一个绝佳场所是浴缸，温热的洗澡水不仅能让思想放松，还可以降低核心体温，帮助你在入睡时感到困倦。其他能刺激创意产生的方式有：阅读、冥想、游戏、闲聊。

晚上 10：00 到 11：00

典型情况："还在看电视或上网。还在吃零食。"

最佳方案：关机断电。晚上 10：00 便关掉所有屏幕。此时再盯着手机或平板电脑上的蓝光，只会抑制褪黑素分泌，让你睡不着。可以选择读一本书，做做拉伸运动，或者冥想一会儿。当然还可以享受性爱。

晚上 11：00 到凌晨 12：00

典型情况："我们晚上 11：00 上床，可能会看会儿夜间新闻。我太太和我会刷刷脸书，一起聊聊朋友的帖子。我如果还有精神，可能会和她在床上干点什么。"

最佳方案：进入睡眠第一阶段。熊型的睡眠冲动较高，每晚需要连续 8 小时的睡眠。可是一肚子的零食和蓝光照射很可能让你难以入睡，而推迟入睡需要付出代价。但是，如果你在早上已经享受了性爱，并且在晚间关掉了所有电子屏幕，现在你唯一能做的事情就是上床睡觉。因为全天都非常活跃，晚上又没有大嚼零食，你应该很快就能进入深度睡眠。夜晚睡眠的第一阶段正是你身体的恢复时期，细胞在此时愈合与重建。

凌晨 1：00 到 3：30

典型情况："半夜的时候我一般都在熟睡，除了星期日晚上，我有可能拖到夜里 2：00。"

最佳方案：进入睡眠第二阶段。晚间睡眠的第二阶段应该是纯粹的休息。

凌晨 4：00 到早上 7：00

典型情况："鼾声连连，至少我太太这么说。"

最佳方案：进入睡眠第三阶段。晚间睡眠的第三阶段是快速眼动睡眠期。此时肌肉处于不活跃状态，使得你的喉头变窄，所以才会打鼾。体重超重也会导致打鼾。不过在打鼾的时候，你也在经历记忆固化阶段。假如你能遵守时间节律，便可以获得连续 3 小时的睡眠，你的大脑在充分休息后得以复原，清晨醒来时你便精神抖擞、精力充沛。

轻松小贴士

看上去需要做出很多改变。的确如此。不过如果你慢慢调整作息，每周做出一到两个调整，你就能将这些改变无缝纳入自己的生活。一个月内你就可以看到生活质量整体得到显著提高。

第一周

固定醒来时间与入睡时间。

将最丰盛的那顿饭从晚餐换至早餐。

登录 www.thepowerofwhen.com 观看视频短片，学习如何缓缓醒来。

第二周

继续上一周的改变。

利用上午的时间完成实际工作，下午的时间用来进行头脑风暴。

在下午与同事交流，而不是早上。

第三周

继续上一周的改变。

尽量在饭前和饭后都运动一会儿，即使只是步行五分钟。

晚上 8：00 之后便不再进食或饮酒。

即使周末晚上聚会到很晚，第二天早上也尽量在平日醒来时间的 45 分钟内起床。

第四周

继续上一周的改变。

在早上享受性爱而非晚上。

下午 2：30 的时候小睡 20 分钟。

熊型的每日作息

早上 7：00　醒来，不要小睡。

早上 7：00 到 7：30　性爱或锻炼，提高心跳与皮质醇水平。最好能在室外运动（当然如果你敢尝试户外性爱也没问题）。如果没有时间运动 25 分钟，至少 5 分钟也比不运动好。

早上 7：30　早餐，高蛋白、低碳水化合物。先别喝咖啡！

早上 8：00 到 9：00　上班。把咖啡换成上班路途中的锻炼将会更加安全。如果在家上班，则直接开始。

上午 10：00 到中午 12：00　效率最高的时段。集中精神，逐个攻克。休息的时候喝杯咖啡。

中午 12：00 到 12：30　稍加运动，散步最佳。

中午 12：30　中等程度的午餐，最好是早餐的一半、晚餐的两倍。餐后散步十分钟。

下午 1：00 到 2：30　在下午精力低谷之前有一小时精神很好。

下午 2：30 到 2：50　小睡片刻。如果条件不允许，找个安静的地方深呼吸几分钟。

下午 3：00 到 6：00　情绪最好的时段。好好利用你的好心态，开会、打电话、发邮件。

下午 4：00　吃点零食，250 千卡，25% 的蛋白质和 75% 的碳水化合物。

晚上 6：00 到 7：00　假如早上没有运动，此刻应该锻炼一会儿，或者可以和孩子玩耍，处理一些杂事，也可以和朋友们喝一杯。

晚上 7：30　晚餐时间！填点肚子的食量即可，例如一碗汤或一盘沙拉。

晚上 8：00 到 10：00　社交时间（别喝酒，千万不要在晚上 8：00 以后喝酒，除非你不想要高质量的睡眠）。闲聊，泡个热水澡，让思想彻底放松。或许此时你能想到一些绝妙的主意。

晚上 10：00　关掉所有屏幕。冥想、拉伸、放松。

晚上 11：00　入睡。

第五章

狼型的完美一天

　　安踏入我办公室大门的那一刻我便知道她属于狼型。40 岁，两个孩子的母亲，下午 5：00 赴约时精神抖擞。这个时候大多数人都已萎靡不振。她脑子转得很快，这也是狼型的典型标志。狼型人的思维都很快，他们能迅速地从好几个方面看待一件事情。安超重近 30 斤，又是一个狼型的标志。当然，并不是所有的狼型都会超重，但由于他们吃夜宵的习惯和无法抵御诱惑，与其他生理时钟类型相比，他们的 BMI 值通常较高。

　　她最大的困扰便是失眠症。"午夜的时候我才上床，可是在床上要躺好几小时。我脑子里走马灯似的全是明天要做的事，还有一些乱七八糟的想法。"她告诉我说，"凌晨 2：00 的时候我终于能睡着了。早上 7：00 闹铃一响，就像突然爆炸一样，我差点都要犯心脏病了。我给这个起了个名字：'颠簸着陆，重回现实'。"

　　巧的是，心肌梗死或中风大多发生在早上 4：00 到中午之间。对许多健康问题来说，时间段都是关键因素，包括哮喘发病、关节炎发作、癫痫发作、胃灼热、发烧，不一而足。

　　每天早上安都必须强迫自己起床，再叫醒丈夫和女儿。她先冲澡，再穿好衣服，接着帮助孩子整理上学需要带的东西，为全家做早饭。"我整个人都昏昏沉沉，"她说，"感觉就像机器人似的。我可以做麦片，可要是让我回答一个需要两个脑细胞的问题，我就答不上来了。"

"我不吃早饭，"当我问到这个问题时她答道，"一点胃口都没有。一天中就是这个时候我完全吃不下东西。家里人吃早饭，我在一旁喝两杯咖啡。上班路上再喝一杯。"安是亚利桑那州斯科茨代尔市的一名平面设计师，天天开车上班。"路上我基本上也处于半睡半醒的状态，"她说，"咖啡因是唯一能让我免于事故的东西。"

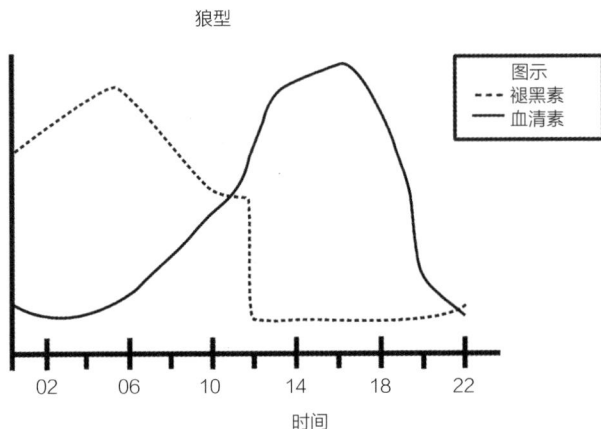

狼型

图示
---- 褪黑素
—— 血清素

时间

狼型的褪黑素从早上 7：00 开始下降，但直到中午才完全降下来。血清素水平在晚上达到高峰，这使得狼型在一天即将结束的时候情绪是最好的。

脾气不好、头昏脑涨，安描述她早晨的工作简直就是浪费时间。"我整个人坐在电脑前，也会做点事，但是好几小时都做不出什么高质量的东西，"她说，"一般要到早上 11：00 左右我才能恢复正常。"

傍晚时分是安状态最佳的时间段。"下午茶时间，下午 4：00 左右，是我一天中精神最好的时候，"她说，"所以我每天只有两小时能真正工作。我还不错，基本上都能完成，可要是早上的时间我也能思如泉涌，说不定我已经是部门主管了，当然我也不一定想坐这个位子。"

"我一般晚上 6：00 离开办公室，开车回家的路上正碰上晚高峰。这时候我开始觉得完全清醒过来。"她继续说道，"等回到家，我让保姆回家，然后和孩子们聊聊一天的情况，可我觉得自己无法集中精神，可能因为我脑子里还想着工作。我想很多事应该怎么做、明天需要做什么，可其实我应该认真听孩子们说话。这时我就觉得特别愧疚，觉得自己是个不称职的妈妈。我先生每天下班都筋疲力尽，我想和他聊点重要的事情，比如银行还款或者孩子教育的事，他总是说：'明天早上再说吧。'他上床的时候，我一边回邮件一边暗自发誓明早一定要早点起来去健身房。我付了五年的钱，可最多只去过三趟。晚饭的时候我也会开瓶酒，几杯一下肚，我就抱着孩子的零食（吃完一把又一把），翻看脸书上的帖子（点完一个又一个链接），或者看电视（看完一集又一集）。"

安抱怨她总是无法完成工作，并自我诊断为失眠症患者。她看过医生（并不是睡眠专家），也试过不同的药物：安眠药、抗抑郁药，甚至抗精神病药。我诊断的结果是她并非患了失眠症，她的入睡能力是完整的，因为她可以入睡，而且睡着以后睡眠质量也还不错，只是睡眠时间不够。**她的真正问题在于她是一个生活在熊型世界里的狼型。**

尽管安很难彻底改变她的工作作息，但是她可以做些微改变以大幅度提高工作效率，改善她的家庭关系、身体状况、外表身材，以及整体健康状况。

狼型的目标：

△ 在工作时间提高效率。

△ 改变吃饭规律，提高新陈代谢。

△ 增加每晚的睡眠时间。

△ 稳定情绪，改善整体的生活满意度。

狼型的人都富有创意，完全能够接受新事物。对他们来说，遵循我提供的时间节律无异于参与一项很酷的科学实验。不过狼型依旧会遇到一些困难，由于：

△ 叛逆情绪。我希望狼型的人不要把时间节律看作一系列规则并试图反抗，而应该视之为绝对真理。地心引力就不是规则，而是绝对真理。你试图反抗地心引力的结果是什么？直接摔在地上。你的生理时钟就是绝对真理，所以只要遵守，就能高飞。

△ 缺乏耐心。狼型的感情十分敏感，一旦遇到不顺，他们便会消极应对，自我责备。我最不希望这样的事情发生。规划生活的目的是获取最大的快乐，而不是让人陷入焦虑与抑郁。记住，改变会在作息调整的一周后发生，所以请耐心一些，给改变多点时间，最后才能有收获。

△ 心血来潮。狼型很难抗拒诱惑，所以有时会心血来潮。在作息时间范围内，当然可以保持你的冒险精神，比如吃饭的前后可以散会儿步。你当然可以在散步的地方或者食物选择上任性而为，前提就是你散步和吃饭的时间都遵守你的生物时间。

现实情况

　　以下列出的作息安排是模拟理想情况下的一日行程，但现实生活并不理想。人际上、工作中的种种突发情况很可能使得你无法严格遵守日程安排。

　　不过没有关系。

　　对你来说，最糟糕的情况是"我没法在确切时间做到甲、乙、丙，整个都乱了套。干脆就算了"。其实，任何点滴改变都会改善你的健康，让你更加快乐。这并不是一个可有可无的提议。当然，你如果能全部做到最好不过，但实际上总有不尽如人意之处。总之，尽力而为即可，长久之后你会发现令人欣喜的改变，那时候你就能够做到更多。

狼型的时间节律

早上 7: 00 到 7: 30

　　典型情况："早上我被闹铃吵醒，要把闹钟按掉两三次才能爬起来。起床的时候感觉还在做梦。"

　　最佳方案：小睡片刻。设两个闹铃，第一个让你醒过来，第二个可以 20 分钟后再响。这 20 分钟里，可以半梦半醒地躺一会儿，享受最后一波的 REM 睡眠，让大脑得到充分休息。半梦半醒的状态正好能够激发你的创造力，说不定就能得到一个特别棒的主意。当第二个闹铃响起时，赶紧记下你刚刚想到的东西，也可以使用语音备忘录。小提醒：如果使用语音备忘录，语速一定要慢。20 分钟的小睡还有一个好处：早上 7：00 的时候你的体温尚未达到足以让你活动的水平（别忘了，你和这个世界上大多数人的作息不一样）。在床上再躺一会儿可以给身体足够的升温时间，清晨起床也变得更容易一些。你也许会想：**我没有时间小睡。**不过这 20 分钟可以从早上冲凉的时间中挤出来（后面再冲凉）。

早上 7：30 到 8：30

典型情况："早上我一口都吃不下，一想到吃我就反胃。"

最佳方案：吃早餐。一夜禁食过后，你的身体需要能量。如果缺乏营养，你的身体就会从其他来源，例如肌肉中寻找营养。首先喝 350 毫升的水以开启你的新陈代谢，加热消化系统，提高核心体温，帮助你彻底醒来。接着补充一些蛋白质，比如，一个煮鸡蛋、一杯蛋白质奶昔，或者一杯酸奶，都非常简便。许多研究表明，早餐吃得好可以防止之后过度进食。

千万别喝咖啡！你的皮质醇与胰岛素水平还很高，足够让你活动。有了这些"清醒"激素在你身体里，咖啡因只会使你更加坐立难安。想要证明吗？安早上喝了三杯咖啡，却依然昏昏沉沉，可是又担心如果减掉咖啡，昏沉的状态会持续更久，情况会变得更糟。或许这种状况一两天很难改变，但很快，昏沉就会被清醒取代。咖啡因同时也会抑制食欲，而狼型必须学会在醒来后一小时内进食。

早上 8：30 到 9：00

典型情况："早上开车上班的路上我也稀里糊涂的，整个人感觉很蒙。"

最佳方案：活动。即使你开车或乘地铁去上班，最好能先进行一些户外活动。5 到 15 分钟的太阳直射能够唤醒大脑，并使褪黑素停止分泌，它才是昏沉状态的诱因。运动还能让你的体温升高，促进皮质醇与肾上腺素的体内循环。一个既能晒太阳又能省时间的小诀窍就是把车子停在几个街区以外，然后步行到地铁站，或者买张报纸，遛遛狗，最简单的方法就是走到家门口那条马路的尽头再走回来。记住，做几次深呼吸，可以让一切都活动起来。

上午 9：00 到 11：00

典型情况："依然昏昏沉沉，不过精神状态在慢慢变好。我不能集中注意力，只好喝更多咖啡。我会上网看博客，回邮件，和朋友、同事聊聊天。"

最佳方案：沉淀。晌午左右，褪黑素逐渐停止分泌，心跳与血压终于开始升高。10：00 左右困倦感应该全部消除。假如你吃了早餐，避免了咖啡，你的工作效率应该已经提高了。由于现在还没达到你的最佳状态，你可以花一点时间沉淀一下，对精神状态最佳的时候该做什么进行一番规划。听听之前录的语音备忘录，充实完善一些之前的想法。此刻是整理思绪的最佳时机。

周末的作息可以更加灵活，晌午是性爱的最佳时间。此时睾酮分泌达到一天的最高峰，性欲强烈。我并不推荐周末睡懒觉，所以上午最佳的作息安排可以是：早上 8：00 醒来，9：00 吃早餐，10：00 享受性爱，11：00 喝咖啡。我并不是说每个周末都可以或应该这样安排，没有孩子或家庭的人恐怕很难在熬夜之后第二天很早就从床上爬起来。或许星期天睡到中午的感觉很好，但这会毁掉你之后好几天的时间节律。做决定之前必须了解全部可能的后果。

上午 11：00

典型情况："还在试图变得更清醒。"

最佳方案：停下来，喝杯咖啡。早上的皮质醇已经分泌完全，此时来点咖啡因能够让你精神倍增。最好不要加糖、加奶，或配饼干、甜甜圈，而是只喝清咖啡。碳水化合物会让血糖升高，刺激胰岛素分泌，反而会降低你的工作效率。一杯咖啡足矣。假如平时此刻你已经喝下四到六杯咖啡，那么请登录网站 www.thepowerofwhen.com 观看视频《如何缓慢戒除咖啡因》。

上午 11：15 到下午 1：00

典型情况："太饿了！我冲出门，赶紧吃点东西，配上融化的芝士。因为我没吃早饭，所以我会吃块饼干当甜点。"

最佳方案：继续工作。狼型的精神状态处于上升期，如果此时吃午饭，会影响机敏度。先处理繁忙的工作，那种不需要太多专注力或洞察力的任务可以先完成。多喝水可以抑制饥饿感，同时保持工作效率。假如你忍不住想吃点零食，记住吃些纯蛋白质食品，例如蛋白质条、混合坚果或希腊酸奶。量不要太大！

下午 1：00

典型情况："吃得太多太快，感觉很撑。"

最佳方案：午饭。吃饭之前先散会儿步，刺激新陈代谢。午饭包括 1/3 的碳水化合物、1/3 的蛋白质、1/3 的健康脂肪（比如，一份烤鸡肉或虾仁三明治，一片面包的三明治，一张墨西哥卷饼，寿司），这样可以保持你的精力水平。一份低血糖的午饭可以为你之后超高的工作效率打下基础，尤其当你从事的是创意领域的工作时。你会觉得精神抖擞，完成了许多工作。条件允许的话，和朋友或同事一起吃饭，你此刻思维敏捷，一定会妙语连珠。

下午2：00到4：00

典型情况："现在感觉有点累了。是不是中午吃饭以后犯困？只能再喝第四杯咖啡。"

最佳方案：努力工作。狼型的一天实际上从现在才刚刚开始。午饭后两小时你的工作效率很高，但其实尚未达到最佳状态，还需要好几小时。

下午4：00

典型情况："现在感觉精神了。"

最佳方案：吃点零食。距离上一顿饭已经过去了3小时，而离晚餐还有4小时。可以先吃点零食，调整一下，不过切忌吃太多。否则胰岛素分泌增加，会影响整个下午的工作效率。

下午4：15到6：00

典型情况："好不容易到了精神抖擞的时候，这一天几乎快要结束。每个人都在晃来晃去只等着下班，而我却刚刚开始。我拼命工作，似乎想在2小时内完成一天的工作。"

最佳方案：交流。你的精力水平处于峰值。你的狮子型、海豚型与熊型同事、朋友开始觉得精神不济，可你在一天快要结束时却显得精力旺盛，一定可以在会议上或某些话题的讨论中力压众人。所以现在是狼型与老板、同事讨论创意的好时机。

晚上 6: 00 到 7: 00

典型情况: "精神奇佳。难道是灌了无数杯咖啡终于有了效果? 我匆匆忙忙赶回家, 做好晚饭, 和孩子一起吃饭。"

最佳方案: 运动。狼型在傍晚的时候会觉得精神抖擞, 反应时间、肌肉力量、灵活度、心肺功能都在此时达到最佳状态。好好利用这点, 健走, 去健身房, 遛狗, 或者带孩子去公园。

我明白此时是"传统的"的晚餐时间, 不过狼型必须打破固有思维。对他们来说, 吃饭太早对健康不利。如果你有孩子, 晚饭可以分批进行。先喂孩子吃饭, 关注他们, 等到合适的生物时间再自己吃饭。如果你没有孩子, 可以先运动再吃饭, 运动可以自然而然地抑制食欲。连续几天推迟晚饭时间后, 你的肠胃会渐渐适应, 饥饿不再是个问题。

晚上 7: 00 到 8: 00

典型情况: "孩子自己玩, 我丈夫躺在沙发上。但是我打算找点乐子, 会呼朋唤友出去喝一杯, 或者看场电影。"

最佳方案: 增强家庭关系。不知疲倦的狼型在会见朋友、晚饭前小酌之后应该冷静下来, 比如, 可以帮助孩子完成家庭作业, 陪孩子玩会儿游戏。尽管皮质醇水平较高导致注意力难以集中, 你还是可以利用这段精神较好的时间陪陪家人。

晚上 8: 00 到 9: 00

典型情况: "红酒时间。这是我一天最盼望的时刻, 同时也可以让我不停在转的脑子平静下来。"

最佳方案：晚饭。晚一点的时候你的五种感觉——尤其是味觉——最为灵敏。晚一点吃晚饭会给你带来更加强烈的满足感，同时也可以免除让你超重的夜宵。饭前饭中可以喝点红酒，不过饭后就不应再喝。需要给身体足够的时间在入睡前代谢掉酒精（睡前饮酒会影响睡眠）。或者把红酒换成白水也不错。

晚上 9：00 到 11：00

典型情况："喝了酒之后感觉更饿，所以我会一边上网聊天一边吃点零食。一般我不喜欢蔬菜片或水果，更喜欢吃垃圾食品或剩菜。"

最佳方案：欢乐时光（包括性爱）。此时是一天情绪最佳的时候，可以和家人朋友聊点轻松或实际的话题。你的体温到达峰值，对性活动反应敏锐。性爱对身体各个系统都有益处，让你之后很长时间都能感觉愉悦。由于离你入睡还有较长时间，这些激素能够给你带来很多好处，比如，可以抑制饥饿感，以防在深夜大嚼垃圾食品。之后你还可以处理一些家务杂事，此刻你会有足够的耐心回邮件或平衡开支。

晚上 11：00 到凌晨 12：00

典型情况："或许我还在上网，一边看电视、浏览网页，一边吃东西。我觉得应该赶紧上床睡觉，可是却毫无睡意。"

最佳方案：关机断电。电脑屏幕发出的蓝光抑制褪黑素分泌，让你毫无困意。这时候应该写好邮件，关掉所有屏幕。睡前一小时可以冥想、阅读、拉伸放松，此刻或许会第二次给你带来无限创意。

晚上冲凉或洗澡不仅可以让你在早上节省出 20 分钟，还能帮助你更好地入睡。被动加热——热水浴——可以降低你的核心体温，让大脑开始释放褪黑素，开启睡眠引擎。

凌晨 12：00

典型情况："我躺在床上听我丈夫的呼吸声。无法入睡让我觉得非常紧张，不知道明天会怎样。"

最佳方案：上床睡觉。通过调整吃饭与洗澡时间、咖啡与酒精模式、运动和上网时间，你应该能在凌晨 12：30 左右睡着。或许需要一两周的时间才能完全适应，但你一定可以达到目标。

凌晨 12：30 到 2：30

典型情况："盯着天花板。"

最佳方案：进入睡眠第一阶段。此时身体得到恢复，身体受损细胞得以修复。

凌晨 2：30 到清晨 5：00

典型情况："好不容易睡着了。"

最佳方案：进入睡眠第二阶段。夜间的中段睡眠让你的大脑和身体得到纯粹的休息。

清晨 5：00 到 7：00

典型情况："终于睡沉了，可很快就要起床。"

最佳方案：进入睡眠第三阶段。夜间睡眠的最后部分你会有许多 REM 睡眠，此时大脑恢复固化记忆。假如一开始就推迟了睡眠，你就无法得到最后的 REM 睡眠，导致大脑整体缺乏足够的调整恢复。

轻松小贴士

　　看上去需要彻底改变，也的确如此。但是如果你能慢慢调整你的时间节律，每周改变一点点，你就能将这些改变无缝纳入你的生活。如果每个星期持续改变，一个月内你就可以看到生活质量整体得到显著提高。

第一周

　　吃早饭。

　　醒来后一小时内受太阳直接照射 5 到 15 分钟。

　　戒除晨起咖啡。

第二周

　　继续第一周的改变。

　　延迟第一杯咖啡的时间到上午 11：00。

　　延迟晚饭到晚上 8：00。

第三周

　　继续前两周的改变。

　　早上洗澡改成睡觉前洗澡。

　　好好利用早上的时间进行全天规划。

第四周

　　继续前三周的改变。

　　晚间进行锻炼。

　　晚上 11：00 前关掉所有电子设备。

狼型的每日作息

早上 7：00　第一次闹铃响后醒来，再小睡 20 分钟，直到第二次闹铃响起。起来后立即写下或使用语音备忘录记下想到的主意。

早上 7：30 到 8：00　穿戴整齐，准备就绪。

早上 8：00　高蛋白早餐，晒 10 分钟太阳。别喝咖啡！

早上 8：30 到 9：00　出门接触阳光。早上走路去停车场或地铁站可以帮助你清醒过来。

上午 9：00 到 11：00　利用早上的时间沉淀、规划全天工作。你的效率高峰尚未到来，所以此刻做好准备。

上午 11：00　喝点咖啡，休息，不要吃零食，碳水化合物会让你降低工作效率。

上午 11：15 到下午 1：00　处理不需要太多关注力与洞察力的繁忙工作。

下午 1：00　营养均衡的午餐。现在你思维敏捷、妙语连珠，和同事们一起吃午饭能够给众人留下好印象。

下午 2：00 到 4：00　处理需要专注力的工作。

下午 4：00　吃 250 千卡的零食，其中 25% 的蛋白质，75% 的碳水化合物。

下午 4：15 到 6：00　与他人联系沟通。他人精力逐渐不济，你反而精神抖擞，好好利用这一点，参加会议、打电话或发邮件。

晚上 6：00 到 7：00　趁着身体温度较高时锻炼不仅效果好，还能避免受伤。

晚上 7：00 到 8：00　锻炼后的欢乐时光，晚饭前与朋友交流、联系。

陪孩子做家庭作业。你现在无论做什么都能得心应手。

晚上 8：00 到 9：00 晚饭。推迟晚饭至此时，之后就不会再大嚼零食。碳水化合物还能帮助你在睡前保持平静。

晚上 9：00 到 11：00 一天中情绪最佳的时间，好好享受，包括性爱。

晚上 11：00 关掉所有屏幕。放松，冥想，阅读，拉伸，洗个热水澡。

午夜：入睡。

PART TWO
一切活动的最佳时间

这部分指导人们利用生理时钟的力量来达到最佳表现，包括人际关系、健身、健康、睡眠、饮食、工作、创意、金钱和娱乐等生活的各方面。每一章都列有具体的活动。每一项活动相对独立，所以你可以随时直接去读你感兴趣的内容。

人际关系

────────

────────

坠入爱河

失败：不能找到、确认和保持浪漫的亲密关系。

成功：寻求、巩固和维护浪漫的亲密关系。

简单的科学

抱歉，这样说可能不够浪漫，但是坠入爱河是一个化学反应。我们一起来看看。

吸引节律是指你何时感受到爱的降临。它随时都可能发生。事实上，它就在你的眼前。男性和女性都会分泌一种无味的激素——费洛蒙。我们无法像吸入玫瑰的芬芳或者橘子的清香那样来发现它们，费洛蒙直接经由我们的鼻子进入大脑。我们称之为：一闻钟情。如果一个人对另外一个人的费洛蒙做出回应，他／她就感受到了异性的吸引。你可能会喜欢上房间那头某个人的长相，但是你不知道你们之间是否有化学反应（费洛蒙吸引），直到你们站在嗅觉范围内。

这种吸引可能受到生物时间的影响。据得克萨斯大学奥斯汀分校的一项研究，男性仅仅根据气味就能检测女性的生育能力。研究人员要求绝经前妇女在排卵期间连续三个晚上穿着某一件 T 恤睡觉，而在非排卵期间连续三个晚上穿另一件 T 恤睡觉。接着受试男性被要求闻这些 T 恤。他们用"愉悦"和"性感"来描述排卵期间的女性所穿的 T 恤。所以，对女性来说，一个重要的吸引节律是在排卵期间不使用香水或者有香味的沐浴产品。

这并不是说长相一点也不重要。长相的确重要，但不是你想象的那样。最具有吸引力的面部表情实际上是和蔼。在中国 2014 年的一项研究中，研究人员给 120 名实验参与者观看了 120 个人的照片（男性和女性各占一半），并要求他们根据照片的吸引力打分。那些看上去和蔼乐观的人在吸引力上更受好评。因此，研究者将"善良就是美丽"现象称为光环效应。

考虑吸引力和生物时间意味着什么？意味着我们可以在心情好的时候寻找伴侣。

△ 海豚型从下午到晚上心情好。

△ 狮子型在早上和午后心情好。狮子型最坏的心情往往比其他类型最好的心情还要好。所以相比较而言，心情不好对他们来说并没有那么可怕。

△ 熊型从午后到傍晚心情好。

△ 狼型从下午晚些时候到深夜心情好。

不难看出晚餐约会是如何成为标准的，因为大多数生理时钟类型心情愉悦的时间都在每日晚间。

爱意节律出现在当你充满爱意并且想要触摸和接近伴侣时。它涉及几种激素，包括多巴胺、血清素、加压素，以及最重要的后叶催产素。在亲密关系的早期阶段，情侣依偎在一起，牵手、拥抱、不停亲吻，后叶催产素如河流般流动着。在以色列2012年的一项研究中，研究人员测量了60对在一起三个月的情侣的后叶催产素水平，将其与43名单身人士对比，发现情侣的后叶催产素水平较单身人士更高。后叶催产素水平的上升与幸福情侣的正面情绪（总体幸福感）以及他们对关系的焦虑相关。关键在于当你付出很多爱的时候，你会担心你的伴侣和你们关系的走向。这就说到了**依恋节律**。

当你和你的伴侣处于长期关系时，就会产生**依恋节律**。它引发的改变可以在血液中被测量到。以色列研究人员重新检测了6个月后还在一起的情侣（大约占原来的一半），发现他们的后叶催产素没有降低。首席研究员露丝·费尔德曼向《科学美国人》透露："后叶催产素能激发爱的行为，但是给予和接受这些行为也会促进后叶催产素的释放，激发更多这些行为。"依恋节律是一个正反馈的循环，始于吸引，日常的爱意使其进一步强化。只要有可能，平日多给你的伴侣一些爱抚，保持和颜悦色，可以让爱情保鲜。

节律回顾

吸引节律：由于费洛蒙和光环效应，这时你对新的爱情产生兴趣。

爱意节律：由于爱情激素的激增，这时你有了和新的伴侣亲密接触的冲动。

依恋节律：由于爱情激素的稳定流动，这时你感觉与伴侣建立了一种长期的亲密关系。

最不适合坠入爱河的时间

上午 11：00 到下午 2：00。上午的后叶催产素、睾酮和多巴胺水平此时开始下降（甚至对于狼型的人也是如此）。对于所有生理时钟类型来说，正面情绪在工作日的中午都比较低。午餐时间可能是遇到某个人，并认识对方的一个大好时机，但晚餐时分你才会真正被他或她吸引。

坠入爱河的最佳时间

海豚型：晚上 8：00，在吃完增加血清素、富含碳水化合物的晚餐和进行释放后叶催产素的性爱后。

狮子型：早上 7：00，在早晨的性爱后。

熊型：下午 4：00，在充满着积极情绪的午休后。

狼型：晚上 11：00，在吃完增加血清素的晚餐和进行释放后叶催产素的性爱后。

联系朋友

失败：电话直接转到语音信箱，朋友没有回电；在朋友心情不好或忙碌的时候联系他们。

成功：在朋友有空或愿意聊天的时候联系他们。

简单的科学

打电话给朋友似乎是一件直截了当的事情，只需要拨号码或者让
Siri（苹果手机上的智能语音机器人）替你拨号码。如果电话就在你朋友
的手上或在其附近，而他／她又接了你的电话，那么，你们便可以愉快
地聊天了。你们一起制订计划或者愉快地交换彼此的看法，谈论最近的
新闻，最后充满感激和爱意地挂了电话。

但是情况不总是如此。多少次你打电话给别人，电话的那头传来的
可能并不是一个友好的声音，而是诸如"我现在不方便说话。晚点打给
你好吗"这样的自动回复。知道或者怀疑自己在接听前被过滤会让人产
生被拒绝或被忽略的感觉。

作为社会动物，我们需要建立社会联系。为了生存，我们必须将我
们的生活和他人联系起来。如今，我们不需要联合起来寻找食物。但是，
我们需要充分维持友谊来抵御寂寞，否则，寂寞会导致抑郁、免疫系统
失调，或诱发某种疾病。

发信息是许多年轻人首选的联系方式，但它比面对面互动差远了。
语音交流因其丰富的语调和细微之处而仅次于面对面互动。没有什么
比听见彼此的声音和一起欢笑更能让人确定友谊的存在了。

所以，我们该什么时候打电话来确保积极的互动？第一个要考虑
的因素是**可获得节律**。你朋友什么时候有空聊天？根据南加州大学马
歇尔商学院 2013 年的一项研究，在 554 名专业人员中，绝大多数接
受调查的人表示在正式或非正式会议中接电话有欠妥当。查看来电、
找借口出去接电话，甚至开会时带手机都被认为是不尊重以及打扰
别人的行为。在是否可以查看手机或者工作时接电话方面，千禧年
出生的一代比起年过四十的人（也就是他们的老板）的接受度高出

三倍。这一数据对于刚踏入职场的年青一代的职业生涯有深远的影响。

如果你想成为一个好朋友，不要在工作时间打电话给你的朋友，以免他陷入尴尬的处境。

不要在新妈妈或她的孩子打盹时给她打电话。不要给一个可能正为明天备考的学生打电话。不要在晚上 6：00 到 9：00 给朋友打电话，因为那个时候大多数人都在吃晚饭。不要在朋友看喜欢的节目或比赛时给他打电话。这样会惹人讨厌。

打电话给别人时还有一个**亲密节律**。在康奈尔大学 2015 年的一项研究中，研究人员不仅研究了电话拨出的时间，还研究了拨出电话的对象。结果发现，电话拨出的时间越晚，双方的关系越亲密。深夜通话通常是最亲密的朋友和情侣之间的专利。事实上，晚上打电话是潜意识告诉对方你认为你们之间的关系很特殊的一种方式。如果你在白天给别人打电话，不自觉的感受就是你有一个待办事项，比如，制订一个计划或者交换必要的信息。如果你在日落后打电话，意味着你想要分享故事，进行深入亲密的对话。如果你在下午 2：00 打电话和朋友聊天，可能会让人觉得奇怪，并将之视为打扰。

最后，想尽方法使用**基于类型打电话节律**。你需要根据对象的生理时钟类型来调整你打电话的模式。晚上 9：00 打电话给狮子型的人相当于下午打电话给狼型的人或者半夜打电话给熊型的人。如果想在朋友半睡半醒中和他聊天，那你们的关系得**非常近**。大清早打电话同样如此。你是狮子型的人，6：00 就起床了，渴望和朋友聊聊天。但是你的熊型和狼型朋友呢？他们可不想在这个时间聊天。康奈尔大学的研究也涵盖了不同生理时钟类型打电话的偏好，并且证实**早上型的人喜欢在白天打**

电话以及进行社交，而晚上型的人恰好相反。如果你的目的是在别人最愿意说话的时候找到他，那么优先考虑他的生理时钟类型。当然，你的生理时钟类型同样重要，所以你要想清楚你打电话的目的是什么。如果你是想获得一个轻松愉快的对话，那么可以在傍晚或者你有点累时打电话。至于那些重要的、需要集中注意力的电话，最好选在午饭时间或者下午三四点拨打，因为这两个时间段所有生理时钟类型都非常警觉。

节律回顾

可获得节律：基于工作和家庭安排，考虑什么时候一个人最可能有时间和精力来接电话。

亲密节律：什么时候打电话，要视关系的深度和亲密度而定。

基于类型打电话节律：什么时候倾听，要视接电话人的生理时钟类型而定。

最不适合打电话给朋友的时间

上午9：00到下午3：00；晚上6：00到9：00。不要在上班或者上课时间进行电话社交。如果你一定要在工作的时候联系朋友，就发短信。另外，不要在晚餐时间打扰别人，这个时间你的朋友可能正和家人一起共度美好时光或者外出约会。

打电话给朋友的最佳时间

既然你打电话的目标是增进关系，你需要知道你的朋友什么时候最想听到你的声音。不要根据你自己的生理时钟类型给他打电话，要根据他的生理时钟类型。如果你的朋友是：

海豚型：晚上9：00到10：00。

狮子型：上午7：00到10：00。

熊型：晚上8：00到10：00。

狼型：晚上9：00到11：00。

给父母和祖父母打电话的最佳时间

对于所有的生理时钟类型，答案是任何时间。

作为一个父亲和心理学家，我建议你在空闲的时候，长辈还没睡觉时给他们打电话。不要担心他们有没有空，更重要的是频率。

受到社会孤立的老年人是社会中最脆弱的人群。撇开显而易见的认知恶化和死亡威胁，他们比其他人患上心血管疾病和传染性疾病的风险更高。老年人的寂寞会提高心脏疾病和抑郁症的发病率，提高血压和皮质醇的水平。伦敦大学2012年的一项研究历经7年，跟踪了6500名年龄超过52周岁的成人，发现那些不接触社会的孤独老人的死亡率比起那些定期接到家人和朋友电话及探视的老人高出一倍。或许是因为孤独的老人不能照顾好自己，又或许心理上的痛苦会带来身体上的伤害。或者这两种原因兼而有之。这样说不是为了让你觉得内心有愧，而是为了让你打电话给长辈，问问他们最近的情况。对他们来说这是救命的。

根据上述康奈尔大学对于手机使用的研究，人们更愿意晚上给好朋友打电话而不太会给家人打电话，因为家庭关系并不像友谊一样脆弱。什么时候你想给父母和祖父母打电话，就直接打，一般最好在白天打。这适合老年人。65 岁以后，我们大多数人的生理时钟会变成狮子型或者海豚型（更多"一生的昼夜节律"，详见 323 页），醒得早、吃饭早、睡觉早。不妨早点打电话给长辈问安。

与伴侣争吵

失败: 破坏性争论不会化解矛盾，只会让你的内心充满痛苦和憎恨。
成功: 建设性争论可以化解矛盾，巩固你们的关系。

简单的科学
情侣、夫妻或好朋友之间也会有分歧，为什么呢？因为任何两个人都会意见不统一。和你的伴侣争吵是人生中难以避免的一部分。你可以以健康的方式来处理，彼此公开坦诚地交流，学会妥协，下决心解决问题。

你也可以声嘶力竭，恶语相向。挑起纷争的时间决定了一场激烈的争论究竟是让你们的关系更加紧密还是会破坏你们的结合。

第一个也是最重要的一个建议就是选对时间。没睡好就不要挑起纷争，此为**睡眠缺失节律**——"你的过度反应"节律。在特拉维夫大学的研究中，研究人员用核磁共振和脑电图记录了睡眠不足者在从事情绪认知任务时的大脑活动。结果显示，当睡眠不足时，受试者无法控制自己的情绪反应。本应该在他们脑海中被记录为"中性"的事情会被记录为"负面"。两个疲劳的人之间的争论不会有什么好结果。最好完全搁置争论，直到你休息充分后。

那么**决心节律**呢？"不要怀着怒气去睡觉"定律？那句老话应改为"不在睡觉前争辩"。在深度睡眠时，大脑巩固记忆。如果你在半夜声嘶力竭、大吵大闹，然后才去睡觉，你的大脑将整夜在脑海中巩固争吵的负面情绪，即使你已经与对方和解。在马萨诸塞州大学的研究中，研究人员记录了 106 名男性和女性在看完刺激情绪性图片后的反应。这些图片所传递的情绪从令人感到不安到积极向上。一夜后再测一次，不管受试者是安睡了一晚还是失眠了一夜。研究人员让他们再次看相同的图像，并对他们的记忆和情绪反应进行了测试。比起那些失眠一夜的人，那些安睡一晚的人对于令人不安的图像的负面情绪反应更强烈。由于吵架而一夜没睡可能比吵架后解决了问题，然后进入深度睡眠要更好。不要误会我的这种说法。我不是建议你整夜吵架。理想的情况是：在晚上的早些时候不要吵架或是说很多话。在睡觉前给自己足够的时间去做其他事情，形成其他类型记忆。所以，在睡觉三小时前解决冲突。

心情节律，或者"为什么你现在在做这个"。可以在你挑起纷争前预测吵架的结果。从非医学的角度来说，心情就是你在特定时候的感受。

我们都知道心情是不断变化的，会随着时间的推移而改变，也会随着生物时间而改变。波兰华沙大学 2008 年完成的一项研究显示，时间情绪可以利用一个三维模型进行精确测定。第一个维度是"活力唤醒"，即你精力充沛或疲倦的程度；第二个维度是"紧张唤醒"，即你紧张或放松的程度；第三个维度是"快乐情调"，即你心情愉悦的程度。研究人员观察了近 500 名成人男性从早上 8：00 到晚上 8：00 这三种情绪维度的变化。

对于早上偏好型的受试者，他们的能量水平开始很高，到中午时达到峰值，然后急转直下，直至晚上。在白天，他们比晚上偏好型的人更

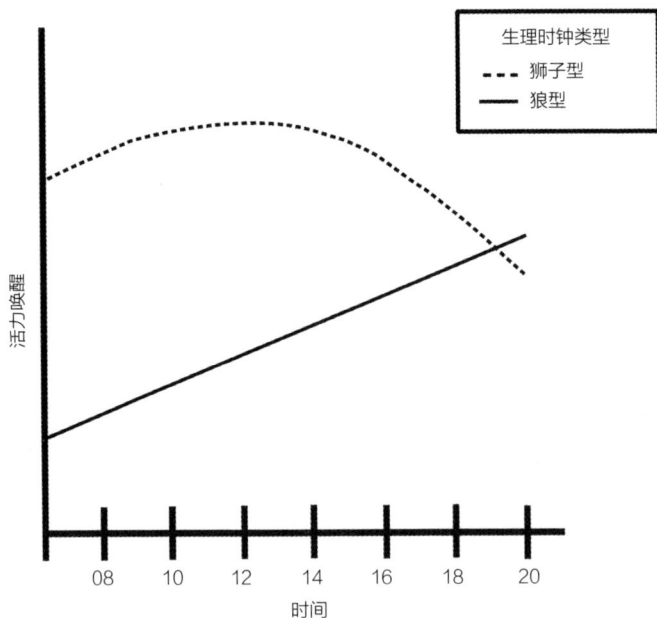

狮子型的人能量水平开始时较高，从中午到睡觉时间缓慢下降。狼型的人能量水平开始时较低，在狮子型的人睡觉之后他们的能量才达到峰值。

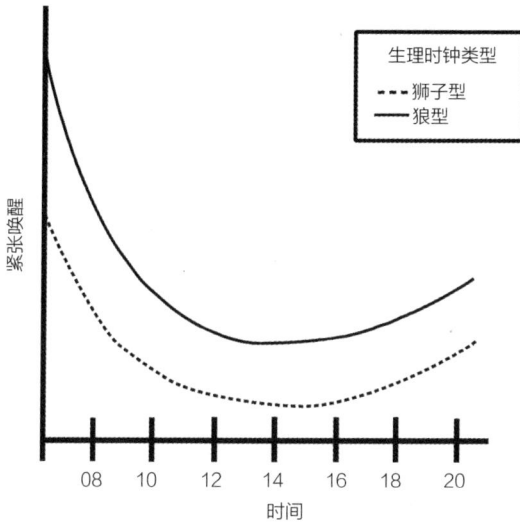

狮子型的人的焦虑或紧张水平在一天开始时比狼型的人低，并且
一天中都比狼型的人低。

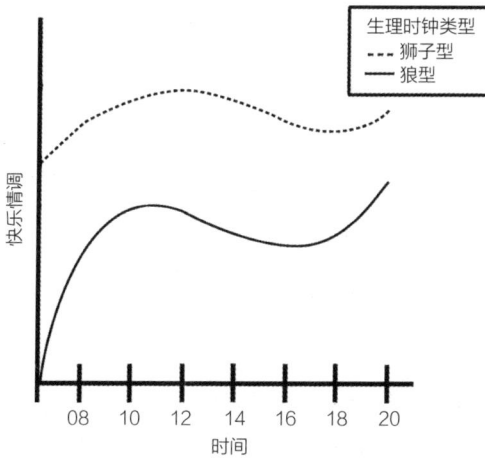

狮子型的人的快乐情调——心情的愉悦程度——在一天开始时比狼
型的人高，并且一天中都比狼型的人高。相比于情绪稳定的狮子型
的人，狼型的人心情更容易起伏。

放松，他们的紧张情绪在夜晚达到峰值。比起晚上偏好型的受试者，早上偏好型受试者的愉悦情绪在一天开始时较高，随着时间的推移，他们在上午 10：00 心情最佳，在晚上 6：00 心情最糟。总的来说，从下午到深夜，他们显得疲劳、紧张、暴躁。**不要在下午 3：00 到晚上 8：00 惹怒狮子型的人。**

晚上偏好型的人精力水平开始时较低，之后稳步上升，到傍晚达到峰值。比起早上偏好型的人，他们的紧张水平开始时较高，在下午 4：00 时最为放松，稳步上升直至晚上。他们的愉悦水平全天处于摆动中，早上 8：00 处于低谷，晚上 6：00 为另一个低谷，在正午和晚上 8：00 处于峰值。总的来说，狼型整个白天都处于疲惫、紧张和暴躁的状态，这种状态在早上最为明显。**正午前不要冒风险找狼型的人。**

海豚型和熊型的人会规避冲突，并尽可能避免争吵。他们在睡眠惯性的影响下会冷淡地回避，这种状态可以持续到早上。对熊型的人来说，下午 2：00 左右同样如此，午餐后他们能量下降。**下午 4：00 前，不要和海豚型和熊型的人吵架，否则这场争吵会是一出独角戏。**

自我调节节律或"我阻止不了我自己"，指的是一种能够长远考虑并抛开一时情绪的行为能力。所谓一时的情绪就是未经过滤、不计后果地想说什么就说什么。相比于狼型，狮子型、海豚型和熊型不那么冲动和未来取向，但是当他们状态不佳时，他们也很容易说出一些无法控制的话。另一方面，狼型不可能保持沉默，只要能立即赢得一场争论，他们什么都敢说。当狼型的人处于非峰值时（早上和中午），他们可能会更暴躁，但说话会不那么伶牙俐齿。当他们处于峰值、找人吵架时，你一定得躲起来。

节律回顾

睡眠缺失节律：你何时会因为缺乏足够的休息而情绪混乱。

决心节律：何时解决争端，让它不再困扰你。

心情节律：何时你的心情会影响你和他人争吵的可能性以及激烈程度。

自我调节节律：人们何时可以及何时不能控制自己说出之后会后悔的话。

最不适合和伴侣吵架的时间

晚上 11：00。彼此都很疲惫，睡前吵架不是一件好事。对狮子型和熊型来说，此时他们过度敏感，情绪低落。即使你们在熄灯前和好了，但吵完架马上睡觉却会强化消极情绪。最好在上午晚些时候或下午早些时候进行建设性的争论。

和伴侣吵架的最佳时间

海豚型：晚上 7：00。海豚型的人规避冲突，善于倾听。等到吃完富含碳水化合物的晚餐后，他们什么事情都会同意。

狮子型：上午 9：00。狮子型的人虽然不善于倾听，但是他们会变得警觉、有分析力，愿意和解。

熊型：下午 5：00。熊型的人可能不理解吵架的内容，但他们心情好的时候很愿意妥协。

狼型: 晚上 8：00。狼型的人在这个时候思路非常清晰，能说会道，但这也是他们一天心情最好的时候。切记小心行事。

和伴侣吵架兼容性表格

为了富有成效的讨论，积极解决问题，请参考下面的表格来选择合适的争论时间。

你	海豚型伴侣	狮子型伴侣	熊型伴侣	狼型伴侣
海豚型	晚上 7：00	晚上 7：00	下午 5：00	晚上 7：00
狮子型	晚上 7：00	早上 9：00	下午 3：00	下午 5：00
熊型	下午 5：00	下午 3：00	下午 5：00	下午 5：00
狼型	晚上 7：00	下午 5：00	下午 5：00	晚上 8：00

减少吵架的额外福利

"当布劳斯博士告诉我狼型的人会在吵架时不经思考说出任何话时，我忍不住笑出声来。" 安，一位典型的狼型说道，"他说的就是我。当我和别人吵架时，我会说一些不好听的话。事后总是感到很难过，希望能把话收回来。但后来，当我和丈夫又吵起来时，我又会朝他说难听的话。顺便说一下，他是熊型的。我很清楚，晚上的我精力充沛，脾气很坏。那个时候我的丈夫正处于放松状态。这样的差别是我们吵架的原因之一。他不想说话，不想出门，不想做家务的时候，我就会冲他发脾气。他因为我唠叨跟我生气。只要他一说'唠叨'，我的头上就好像鸣起警笛。所以我们一致决定：他要尊重我的生物时间，我也要尊重他的生物时间。当他放松的时候，我不会唠叨他让他干活，他也不会说我'唠叨'。我们根据各自的生物时间做事，只在下午进行富有成效的讨论。到现在为止还挺好！如果我晚上把精力放在写作上（这是我一直想做的事），就不会再对他发怒了。减少吵架带来的额外福利是什么？更多的性爱。"

享受性爱

失败：没有性生活或对性生活不满意。

成功：频繁、满意的性生活，让你的身体更健康。

简单的科学

人类究竟是从什么时候开始养成睡前做爱的习惯的？睡前应该是我们开始失去意识的时段啊。

一种说法是性有助于睡眠。这一点没有太多的科学支持。作为睡眠医学方面的专家，我可以证明一点，即关灯上床睡觉才有助于睡眠。15至30分钟的性爱与睡眠无关。灯光熄灭后，褪黑素就会上升。如果你开着灯做爱，女性的睡眠时间会延迟。一边做爱一边控制睡意不能增进伴侣之间的亲密关系。对海豚型和狼型的人来说，睡前性欲的唤醒会让人失去睡意，导致失眠。其结果就是做完爱后，你盯着天花板，听着你伴侣的鼾声，自己却睡不着。

　　在最近的一项对性的研究中，当参与者被问及为什么他们在特定时间做爱时，**方便节律**（已经躺在床上了 / 伴侣有空 / 做爱不打扰他们的工作安排）占到了72%。只有 28% 的做爱是因为自己有欲望。为什么有人会在晚上 11：00 到凌晨 1：00 间有欲望？这个时间段是大多数人做爱的时间。晚上 11：00 到凌晨 1：00，你的心率变慢，褪黑素让你昏昏欲睡。你的身体不想做任何体力劳动，更不用说做爱了。一夜又一夜在精疲力竭和缺乏欲望时勉强做爱会让你的伴侣失望，伤害彼此的感情，疏远彼此的距离。走过场并不会产生爱的感觉，乏善可陈的性爱也不会增强你的欲望或让你想拥有更多的性爱。

　　虽然我们习惯于把性和睡觉时间相连，**欲望节律**却是在早上达到顶峰。此时男性和女性体内的睾酮处于峰值（在睡觉期间处于低谷）。性幻想多发生在夜间。清晨时，睾酮激增，这就是大多数的男性会在醒来后勃起的原因。醒来后的性爱，让你充满活力地开始新的一天，减轻压力和焦虑，让快乐幸福的激素充满你的大脑，创造力也因此提高。你会产生各种如何取得进步和获得更大满足的新的、有趣的想法。

　　当欲望达到峰值，你的身体和精神都很警觉时，来场美好的性爱对人的身体和心理健康大有裨益。健康的**余韵节律**可以促进血液循环，给整个身体供氧，并带给你幸福感。性爱过程中会释放抗体，增强免疫系统，预防和治疗疾病。性高潮触发后叶催产素，提高你的情绪和与伴侣的亲密度。后叶催产素水平上升，皮质醇水平下降。它们此消彼长。更多的性爱，更小的压力，以及较少的与压力相关的健康问题，如肥胖、心脏疾病和情绪障碍。如果你享受完性爱后倒头就睡，那么鱼水之欢带来的化学好处、随之流淌的爱的感觉只会白白浪费。但是，对于海豚型和狼型的人，由于他们在午夜甚至更晚的时候仍会保持清醒，晚上做爱可以带来放松，减少压力。

那**自慰节律**呢？其实你不需要伴侣就可以拥有性生活。事实上，不管是否有伴侣，大多数美国男性（94%）和美国女性（85%）都有自慰行为。为了更好地受益于激素，在生物时间、欲望最强烈的时候（狮子型早上9：00，熊型早上8：00，狼型早上10：00），或在你需要缓解压力、振奋心情时（狮子型傍晚，熊型下午早些时候，狼型清晨），都可以自慰。那海豚型呢？为了降低皮质醇水平，可以在睡前一两小时自慰，大约是晚上8：00。

节律回顾

方便节律：指伴侣双方仅仅因为都在床上或都有空而做爱。

欲望节律：何时睾酮水平会处于峰值，并增强性欲。

余韵节律：性爱之后，后叶催产素和其他化学物质在体内流动，让你感到身心愉快。

自慰节律：在适合自慰的时段享受性爱。

最不适合性爱的时间

晚上11：00到凌晨1：00，然而50%的性爱在这段时间发生。

性爱的最佳时间

海豚型: 晚上 8: 00。

狮子型: 早上 6: 00 到 7: 00。

熊型: 早上 7: 00 或晚上 9: 00。

狼型: 早上 10: 00 或晚上 10: 30。

现实情况

性爱的生物时间并不总是能与生活兼容。除非你有一个非常隐秘的办公空间,狼型的人在早上 10: 00 快速进行性爱或自慰是不明智的。你可能习惯了睡前性爱,觉得晨间性爱是令人生厌的。或者你可能会喜欢晨间性爱的想法,但发现你不能把它融入你的时间表。没关系,别担心。只要意识到在特定的时间做爱可能更令人满意、更健康就可以了。这并不是说其他时间做爱不会令人满意或不健康。我从来不劝任何人仅仅为了遵守自己的时间节律而减少性爱。自发性和睾酮同样重要。如果你心情好,那就去做爱吧。

性爱的生理时钟类型兼容性表格

下面的三张表格基于华沙大学的一项研究。第一张针对异性恋伴侣,

第二张针对男同性恋伴侣，第三张针对女同性恋伴侣。研究人员调查了
565 名年龄在 18 到 57 岁的人，得出了这些结果。**表格中的时间是参
与者基于欲望对性生活的偏好时间，而不是基于方便性。**最重要的区
别在于所有生理时钟类型的女性在晚上 6：00 到午夜都会有更强烈的
性欲，而狮子型的人只有在清晨才有性欲。另一方面，所有生理时
钟类型的男性在上午和傍晚都有强烈的性欲。即使是狼型的男性，
在上午 9：00 也会有强烈的性欲。狮子型的男性，即使很累，在半夜
还是会有性冲动。

在异性恋图表中，我将傍晚作为第一选择，因为如果对于男性而言，
早上和晚上的性爱具有同样的吸引力，他们最好服从女性在晚上做爱的
偏好。既然男性偏爱晨间性爱，那么男同性恋伴侣的图表也包括早上的
时间。女同性恋则相反，狮子型的女性除外。

异性恋伴侣	海豚型（男）	狮子型（男）	熊型（男）	狼型（男）
海豚型 （女）	晚上 8：00 或 早上 8：00	晚上 8：00 或 早上 7：00	晚上 10：00 或 早上 8：00	晚上 8：00 或 早上 9：00
狮子型 （女）	晚上 7：00 或 早上 7：00	晚上 6：00 或 早上 6：00	晚上 8：00 或 早上 7：00	晚上 7：00 或 早上 8：00
熊型 （女）	晚上 8：00 或 早上 7：30	晚上 9：00 或 早上 7：30	晚上 10：00 或 早上 7：30	晚上 10：30 或 早上 8：00
狼型 （女）	晚上 9：00 或 早上 9：00	晚上 9：00 或 早上 9：00	晚上 10：00 或 早上 9：00	晚上 11：00

男同性恋伴侣	海豚型	狮子型	熊型	狼型
海豚型	早上 8：00 或晚上 8：00	早上 7：00 或晚上 8：00	早上 8：00 或晚上 10：00	早上 9：00 或晚上 10：00
狮子型	早上 7：00 或晚上 8：00	早上 6：00 或晚上 6：00	早上 7：00 或晚上 9：00	早上 9：00 或晚上 9：00
熊型	早上 8：00 或晚上 10：00	早上 7：00 或晚上 9：00	早上 7：30 或晚上 10：00	早上 10：00 或晚上 11：00
狼型	早上 8：00 或晚上 10：00	早上 9：00 或晚上 9：00	早上 10：00 或晚上 11：00	早上 11：00 或晚上 11：00

女同性恋伴侣	海豚型	狮子型	熊型	狼型
海豚型	晚上 8：00	晚上 8：00 或早上 8：00	晚上 9：00	晚上 10：00
狮子型	晚上 8：00 或早上 8：00	晚上 6：00 或早上 6：00	晚上 9：00 或早上 7：00	晚上 9：00 或早上 9：00
熊型	晚上 9：00	晚上 9：00 或早上 7：00	晚上 7：30	晚上 10：00
狼型	晚上 10：00	晚上 9：00 或早上 9：00	晚上 10：00	晚上 11：00

制订计划

失败：卡在研究、细节和想法阶段，或者后悔匆忙做出决定。

成功：与志同道合的人组成团队，一起构思、研究并推动一项重大计划的进行。

简单的科学

当我们在计划度假、婚礼或有些模糊的"未来"时，我们中的大多数人会在分工和细节上产生意见分歧。作为伴侣、朋友或者家庭的成员，为了成功计划重要的事情，我们必须遵守两条**时间的窍门**：

1. 根据生理时钟类型分配任务；

2. 在最合适的时间执行特定任务。

关于第一点，计划需要涵盖一系列的技能——机敏度、对任务的专注、灵活度和创意。你会发现，很少有一个人或一种生理时钟类型能拥有上述所有技能。每一种生理时钟类型都有特定的专业技能。

△ 海豚型是完美主义者，有强迫症。**积极的海豚型**：他们擅长研究，会尽全力研究出最好的酒店、最好的航班和最好的价格。**消极的海豚型**：面对纷繁的选择，他们会不知所措。

△ 狮子型是决策的执行者，有控制力。**积极的狮子型**：他们推动计划的执行，安排所有的事情。**消极的狮子型**：他们计划行程时**太过谨慎**，几乎没有给自发的探索留下什么空间。

△ 熊型满足于海豚型和狮子型做出的计划。**积极的熊型**：他们的热情和灵活深受大家喜爱。**消极的熊型**：热情和灵活无助于工作的完成。

△ 狼型做事随性，富有创造力。**积极的狼型**：他们提出有创意的想法，有冒险精神，不计成本，不考虑有没有后勤保障。**消极的狼型**：一句冲动之言"我们马上预定吧！" 可能是好事，也可能带来灾祸。

关于第二点，在一天中的特定时间做特定的事情，请牢记以下几点。

构想节律。何时是构想你的假期、婚礼和未来的最佳时间？让你的想象力驰骋，想一想你想去哪里，想做什么。

在 2011 年的一项研究中，阿尔比恩学院的研究人员要求受试者在一天中的不同时间回答特定的问题，并根据他们是早上偏好型还是晚上偏好型对他们正确回答的能力进行排序。他们被要求解决的问题要么是分析类的（逻辑、数学运算），要么是洞察力类的（就是你说出"啊哈！我明白了"的领悟瞬间）。

这里有一个分析类的问题。这是一道中学数学题：火车 A 以每小时约 13 公里的速度从城镇 A 出发向东驶向约 322 公里外的城镇 B。与此同时，火车 B 以每小时约 97 公里的速度从城镇 B 向西驶向城镇 A。两辆火车何时相遇？

接着是一个洞察力类的问题：一个男孩与父亲遭遇了车祸。父亲在车祸中身亡。男孩被送往医院抢救。医生走进手术室说："我不能给这个男孩做手术。他是我儿子！"这可能吗？

当处于峰值期时（早上偏好型的人在早上，晚上偏好型的人在晚上），两种生理时钟类型都很警觉，在分析类问题上表现都不错。当处于非峰值期时，两种生理时钟类型在洞察力类的问题上表现都不错。早上偏好型的人在晚上会昏昏沉沉、容易分心；而晚上偏好型的人在早上也会如此。

对规划一个盛大的婚礼或完美的假期而言，这意味着：当你很疲劳并处于非峰值期时，应该构想并集思广益。

那如何将构想变成现实？当你做烦琐的工作如订酒店、机票、餐厅和鲜花时，你需要**后勤节律**。你应该在你分析能力最强的峰值期做研究和价格对比。

当你和你的伴侣、朋友，或家人讨论构想和后勤时，**注意力节律**开始发挥作用。充分讨论无尽的细节需要心理学家所说的持续注意力，也就是将你的注意力集中于无聊的后勤工作上，即使你不乐意。

什么时候你最能集中注意力并长时间专注于任务？在 2014 年西班牙的一项研究中，研究人员将受试者按生物时间排序，然后测试他们在一天中不同的时间执行任务的能力。早上偏好型的人在早上和晚上表现都很好，在最佳时间内都有着稳定和精确的表现。晚上偏好型的人在晚上表现更好。和早上偏好型的人相比，他们在一天中的任何时间段，注意力的跨度都较短。正如研究人员所怀疑的那样，比起狮子型的人，狼型的人不太认真，不太愿意长时间专注于任务。

研究还发现，这两种类型的人在一段时间后，回答问题的准确度和反应速度均有所下降。如果长时间专注于任务，即使是狮子型的人也会分心。在现实情况下（实验室或研究环境以外），将讨论后勤问题的时间限制在 45 分钟内是明智的。如果你还没有在这段时间内完成规划，那么，把工作放在一旁，等下一个 45 分钟。第二天，以此类推，直至任务完成。另外，请记住，根据西班牙的这项研究和我的临床观察，在一夜的安眠后，更容易完成任务。

节律回顾

构想节律：这时你的大脑对想象和拿出创意做好了充分准备。

后勤节律：何时你的大脑对分析选择、调查研究、确定预算和进行预定做好了充分的准备。

注意力节律: 何时你的生理时钟类型可以专注于细节。

最不适合计划重要事情的时间

最后时刻。

计划重要事情的最佳时间

由于每种生理时钟类型擅长不同的任务,明智的做法是进行分工。总体而言,海豚型的人和狮子型的人应当负责研究和规划,熊型的人和狼型的人应当负责构想。下面是每种生理时钟类型做上述事情的最佳时间。

海豚型: 讨论想法,上午 8: 00 到中午;研究充实计划,晚上8: 00 到 10: 00。

狮子型: 讨论想法,晚上 8: 00 到 10: 00;研究充实计划,早上6: 00 到 9: 00。

熊型: 讨论想法,下午 2: 00 到 3: 00,晚上 6: 00 到 9: 00;研究充实计划,上午 10: 00 到下午 2: 00。

狼型: 讨论想法,上午 8: 00 到中午;研究充实计划,晚上 6: 00到 10: 00。

和孩子交谈

失败：和顽固的孩子交谈；尽管你努力想让孩子敞开心扉，却被忽视或拒绝。

成功：当孩子愿意敞开心扉时，让他们和你交谈，捕捉他们最近的状态，帮助他们，加强你们之间的联结。

简单的科学

什么时候和孩子交谈？作为一个心理学家，我的答案很简单：任何他们愿意和你交谈的时候。

询问孩子一天过得怎么样，却得到"没什么"和"无所谓"之类的回答，这种事情司空见惯。但是，在你最意想不到的时候，他们会表达内心和对于社会生活的深刻见解。这些黄金时刻十之八九出现在你忙着做别的事情的时候。孩子们在寻求父母关注时往往不顾时间，而此刻恰恰可能是你最忙的时候。

当你开始与他们交谈时，检查你的生物时间。在你坐下来和孩子们闲谈几句时，如果想让他们聆听，谈话的时间比你说的内容更重要。

分心节律。孩子分心时（没有专注于一项任务，比如作业、电脑游戏或聊天工具）以及低能量时（非峰值期，疲劳而不是精力充沛时）是最愿意聊天的。具体什么时间呢？这取决于孩子的年龄。

成年人被分为四种生理时钟类型。根据孩子的年龄，孩子更可能属于某一种生理时钟类型。

△ 婴儿主要为狼型，白天昏昏欲睡，晚上精力充沛。

△ 从学步儿到上幼儿园的孩子，这些幼儿主要为狮子型，黎明前苏

醒，晚上睡得早。他们通过午睡使身体恢复能量。如果一个学步儿或学龄前儿童不按照狮子型的日程表睡觉，很可能是因为他们习惯了父母的日程表或午觉睡得长了。

△ 小学生主要为熊型。他们根据太阳作息，午睡渐渐淡出他们的生活。

△ 青少年主要为狼型。早上像僵尸，晚上能量充足，对想在晚上清净的家长来说真是头疼。

要确定孩子何时愿意谈话，首先要考虑年龄因素。

1~6 岁：在午餐和晚餐后马上开始重要对话。小狮子在饭后血糖下降，30 分钟后血糖下降速度放缓，但并没有停止，这给谈话创造了良机。

7~12 岁：下午放学后，在 3：00 到 5：00 之间开始谈话。这段时间内他们心情最好。我经常建议父母在开车送孩子上学或参加体育运动的路上和孩子谈话。生物时间，并排坐以及封闭的空间，三者结合有奇效。但是如果他们在学校不开心，那就换个话题，不要坚持只问你感兴趣的事情。

13~18 岁：在晚上 10：00 左右开始谈话。狼型的青少年在晚上话很多。如果你在他们睡前一小时和他们谈话，他们愿意透露的事情会让你大吃一惊。

现在你知道孩子什么时候愿意跟你谈话了。但谈话是双向的。什么时候你与他们谈话状态最好？

耐心节律在你能够为了孩子和你自己保持冷静的时候起作用。2014 年，匹兹堡大学对 976 名 13 岁儿童进行的一项研究显示，父母的大吼大叫和虐待儿童具有相同的破坏性，会导致儿童的社会不当行为和抑郁症。事后家长的温暖安抚也不能减轻吼叫对孩子的影响。你和孩子谈话时的情绪和孩子与别人谈话的能力有直接联系。

当皮质醇水平低（中午或睡前），血清素水平高（吃完富含碳水化合物的一餐或运动后）和后叶催产素（性爱或其他某种爱意表达后）流动时，是和孩子谈话的恰当时机。

节律回顾

分心节律：孩子处于非峰值期，不能集中注意力，有点疲惫，这时孩子最愿意与人聊天。

耐心节律：在你最能够保持冷静时，与孩子谈话。

最不适合和孩子交谈的时间

上午 7：00 和下午 5：00。上午 7：00 时大家都很忙。孩子们饥肠辘辘，因为早晨的皮质醇水平上升，人会变得高度警觉，除非他们是狼型的青少年。在这种情况下，他们穿对衣服你就该很高兴了。你的血压升高，因为睡眠惯性容易动怒。显然你会在早餐时间谈论一些日常事务。把你的建议和盘问留到另外的时间。

另外一个大家都很忙的时间是下午 5：00。孩子们饥肠辘辘，情绪很坏，还有一大堆家庭作业要做。工作了一天的你筋疲力尽，还有很多家务杂事要处理。在这种状态下，试图深入交谈是令人沮丧和毫无用处的。

和孩子交谈的最佳时间

根本的问题是，你的耐心什么时候处于峰值？

海豚型：晚上 7：00。在吃完富含碳水化合物的晚餐后，夜晚皮质醇水平上升之前。

狮子型：下午 3：00。如果早餐时间没办法和他们交谈，那就在他们放学后和他们交谈。晚上 8：00 或晚上 9：00 你的耐心就会下降。

熊型：下午 4：00。早晨的性爱、中午的大餐和长时间的散步让你在周日下午 4：00 耐心最好。如果不是周日，你也可以等孩子放学后再和他交谈。

狼型：晚上 8：00。狼型的家长喜欢在晚上陪伴孩子。他们陪伴孩子做作业，睡前给孩子讲故事。充分利用晚上的好心情。

把屏幕关了！

　　我建议海豚型、狮子型、熊型和狼型的成年人睡前一小时关掉屏幕以保障高质量的睡眠。断电时刻对于青少年更重要。青少年已经有了狼型的倾向，深夜上网加剧了这一倾向。青少年熬夜与学习成绩差、焦虑、抑郁、网络成瘾和缺乏家庭支持息息相关。虽然他们可能因你规定在某个合理的时间断电而憎恨你，但是他们在学习上和情感上将会受益于你的这一举动。他们将来会感激你（当然也许不会，但是我们希望如此）。想了解更多断电时刻的信息请登录 www.thepowerofwhen.com。

第七章

健身

◎ 跑步
◎ 参与团队运动
◎ 练习瑜伽
◎ 力量训练

跑步

失败：强迫自己跑步，憎恶每一分钟的奔跑，跑得很慢，冒着受伤的风险，或长期轻视这项运动。

成功：像风一样奔跑，坚持跑步，体重减轻，跑步时心情愉悦。

简单的科学

跑步的最佳时间取决于你的目标。为了减肥？为了比赛？为了战胜自己？为了身体健康？

遵循**燃脂节律**，可以在早上或是傍晚跑步。由于你还没有摄入任何碳水化合物，醒来一个半小时内的空腹锻炼会将脂肪转化成能量。如果你倾向于早餐之前跑步，那么一定要确保你体内有充足的水分。跑完步后，要吃碳水化合物和蛋白质各占 50% 的早餐来保持新陈代谢。晚间锻炼会使体内的内啡肽上升。当人们想大吃大喝时，内啡肽可以减少食欲。但研究表明，晨练更有可能成为一种习惯，因为你不必整天想着如何为自己不运动开脱。

至于**表现节律**，则要求你在自己更喜欢的唤醒时间跑步。大量研究已经证实，相比早晨，人们在下午和晚上跑得更快，骑得更快，击棒球更有力。然而，2015 年英国的一项研究证明，预测各类运动员最佳表现时间的最重要的因素是运动员起床的时间相对于训练的时间。研究人员让运动员在一天中的不同时段训练，并测量他们的速度和敏捷性。早起的运动员在上午晚些时候表现最好。晚起的运动员在晚上表现最好。介于二者之间的运动员在下午表现最好。个别运动员早上和晚上的成绩差高达 26%。如果你是狮子型的人，比赛安排在清晨就走运了。否则，你将处于明显的劣势。或者，你可以像飞到一个新的时区（见"旅行"一节，309 页）一样调整你的生物时间，以取得最佳的表现。

深度睡眠能够改善你的免疫功能和心脏健康，降低血压，缓解焦虑。凡是有助于加深睡眠的活动对健康都有额外的好处。为了提高你的睡眠质量，根据**休息节律**，可以选择在早上跑步。在阿巴拉契亚州立大学的研究中，研究人员让受试者分别在早上 7：00、下午 1：00 和晚上 7：00 这三个不同的时间在跑步机上走，并监测他们的血压和睡眠。上午 7：00 组的步行者运动后血压下降了 10%，当天晚上血压下降了 25%，大脑处于德尔塔深度睡眠的时间增加了 75%，比晚上 7：00 组步行者的深度睡眠时间有显著提高。

节律回顾

燃脂节律：什么时候跑步更容易燃烧脂肪，促进新陈代谢。

表现节律：什么时候跑得更快。

休息节律：什么时候跑步更能促进睡眠。

最不适合跑步的时间

早上 6：00。在黎明前运动受伤的风险高。此时人体核心体温低，肌肉和关节容易拉伤和撕裂。如果你能等到醒来 90 分钟后再运动，你的体温会更高，受伤的危险将显著下降。随着季节的变化，这一时间也会相应变化，特别是如果你住在像美国亚利桑那州那样干燥的地方。（关于季节变化如何影响时间节律的更多信息，请访问《昼夜节律的季节性》一章，316 页）。

跑步的最佳时间

狮子型：下午 5：30。这时你能跑得更快，更有活力。

海豚型：早上 7：30。晨跑有助于增加你的睡眠时间和睡眠深度。你尤其会受益于浅睡眠者所缺乏的德尔塔深度睡眠。

熊型：早上 7：30 或中午 12：00。这时跑步有助于早餐前的快速燃脂或抑制午餐的食欲。

狼型：晚上 6：00。这时跑步表现更好，更有助于晚上燃脂。

跑步已成为我生活的一部分

"下班后，我最不想做的一件事就是运动。"家住波士顿、狮子型的罗伯特说道，"但我强迫自己去尝试。我把我的运动装带到办公室，开始跑步回家而不是开车或使用公共交通。我注意到的第一件事是，人行道上有很多人：慢跑的，遛狗的和推婴儿车的。这与黎明时分我独自一人在路上时看到只有一两个人的情形截然不同。有时候人群让人烦恼。但我发现，我喜欢陪伴的感觉，我现在是这项活动和生活的一部分。回到家，洗个凉水澡，我发现我有更多的精力和朋友一起吃晚饭。这确实需要一些调整，但绝对值得。我的一些同事发现匆忙回家是一种错误，所以现在和我一起跑步回家。我不知道是因为友好的竞争还是运动前做了热身，反正我越跑越快了。"

参与团队运动

失败：在运动场地上不自在，输不起比赛，每一分钟都是煎熬，等着比赛结束。

成功：玩得很好，享受乐趣，你的表现让你的母亲感到骄傲。

简单的科学

参与团队运动的人都具有"心理韧性"——一种适应力（重整旗鼓的能力）、执着（坚持的能力）和乐观（看到积极成果的能力）品质的集合。加入运动队能帮助孩子培养许多基本的技能，如自我肯定（相信自己）和情商（理解并对别人的感受做出适当回应的能力）。此外，与朋友聚会，做一些户外体育运动，分享胜利的快感（和失败的痛苦）不失为度过周末下午的有趣方式。任何一种群体（如读书会、纸牌游戏组、视频游戏组等）都会产生类似的心理和情感收益。团队运动的美妙之处在于你的身体也会受益。

为获得最大的快乐，与队友和对手友好相处，表现出最佳状态，记得时间上的提示：在黄昏时运动。

你有多投入比赛？你是不是站在外场，想着熬到这局结束后就可以坐在休息棚里喝啤酒？还是你真的在乎胜利和晋级季后赛？某些生理时钟类型往往更具竞争心，目的性更强。在狮子型和狼型的足球比赛中，狮子型的人会轻而易举地获胜，因为狼型的人可能不会出现（除非比赛时间定在晚上 9：00）。

根据竞争节律：

△ 海豚型在下午 4：00 到 6：00 精力充沛，效率高。但是参与团队运动并不是他们常见的消遣。失眠症患者因为太累了，所以不想玩。

△ 狮子型更可能参与团队运动。他们在球场上具有侵略性，斗志昂扬。如果他们在晚上比赛，他们需要午后暴露于阳光之下，并吃一些高蛋白的零食以保持积极性。

△ 熊型在中午精力处于峰值期，这时，你尽可放马过去。他们会努力打球，直到筋疲力尽。他们会在傍晚时分恢复精力。

△ 狼型唯一以团队形式参与的运动就是啤酒乒乓游戏。晚上偏好型的人不太喜欢团队运动，经常久坐不动。另一方面，可以和他们一起观看奥运比赛。据我观察，大多数狼型运动员会选择像跑步或游泳这样的个人运动项目。如果狼型的人加入了队伍，会更喜欢晚上比赛。

协调节律。什么时候你最不可能在朋友面前出丑与你醒来多长时间、你的疲劳程度、比赛难度息息相关。如果你累了，而且距起床已经几小时了，你可能会行动笨拙。但如果你是机敏的、精神饱满的，知道你在做什么，你的协调性会打动观众和队友。对大多数人（熊型）来说，下午5：00至晚上8：00之间手眼协调度最高。狮子型：下午3：00至晚上6：00。狼型：晚上6：00至晚上9：00。

力量节律是指你何时体能最好、跑得最快。力量节律可以通过体温的浮动跟踪。当你体温较高时，血液流向肌肉，你的肺活量更大，灵活度更强。你的反应速度更快，你的胳膊、腿和背部力量增强。对于熊型的人，力量和耐力在下午6：00和晚上9：00之间达到高峰（狮子型的人时间会提前两小时，狼型的人时间会推后一两小时）。如果你玩有棒的球类运动，如网球、壁球、高尔夫、棒球、曲棍球，那么你的握力在下午或傍晚时更强。

有没有想过为什么专业体育比赛常被安排在晚上？这不仅因为晚上是收视率的黄金时段，还因为运动员在那个时候竞技状态更好。很多运动员都是这样的，这取决于生理时钟类型。2011年，在弗吉尼亚州夏洛茨维尔的玛莎杰弗逊医院睡眠医学中心，研究人员分析了来自7个队伍的16名棒球大联盟球员两年的击球率。他们还要求每位球员填写一份早起晚睡问卷。9名队员是晚上型，其他7名是早上型。

对于早上型的运动员，最高击球率（0.267）出现在下午 2：00 的比赛中，最低击球率（0.252）出现在晚上 8：00 的比赛中。晚上型则相反，击球率在晚上 8：00 的比赛中最高（0.306），在下午 2：00 的比赛中最低（0.259）。

体育精神节律跟心情有很大关系。当你心情好的时候，你不太可能对裁判的判罚怒气冲冲或故意针对对手犯规。与积极情绪处于高峰的运动参与者一起运动更加有趣。我们大多数人在下午或傍晚情绪平和。

节律回顾

竞争节律：什么时候你最想赢。

协调节律：什么时候你的手、眼反应速度最快。

力量节律：什么时候你的体能最好，速度最快，最灵活。

体育精神节律：什么时候你在运动场上输得起。

最不适合团队运动的时间

清晨。在清晨，即便是狮子型的人，如果竞技运动前的热身做得不够，致伤风险也会比较高。此时皮质醇水平和睾酮的血液浓度都很高，参加运动的人可能无法放松并获得快乐。

团队运动的最佳时间

海豚型：下午5：00到晚上7：00，一天中你最不累的时候。

狮子型：下午2：00到4：00，你的力量、心情和协调性最佳。

熊型：晚上6：00到8：00，你的力量、心情和协调性最佳。

狼型：晚上6：00到9：00，你的力量、心情和协调性最佳。

练习瑜伽

失败：走过场，可能就是拉伸一下。

成功：每个动作都认真完成，提高体能、情绪和认知。

简单的科学

瑜伽存在数千年的原因在于其有效性。如果经常练习，你的身体和内心都会变得更强大、更灵活。深呼吸能增大你的肺活量。瑜伽内省的特点能让你从健康的视角审视自己的问题和压力源。瑜伽姿势可以帮助安抚副交感神经系统，让你放松。拉伸和弯曲会扩大你的运动范围和肌张力。

一天中做下犬式、眼镜蛇式和猫式的最佳时间是何时？

如果你练瑜伽的目的是扩展你的运动范围和肌张力，那么根据**灵活节律**，你应该在身体柔软、每个体式都能充分做到位的时候去做。当你的体温达到或接近峰值时，你是最灵活的。想想看：热身完，身体是放松的，为锻炼做了充分的准备。身体的温暖来自体温的升高。比克拉姆瑜伽或普拉纳力量瑜伽的爱好者在高温环境中更加灵活。这就是为什么你会看到越来越多的热瑜伽工作室。同样的热身原则也适用于你身体的内部环境。

醒来三小时后和晚上早些时候，身体足够温暖，可以练习瑜伽。所以最好报名参加午饭前或下班后的瑜伽班。冰冷的身体是僵硬的。当你的体温较低时，身体会很僵硬。这时你运动最可能受伤。醒来 90 分钟内，下午 3: 00 左右，晚上睡前三小时身体温度都比较低。所以要避免在早餐、午餐后和夜晚上瑜伽课。

当然，如果你不下腰，练习瑜伽只为了放松，大可以遵循**放松节律**。

丰富的科学证据表明，深呼吸和瑜伽伸展能降低皮质醇水平和血压。我们可以通过明智地选择练习瑜伽的时间来消除压力。我鼓励每个人在睡前做一些低强度的拉伸活动，并在焦虑时深呼吸。

除了能让身体受益，瑜伽还能提高心智能力，比如专注力、机敏度、注意力和记忆力。意大利基耶蒂 - 佩斯卡拉大学 2014 年的一项研究检视了瑜伽的**身心连接节律**。我们知道，特定性格特征和学习行为对应不同的生理时钟类型。研究人员发现，瑜伽练习者往往具有某些性格特征和学习偏好。研究人员就性格特点、清晨 / 夜晚偏好和思维方式等方面测试了 184 名瑜伽教练。教练中狼型较少（研究对象中狼型占 8%，而在普通人群中狼型占 15%）。大多数教练属于熊型（研究对象中熊型占 71%，而普通人群中熊型占 50%）。狮子型占教练人群的 20%，与普通人群中狮子型的比例一致。当然，狮子型瑜伽教练在责任心、认真态度和情绪稳定上的得分比熊型和狼型教练更高。狼型瑜伽教练更冲动，更神经质，却也更善于交际。这并不奇怪。令我惊讶的是大多数瑜伽教练，无论属于哪种生理时钟类型，在开放性和创造性思维方面得分都较高。多练习瑜伽能让任何生理时钟类型更加开放和有见地吗？该研究表明，是的，它确实可以！

瑜伽也让人（甚至狼型的人）更加乐观。芝加哥州立大学 2014 年的一项研究在受试者上完瑜伽课后跟踪了不同生理时钟类型的情绪变化。相比于听讲座的对照组，所有实验组的成员都表现出积极的人生观。而夜晚组的自我报告则显示了最积极的变化。由于狼型的人往往是悲观的，这项研究的结果表明，对那些需要以健康的方式来提振精神的人来说，瑜伽具有改变人生的力量。

节律回顾

灵活节律： 何时你的身体最灵活。

放松节律： 何时通过锻炼，尤其是通过练瑜伽来降低皮质醇水平和血压。

身心连接节律： 锻炼，尤其是练习瑜伽可以改变你的人生观，增加你的专注力，使你保持乐观心态。

最不适合练习瑜伽的时间

日出时。我知道早上练瑜伽很受欢迎，但即使你是狮子型，我也不建议你这样做。此时，体温还不够高，深度拉伸可能会受伤。只有当你认为自己的水平达到中级后，才可以在早上练瑜伽。

练习瑜伽的最佳时间

海豚型: 晚上 10: 00, 可以降低夜间升高的皮质醇水平和血压。

狮子型: 早上 8: 00 或下午 5: 00, 在工作前或工作后练习。

熊型: 中午 12: 00 或下午 6: 00, 在午饭前或黄昏时练习。

狼型: 下午 6: 00 或晚上 10: 00, 在晚饭前或睡前放松时练习。

力量训练

失败: 零星的力量训练, 不增加肌肉块, 无法提高肌张力, 也无法加快新陈代谢。

成功: 定期的力量训练, 增加肌肉块, 提高肌张力, 并加速新陈代谢。

简单的科学

增加肌肉块不仅能增加你的力量, 也能加速你的新陈代谢。身体里的肌肉越多, 越容易燃烧脂肪作为能量。任何燃烧脂肪、加快新陈代谢、改善肌张力的健身养生法都应包括阻力训练——举重或等长运动, 以迫使大肌肉群因对抗重量或地面的外力而收缩(俯卧撑和平板支撑都是阻力训练)。

什么是**肌肉生长节律**? 在芬兰于韦斯屈莱大学 2009 年的一项研究中, 研究人员试图确定时间对男性组织肥大(肌肉块增加)的影响。一个小组参加了为期 20 周的每天随机培训班, 培训时间在上午(上午 7: 00 到 9: 00 之间)或下午(下午 5: 00 到 7: 00 之间)。研究人员每隔 10 周使用核磁共振随机测量他们的肌肉块。上午和下午的训练组都显示出约3%的肌肉体积增大。研究人员因此得出结论：肌肉增长不受时间影响。无论你是在上午运动还是下午运动，如果你每天训练，3个月后就会看到相似的肌肉增大的效果。不经常运动的对照组肌肉块没有增加。

为训练者设定改进目标的教练应遵循**肌肉力量节律**，也就是说，他们应该知道顾客什么时候是最强壮的。根据大量研究，包括来自西苏格兰大学的研究，下午晚些时候是阻力训练的最佳时间。此时核心体温较高，睾酮和皮质醇浓度较低。你可能会认为睾酮升高时（上午）肌肉力量是最大的。其实，睾丸激素的浓度不重要，重要的是皮质醇与睾酮的比例，即 C/T 比值。**狮子型下午 C/T 比值最高，熊型傍晚最高，海豚型和狼型夜晚最高。**随着心率、肌肉血流量、关节灵活性和糖代谢的加速，你的体温在晚上最高。此时，你的身体做好了运动的充分准备，你可以举起更重的东西，平板支撑的时间也会更长。

我本人力量训练做得不多，但是我从在健身房锻炼的举重者紧张的表情中可以看出力量训练似乎是很疼痛的。这带来了昼夜节律变化和疼痛感的问题。什么是你的**疼痛耐受节律**？波兰华沙大学的研究通过对受试者的手腕全天施加热刺激测试了 16 例健康的早上型和 15 例健康的晚上型。这两个群体早上和晚上的疼痛耐受差异很大，早上型的人比晚上型的人更耐热（早上型可忍受 50 摄氏度的高温，晚上型只有 47 摄氏度）。**这一数据充分证明了狼型的人厌恶运动只是因为无法忍受痛苦。**

节律回顾

肌肉生长节律：什么时候锻炼能增加肌肉量。

肌肉力量节律: 什么时候皮质醇 / 睾酮的比例最适合举重。

疼痛耐受节律: 各生理时钟类型的人分别在什么时间最能忍受痛苦。

最不适合力量训练的时间

上午6: 00。清晨时体温最低。如果你在寒冷时训练,就很容易受伤。此时肌肉血流量、关节灵活性和激素比例都不适合阻力训练和举重。

力量训练的最佳时间

海豚型: 晚上8: 00。 晚间你的体温上升,皮质醇水平和心率提高,非常适合肌肉生长和锻炼肌肉力量。

狮子型: 下午2: 30到5: 00。 此时适合肌肉力量训练。

熊型: 下午4: 00到晚上7: 00。 你的身体做好了准备,但如果你不是每天都锻炼,那么你的肌肉量不会增加,新陈代谢也不会加快。

狼型: 晚上6: 00到7: 00。 习惯对于增加肌肉量和加快新陈代谢很重要。虽然你的力量峰值来得较晚,但是不能在晚上10: 00锻炼。而且睡前三小时锻炼会延缓睡眠。

第八章

健康

◎ 抵抗疾病

◎ 注射流感疫苗

◎ 做乳腺 X 光检查

◎ 排便

◎ 看心理医生

◎ 洗澡

◎ 服药

◎ 称体重

抵抗疾病

失败：免疫系统妥协，使你更容易生病，更难痊愈。

成功：提升你的免疫系统，以防止疾病，更快地打败它们。

简单的科学

免疫的科学道理并不简单。它十分复杂，涉及蛋白、血细胞、抗体、激素和受体细胞。每个人都需要知道一些基本的事实。

Δ 你的免疫系统是由白细胞和抗体组成的，它们是搜索你体内细菌、感染、炎症、恶性肿瘤的巡逻队。

Δ 你的免疫系统，就像你身体中的其他系统一样，受昼夜节律的影响。根据生理时钟医治疾病才是更有效的。

在过去的几年里，科学家已经发现了身体防御的生物时间。当我们晚上休息时，免疫功能最为活跃。在我们白天活动时，免疫系统不太活跃。伤口愈合主要发生在夜间前 1/3 的睡眠时间，此时你的身体从白天的忙碌中逐渐恢复，慢波深睡眠增加，体力也随之恢复。

然而，体内的白细胞——身体防御的第一道防线，有着自己的生物时间，但并不一定遵循特定的时间。如果白细胞检测到体内的细菌、感染或炎症，它们可以我行我素，在全天任何时候攻击坏细胞（不管是否处于它们的生物时间）。**免疫覆盖节律**是由都柏林圣三一学院和宾夕法尼亚大学的科学家发现的。他们证明了我们的免疫细胞有一个报警机制，即"不分昼夜，随时随地战斗"。研究人员对利用这个发现来研发新型的"免疫疗法"药物感到格外兴奋。这种特制的抗体和蛋白可以充当开关，更积极地启动我们身体的天然防御能力来攻击入侵者，不管是细菌还是肿瘤。

虽然科学家已经证明，太阳落山时我们的免疫系统开始发挥作用，但是，癌肿瘤在夜间会恶化也是事实。

2014 年，以色列魏兹曼科学研究所的研究人员发现了**生长节律**。研究人员检测了细胞生长和一类名为糖皮质激素的类固醇激素（GCs）之间的联系。GCs 控制代谢、能量和警觉。它们在白天达到高峰，到了晚上下降，和表皮生长因子受体（EGFR）分子相互作用。EGFR 细胞正如其名称一样，是细胞表面的受体，解锁时引起细胞生长和分裂，是正常的健康细胞。过多的 EGFR 会引起恶性（癌）细胞生长和分裂。

在对老鼠的实验中，当 GCs 含量下降时，肿瘤中的 EGFR 上升，癌细胞数量增加，扩散速度加快。研究者在一天中的不同时间施用

EGFR 抑制药物，以查看生物时间配合药物治疗是否可以减缓肿瘤的生长。**治疗时间的改变确实带来了巨大的变化。在睡眠时接受治疗的老鼠，肿瘤明显小于白天接受治疗的老鼠。**在未来，与 EGFR 相关的癌症很可能会在 GCs 激素低的时候被治疗，以提高疗效。

睡眠时间节律，即每晚得到足够的睡眠时间，已被证明可以减少普通感冒之类的小病。在 2015 年的一项研究中，加州大学旧金山分校和卡内基梅隆大学的研究人员监测了 164 名成人。研究人员要求这 164 名成人佩戴手环，并用监视器跟踪他们一个星期的睡眠时间。之后，受试者被带到实验室，通过鼻滴接触感冒病毒，并监测 5 天。每天睡眠不足 6 小时的受试者比那些每天睡眠 7 小时的受试者明显更容易生病。所有其他变量，如性别、卫生行为、体重指数、心理因素等都被排除。可见，晚上多一小时的睡眠能给身体健康带来很大的好处。

睡眠中断节律——支离破碎的睡眠或与昼夜节律不同步的睡眠，在疾病易感性方面也许比睡眠不足更具破坏性。在 2014 年的一项研究中，芝加哥大学的研究人员将老鼠分为两组。第一组老鼠以最糟糕的方式忍受了一周支离破碎的睡眠。研究人员让电动刷在老鼠的笼子里不停地扫动，周期性地吵醒老鼠。另一组老鼠不受干扰，平静地入睡。两组动物都被注射了肿瘤细胞。四星期后，研究人员检测发现，支离破碎睡眠组老鼠的肿瘤是充分休息组老鼠肿瘤的两倍，而且更具侵入性。蘑菇效应不是由癌细胞自身带来的，而是由睡眠不足导致的免疫系统受损引起的。受损的免疫系统并没有攻击肿瘤核心的恶性细胞；相反，充分休息的老鼠的免疫系统则会攻击恶性细胞。昏昏沉沉的老鼠的免疫系统会误导白细胞进入肿瘤边缘的血管，促进肿瘤的快速增长。好消息是，如果标志肿瘤生长的特定蛋白——Toll 样受体（TLR4）被封锁，肿瘤生长就会被抑制，即使那些被剥夺睡眠的老鼠也是如此。因此，通过阻断这种蛋白来治疗肿瘤，这种新的治疗方式大有前途。我们也知道高质量的睡眠不仅会让你感到神清气爽，它还可以挽救你的生命。

节律回顾

免疫覆盖节律：细胞随时会开启疾病战斗模式，不管是白天还是晚上。

生长节律：何时细胞最能抵抗肿瘤扩散。

睡眠时间节律：没有足够的睡眠，你的抗病能力将会减弱。

睡眠中断节律：没有高质量的睡眠，抗病能力也会大大减弱。

最不适合抵抗疾病的时间

凌晨 2：00。免疫力在夜间提高，但只有当你睡着了免疫力才会提高！如果这个时候你还醒着，没有得到足够的高质量睡眠，就会危及你的免疫系统。

抵抗疾病的最佳时间

获得足够的高质量睡眠和放弃高风险的行为如吸烟、饮酒、吃垃圾食品一样，可以有效地抵抗和防止疾病。争取每晚睡 7 小时以上。多睡一小时影响很大。

海豚型：晚上 11：30 到早上 6：30。

狮子型：晚上 10：30 到早上 5：30。

熊型：晚上 11：30 到早上 7：00。

狼型：晚上 12：30 到早上 7：30。

让医生更好地帮助你

与医生和药剂师交流互动的一些时间方面的建议：

△ 安排早上体检。你的等待时间会短一些。即使需要空腹抽血，你也不会感到烦躁、愤怒和饥饿。早晨肌肉僵硬，肺功能不佳，因此关节炎和哮喘在早晨最严重。这个时间医生可以更好地评估你的医疗需求。

△ 安排早上手术。麻醉的效果取决于生物时间。杜克大学医学中心对杜克大学医院从 2000 年至 2004 年进行的 90000 次手术进行统计后发现，下午手术的副作用更大。患者也反映了下午手术时经常会出现的行政问题，如等待、文书工作延误等使血压迅速上升的东西。更重要的是，医生在早上犯错率更低。不良事件最少发生在机敏度峰值期（上午 9：00 到中午 12：00）。错误大多数发生在机敏度非峰值期（下午 3：00 到 4：00）。在下午患者更容易感到术后疼痛和恶心。

△ 早上开药，下午取药。给药剂师充足的时间来填写处方，防止因匆忙导致的错误。

注射流感疫苗

失败：打疫苗时效果不好且特别疼。

成功：打疫苗时最有效、最不疼。

简单的科学

似乎每年流感疫苗都会受到媒体的关注。新闻报道该疫苗只能阻止一半的病毒或者它只是降低了疾病的严重程度。疫苗的有效性是指它产生抗体的能力。抗体是攻击特定抗原的血蛋白。H1N1 病毒就是抗原。注射流感疫苗（微小剂量的病毒）能让 50%~70% 的人产生足够的抗体来对抗全面暴发的疾病。其他注射了疫苗的人则不能产生足够的抗体来对抗抗原。听了这个统计数字，很多人会选择不打疫苗。既然疫苗没有用，为什么还要预约并花费 20 美元呢？

如果有 10% 的机会让你不得流感，不用痛苦地在床上度过两周，花点时间和金钱打疫苗是值得的。我建议大家半岁后每年都打流感疫苗。对你的整体健康来说，这是有必要的。如果要打疫苗，你最好遵守生物时间，最大限度地提高有效性和减少疼痛。

这本书主要在微调你每天的日程安排。但就打流感疫苗来说，一年中的时间也很重要。美国疾病预防控制中心记录了 1982 年到 2014 年间从 10 月到来年 3 月流感病毒高发季节的发病情况。根据他们的记录，流感病毒的**季节性节律**是从 12 月到来年 2 月。

由于流感疫苗需要两个星期才能生效，在 1 月注射流感疫苗就好比亡羊补牢。**注射流感疫苗的最佳时间在 10 月初**。10 月初是秋季的开端，一旦疫苗可以方便地买到，就进行接种。当我看到电视上很多派对城在做万圣节服装广告的时候，我就知道：是时候注射流感疫苗了。

疼痛敏感节律对我们大多数人来说都不是主要问题。注射疫苗本身引起的疼痛极小，手臂会有一两天的酸痛。没什么大不了。（但事实上，很多孩子看到针头就会想到打针的痛，然后便放声大哭。）研究发现，疼痛是有生物时间的。所以实际上，我们可以减少与注射疫苗相关的任何不适。

2014 年，以色列海法大学的科学家让 48 名男性受试者忍受不同程度和种类的疼痛（机械性疼痛、炎热、寒冷），以测试他们在上午、下午和晚上承受疼痛的能力。**受试者在早上可以承受更长时间、更剧烈的疼痛。**

是否有一种**免疫力节律**可以告诉你何时注射疫苗能使你最大限度地远离疾病？正如上面所提到的，如果疫苗能让你产生足够的抗体，它就会保护你远离疾病。那么，身体什么时候自然地以更快的速度产生抗体？运动前 15 分钟。

2011 年，美国艾奥瓦州立大学的研究人员和运动机能学教授玛丽安·科胡特给一组学生注射甲型 H1N1 流感疫苗，注射后立即让他们中的一部分人跑步或骑动感单车 90 分钟。对照组则没有做任何运动。在一个月后进行的测试中，研究人员发现运动组比久坐组产生的抗体数量多一倍。她继续在老鼠上进行研究，发现锻炼的时间对抗体产生的数量也有影响。锻炼时间过长（3 小时）或过短（45 分钟）都不如锻炼 90 分钟的效果好。为什么心脏活动有助于产生更多的抗体？运动促进血液循环。因此，注射疫苗后运动有助于疫苗传遍全身，加快抗体的产生。

一项英国的研究测试了在注射疫苗前举重对受试者的影响。英国伯明翰大学的研究人员让 29 名男性和 31 名女性用自己的非优势臂使出 85% 的力气做二头肌弯曲训练。6 小时后，受试者在同一只手臂上接种了疫苗。8 周后，研究人员测试了受试者。有趣的是，相比对照组，做二头肌弯曲训练的女性体内的抗体确实增加了，但是没有男性受试者增加得多。原因可能是手臂肌肉的炎症使得疫苗无法快速到达身体的其他部分。不管怎样，无论男女，如果在注射疫苗 6 小时前举重，接着骑动感单车或散步 90 分钟，你的体质在流感季节不会差。所以，如果你的健身房设有流感疫苗接种站，你一定要去看看！

节律回顾
季节性节律：哪个月更适合注射流感疫苗。

疼痛敏感节律：什么时候你对疼痛最敏感。

免疫力节律：什么时候你的身体能更快产生抗体。

最不适合注射流感疫苗的时间

1 月慵懒的下午或晚上。这个时间注射疫苗太晚了。

注射流感疫苗的最佳时间
所有生理时钟类型都应该在 10 月初注射疫苗。

海豚型：下午 1：00，注射疫苗之后可以散散步，以提高免疫力，提升能量。

狮子型: 下午 4: 45, 在比平时长一点的锻炼之后。

熊型: 上午 11: 30, 注射疫苗后步行一段路去买午饭, 带回单位。

狼型: 下午 5: 45, 穿着运动装去药店或医生那里, 然后步行、慢跑或者骑车回家。

做乳腺 X 光检查

失败: 尽管又疼痛又麻烦, 还是没有得到准确的筛查。

成功: 不疼痛也不麻烦, 得到准确的筛查。

简单的科学

乳腺 X 光检查能拯救生命。我们可以叫出好几个人的名字, 假如她们每年接受乳腺 X 光检查, 或许现在还活着。乳腺癌的早期发现对患者存活大有帮助。为了保障你的健康, 5 到 10 分钟的不适是值得的。理想情况下, 不用太麻烦, 你就能得到一个清晰准确的检查结果, 然后高兴地走出医院, 为今年战胜了它舒了一口气。有几个重要的时刻需要考虑。

舒适节律。很多女性不知道咖啡因会增加乳房触痛, 加剧肌瘤的痛苦。杜克大学研究了 113 名有纤维囊性乳腺病的妇女, 其中 2/3 限制摄入咖啡因一年的妇女乳房疼痛减少或消除。在乳腺 X 光检查之前一两天少喝含咖啡因的咖啡、茶和苏打水, 乳腺 X 光检查会更轻松。如果你非常喜欢喝咖啡, 在喝第一杯咖啡前做乳腺 X 光检查。一个月中激素的变化也会影响你的疼痛反应。女性在月经周期前最敏感, 此时生产血清素和内啡肽的自然止痛激素水平下降。

便利节律。什么时候安排乳腺 X 光检查能让你更快完成？如果可能的话，在当天第一个或第二个做检查。所有的医生办公室和检查设备都一样，随着时间的流逝，日程安排更紧凑，更容易导致延迟。你进去检查得越早，你需要等待的时间越短。

尽管疼痛和便利性很重要，但乳腺 X 光检查的主要目的是发现肿瘤。**精度节律**关乎一个月中乳腺 X 光检查时间的选择。根据西雅图卫生研究院的一项重要研究，最好选择在你生理周期的第一周（从你生理期的第一天开始算）安排你的预约。研究人员分析了 380000 名年龄在 35 到 54 岁的妇女 11 年的乳房 X 光片，当肿块被发现时，在第一周做的乳腺 X 光检查 80% 呈阳性。乳房组织密度较小，没有经前期综合征（premenstrual syndrome，PMS）的水潴留症状的肿胀，肿块更容易被发现。PMS 周期的后两周产生的阳性报告大约占 70%。

节律回顾

舒适节律：疼痛感最低时做乳腺 X 光检查。

便利节律：何时安排乳腺 X 光检查，让等待时间最短。

精度节律：何时检查能给出清晰明确的结果。

最不适合乳腺 X 光检查的时间

一天中晚些时候，喝完咖啡，月经周期的最后一周。

乳腺 X 光检查的最佳时间
在生理周期第一周预约第一个进行乳腺 X 光检查。

排便

失败：排便不频繁；排便太频繁；排便很痛苦；排便时间不规律。

成功：排便时间规律，排便轻松。

简单的科学
胃肠道被称为人体的第二个大脑。我们都经历过"直觉"（英文为 Gut feeling，直译为肠的感觉），确实是我们胃肠道产生的感觉。我们的消化道如同我们的大脑一样，它是一个神经系统——确切地说是肠神经系统。肠神经系统在消化道中（从食道到肛门）有数亿个神经元。所有这些神经细胞让你"感觉"到消化过程，并将其连接到情感和思想。例如，当你焦虑、忐忑不安时，应激激素和肠道酶加速分泌，消化速度也随之加快。肠神经系统无须大脑的帮助即可自行控制消化和排毒。你的胃肠道有它自己的生理时钟，科学家称之为"肠道时钟"。

像大脑一样，你的第二个大脑也产生神经递质和激素，它们负责给你的细胞传递信号以启动身体机能。我们认为与大脑相关联的某些激素其实是在胃肠道大规模产生的，包括95％的血清素和80％的褪黑素。毫不奇怪，抑制或增加第一大脑激素的药物会影响第二大脑的健康。例如，用于治疗抑郁症的5-羟色胺再摄取抑制剂（SSRIs）可引起肠易激综合征。另一方面，错误地使用褪黑素补充剂来治疗失眠可以改善肠易激综合征的症状。这一切都非常复杂，相互关联。

我只想说，你的胃肠道和大脑一样聪明。即使胃肠道没有大脑聪明，它也确切地知道需要做什么以及何时做。

根据你的肠道节律运行的"肠道检查"是衡量你整体健康的好方法。

作为一种激素工厂，肠道有相当多的库存，有许多按生物时间运行的生化物质。

△ **胃动素和胃饥饿素开启胃肠道消化的肌肉收缩。**

△ **胃泌激素、胃饥饿素、胆囊收缩素和血清素在小肠和结肠内运动**（食品和废物的运动）。

△ **褪黑素。** 你可能以为这只和睡觉有关，但它对肠道的影响还是巨大的。它涉及饥饿和饱腹感，控制着消化过程的时间。

褪黑素和胃肠移行性复合运动（90~120 分钟的消化循环）的影响触发了**激素节律**。天黑后，松果体开始分泌褪黑素，胃肠道和肠功能受到抑制。太阳升起后，褪黑素消失（熊型在上午 8:00 左右），结肠醒来。大多数熊型的人在醒来后 90 分钟内第一次排便。

规律性是结肠健康的明确标志。由于结肠与内分泌系统平衡相互关联，规律性也是内分泌系统平衡的明确标志。如果你在可预见的时间排便，那么你的肠道系统和激素是和谐地工作的。但**规律节律**不仅是因为激素。保持与生物时间同步的进餐时间加上高纤维饮食和每天至少六杯水可以保持规律的肠蠕动。你可以据此安排日程，例如避免在错误的时间安排一个重要的面试。

近 30% 的咖啡饮用者已经注意到了可靠和速效的**兴奋节律**。根据英国一项对 99 名健康成人咖啡控的研究，一杯咖啡可以在短短 4 分钟内刺激肠道蠕动。但并不是因为咖啡因。如果咖啡因有通便效果的话，巧克力和苏打也会让人产生排便冲动了。促进排便的是咖啡独特的酸性物质。这种酸性物质加快胃消化过程，加速身体产生两种胃肠道激素：胃泌激素和胆囊收缩素。胃泌激素通过消化道的肌肉收缩刺激排泄物在肠道中移动。胆囊收缩素向胆囊和胰腺发出信号，释放肠道中的酶和胆汁，分解食物中的脂肪和蛋白质。

对一些人来说，肠道蠕动的生物时间和吃饭时间同步。**反射节律**，或胃结肠反射，是你身体摄入食物时的反应。用餐后，你的胃膨胀，这引发了一个激素链的反应，触发肠蠕动，使肌肉收缩，运送肠道中的粪便。食物进来，排泄物必须出去。给婴儿喂母乳或喂水时，婴儿便会在尿布上排便，此时，大多数父母会注意到胃结肠反射。成人只需要几分钟，离开饭桌便能解决。

节律回顾

激素节律：肠道时钟释放某些激素，消化过程开始。

规律节律：纤维、水和激素三个因素组合，使排便发生在可预见的时间。

兴奋节律：排便时间和喝咖啡时间同步。

反射节律：排便时间和进餐时间同步。

最不适合排便的时间

凌晨 1: 00 到早上 5: 00。褪黑素在深夜流动，抑制肠道活动。如果你不得不在凌晨起床排便，可能是你的消化系统和内分泌系统出现了问题。

排便的最佳时间

海豚型: 无论何时，只要想排便就可以去。便秘是失眠的一个不幸的副产品。我建议失眠症患者每餐都吃水果和蔬菜，一天吃三次，不要因为方便或隐私而延迟，因为这会加重便秘。

狮子型: 早上 7: 00，醒来后一小时。

熊型: 早上 9: 00，醒来后 90 分钟。记得饮食要保证高纤维，在固定时间吃饭，多喝水。

狼型: 上午 11: 00，狼型的人醒来后可能两三小时胃肠不蠕动。吃早饭的狼型应该尽早起床。

看心理医生

失败: 在需要帮助时不去看心理医生，或看心理医生时你不愿意敞开心扉。

成功: 在需要帮助时看心理医生，或在你愿意敞开心扉时看心理医生。

简单的科学

我是专门从事睡眠医学的心理学家。我的大部分工作是帮助我的病人改变自己的睡眠习惯以获得更多的休息。但我工作的另一个重要组成部分是和他们谈论他们的感情问题。谈话疗法确实有效。无论你是否正在经历一个暂时的危机，抑或是长期的问题，看心理医生都可以提高睡眠的质量。

某些生理时钟类型可能比其他人更需要治疗和帮助。**生活满意节律**——你是否对你的生活和人际关系感到满意并拥有积极的人生观受到一个人生理时钟类型的影响。多项国际研究证明了早上偏好型和高生活满意度之间的联系以及晚上偏好型和低生活满意度之间的联系。

△ 狮子型的人个性最稳定，他们对生活、健康和未来最满意。

△ 狼型的人容易受到心情波动的影响，相比其他生理时钟类型，他们对生活、健康和未来不那么满意。

并不是说所有狮子型的人不用看心理医生就可以轻松度过一生，所有的狼型现下都需要预约就诊。实际上，狼型的人更可能遭遇上瘾、抑郁症、人格问题等可治愈的疾病。看心理医生对他们有帮助。

临床实践中，我每天都会遇到**失眠/抑郁节律**的病例。失眠和抑郁息息相关。海豚型的急性失眠可以用一种失眠认知行为治疗法来减轻。如果接受这种疗法，抑郁症将大大缓解。在澳大利亚的一项研究中，研究人员评估了419名有睡眠障碍的病人，然后让这些病人参加一系列个人失眠认知行为治疗或小组失眠认知行为治疗。**治疗结束后，失眠者的睡眠模式和抑郁症状显著改善。**海豚型的人不反对治疗。事实上，由于他们的神经质倾向，海豚型是所有生理时钟类型中最有可能寻求帮助的。对于任何一个在纠结要不要看医生的海豚型的人，我的建议是去。

熊型是生理时钟类型中性格最和蔼、最随和的。但就**情商节律**而言，他们需要一些帮助。西班牙的一项研究调查了超过1000名年龄在18~50岁之间的健康男性和女性。研究人员首先确定受试者的生理时钟类型，然后让他们做一个心理测试，测量他们情商的三方面：情感关注（聆听别人）、情绪清晰度（知道发生了什么）和情绪修复（解决问题）。总的来说，女性受试者是较好的听众（并不意外），男性受试者适合尝试解决问题（也很自然）。至于不同生理时钟类型的区别，熊型和狼型比狮子型更懂得聆听。除此之外，熊型的人在情绪清晰度和情绪修复两方面得分最低。这可能是因为熊型的人做事喜欢四平八稳，所以他们不太关注自己的情绪或修复可能破裂的情绪。根据我的经验，熊型的人往往会抗拒心理咨询。如果他们被迫接受咨询，他们也会想办法拖延进度。

如果你决定尝试接受心理治疗，下一步就是选择治疗师。什么是选择合适医生的**兼容性节律**？我建议你问一下治疗师的精力和机敏度波动，然后选择一个和你节律一致的治疗师。海豚型和狼型的人应该选晚上更加机敏的治疗师，狮子型和熊型的人可以选一个上午和下午更机敏的治疗师。当然，与治疗师的兼容性是多维的。但是一开始，你肯定不想在精力旺盛的时候坐在一个低能量的治疗师对面，反之亦然。

至于**调度节律**，当你（和医生）最机敏时去看医生。记住，你的机敏度高峰是你大脑最有能力处理战略性和分析性问题的时候。在治疗中，你要有分析性，在某种程度上确保达到我们所说的"遏制"，也就是不让治疗变得情绪化，导致治疗过程停止，或让自己带着那些最初的情绪离开。我知道，在电影场景中，当病人突然得到启示，然后开始哭泣时，治疗便取得了突破。现实生活中，当治疗成为一个智力过程时，会更有帮助。然后，在非峰值期，你可以反思你和治疗师之间的谈话，获得富有见解的想法，想通一些事情。在峰值时期，与你的治疗师分享你非峰值期的感悟。

节律回顾

生活满意节律：根据你对生活和未来是否感到满意来决定是否需要治疗。

失眠 / 抑郁节律：你失眠的同时感到不舒服或不舒服加上失眠时，不妨向心理医生寻求帮助。

情商节律：所属的生理时钟类型能够并且愿意倾听，知道是怎么回事，能够处理情绪问题时，接受心理治疗效果会更好。

兼容性节律：询问治疗师的生理时钟类型，尽量选择与你自己的生理时钟类型一致的治疗师。

调度节律：在机敏度峰值期安排治疗。

最不适合看心理医生的时间

一天中机敏度的低谷期。在治疗期间不能睡着，并确保你能够专注于治疗。因此，尽量避免在清晨或午后看医生（狮子型除外）。除了狼型，其他人不要在晚上看医生。

看心理医生的最佳时间

我衷心建议你向专业人士寻求情感问题的帮助或治疗失眠的意见，无论是短期还是长期。想找传统的治疗师，你可以登录 www.psychologytoday.com。想找睡眠治疗师，你可以登录 www.sleepcenters.org。

海豚型：下午 4：00 到 6：00。

狮子型：早上 7：00 到中午 12：00。

熊型：上午 10：00 到下午 2：00。

狼型：下午 5：00 到晚上 8：00。

冥想

冥想是一种任何人都可以随时随地进行的心理训练。我每天早上淋浴的时候都会做冥想，让我的大脑专注于此时此刻，然后展望未来。不同的生理时钟类型可以在不同的时间尝试冥想或深呼吸练习来镇静神经，减轻压力，提高创造力，或让大脑保持清醒。

狮子型：上午冥想，为一天定下基调。

海豚型：两到三分钟的短时间冥想可以在你需要的时候帮助你减轻压力。睡前冥想能降低皮质醇水平、血压和心率。

熊型：午餐时间冥想可以提高下午的创造力。晚上冥想可以帮助你从工作顺利过渡到家庭生活。

狼型：两三分钟的短时间冥想可以在你需要的时候缓解压力。睡前冥想可以帮助你从峰值过渡到睡眠状态。

洗澡

失败：在错误的时间洗澡，让自己原本应该警觉的时候昏昏欲睡，原本应该昏昏欲睡的时候高度警觉。

成功: 在合适的时间洗澡,让自己清醒或放松,孵化出你的顿悟时刻。

简单的科学

早晨洗澡还是晚上洗澡? 我的许多病人都问过我这个问题,他们感觉到洗澡确实与起床和诱发睡意有关。

想象一个女人懒洋洋地躺卧在泡泡浴中,这个场景很容易让人联想到"令人舒缓"这样的词。想象一下一个男人闻着绿皂冲着澡,这个场景很容易让人联想到"畅快"这样的词。这些淋浴和盆浴所带来的次级效益——放松或提神似乎比清洗身体的污垢这个首要目标更重要。**事实上,用水浸泡或冲洗自己确实会影响你的生物时间,正如广告所说的那样: 它可以令人"舒缓",也可以让人感觉"畅快"。**

全天核心体温的变化在凌晨 4: 00 左右下跌至最低点,并在晚上 10: 00 左右上升到一个高点(熊型)。温度的变化会影响你的机敏度、肌肉力量和灵活性,以及你的入睡 / 醒来周期。根据美国西北大学的一项研究,哺乳动物体温波动 2~3 摄氏度会影响数十个身体内的时钟。淋浴和盆浴可以服务于特定目的: 促进昼夜温度波动。我们称之为**温度节律**。

当你醒来时,你的核心体温上升。为了帮助它上升,此时你需要一个凉水澡(不要太冷)。皮肤表面较低温度的水流会让血液流入身体核心,温暖你的重要器官。因此,一个凉水澡实际上会使你的核心温度升高,让你醒来。

当你的核心温度在晚上下降时,它会刺激褪黑素的释放,向大脑发出"该睡觉"的信号。一个热水澡会让血液从其他重要器官流向四肢(有没有注意到你在做按摩或桑拿后皮肤会变红),降低你的核心体温,帮助睡眠。

运动后呢？运动增加的是"表面体温"或皮肤和肌肉的温度，而不是核心体温。锻炼后匆匆洗澡会冷却你的表面温度，但不会对核心体温产生太大影响。

什么时候洗澡？ 答案是，无论何时洗澡，都应根据一天的时间进行相应的水温调节。

△ 上午，洗个温水澡或凉水澡。早上洗热水澡会延长睡眠惯性。

△ 睡前洗个热水澡有助于睡眠。晚上洗温水澡或凉水澡可能会抑制睡眠。

什么时候洗澡能给我们带来灵感？ 我们都曾有过这样的经历：尽管你努力尝试，却拿不出一个棘手问题的解决方案。但是当你洗澡时，你甚至没有思考它，答案就忽然出现了。在洗澡时经历顿悟时刻可能是老生常谈，但确实是真的。**灵感节律**——你突然拥有洞察力——是一种被证明的科学现象。

1926 年，英国心理学家格雷厄姆·沃拉斯将创作过程分解成四个不同的阶段：

△ 准备。创造力的准备工作，研究或概述粗线条的概念或观点。

△ 孵化。奇怪而神秘的时期，当你不自觉地思考或你的潜意识整理思考的时期。

△ 启迪。当你顿悟时，创造力突然迸发——灯亮时期。

△ 验证。细化阶段，当你确认你的想法有意义时。

孵化期可能会比较长——一夜、一天、一周，甚至一年。或者，它也可能很短。关于这个问题的大量研究表明，即使是五分钟的休息，从走进浴室到顿悟的短短几分钟时间也能带来你孜孜以求的启迪。

为什么灵感迸发经常发生在洗澡时？洗澡时，你一个人，身体放松，注意力不集中。你不必与任何人交谈，没有忙于看电视、玩电脑，也没有忙于陪伴家人、工作、看书、做晚饭、清洁排水口或喂狗。如果你在洗澡时看防水电视，那些启迪时刻便不会发生。

由于孵化期没有故意想事情，抱着获得启迪的目的洗澡是没有用的。但是，如果你在非峰值期洗澡，大脑做好了天马行空的准备，更容易激发你的灵感节律。

就我个人而言：一天开始之前我会将淋浴作为**冥想节律**。当水从我头上冲下来时，我专注于我的呼吸，清除脑海里的一切。这是很难做到的，但专注于此时此刻真的很有效。这是我自己的经验。洗澡时，你可以花一分钟来尝试我这种做法。

节律回顾

温度节律：用淋浴或盆浴来唤醒你或帮助你睡眠。

灵感节律：淋浴或盆浴可能会让你获得灵感。

冥想节律：将淋浴作为一种冥想工具，让你关注此时此刻。

最不适合洗澡的时间

上午 11：00。对于所有生理时钟类型，上午的热水浴会令原本应该清醒的你昏昏欲睡。在精神警觉峰值期洗澡是不可能带来创造性突破的。你的大脑太专注了，这个时候是不会有灵感冒出来的。

洗澡的最佳时间

海豚型：上午 7：30，凉水淋浴可以帮助你清醒；晚上 9：00，泡热水澡可以帮助你在睡前平静。

狮子型：如果你需要早上洗澡，可以选在早上 6：00；晚上 6：00，运动后冲凉，延缓晚上的睡意。

熊型：上午 7：30，凉水淋浴可以帮助你清醒；晚上 10：00，热水盆浴可以帮助你在睡前平复心情。

狼型：晚上 11：00，热水盆浴可以帮助你在睡前平复心情。早上不要洗澡。早上的时间尽可能多睡会儿。

如果我不这样做，我会觉得奇怪

当我建议海豚型的斯特凡妮在早上洗凉水澡、晚上泡热水澡时，她说："要花好多时间在水里。我可不是真正的海豚！"照我说的做了几周后，她反馈道："我做到了。淋浴是开启新的一天的核心。早晨锻炼、洗澡、吃早餐，让大脑清除一切杂念。泡澡是开启晚上仪式的核心，性爱、洗澡、阅读，让心情平复。我本来以为我没有时间一天洗两次澡，但是洗澡真的有用，我喜欢有一个具体的计划。现在如果我不这样做，我反而会觉得奇怪。"

怎么奇怪？"早晨迷迷糊糊，晚上精神振奋，这曾经是我每天的生活。我以前的常态现在却变得奇怪了。"

服药

失败: 在药效最差的时候服药。
成功: 在药效最好的时候服药。

简单的科学

时间生物学之父罗马尼亚人弗朗茨·哈尔贝格在明尼苏达大学度过
了他的大部分职业生涯。在那里, 他创办了哈尔贝格时间生物学中心。哈
尔贝格发明了"昼夜节律"一词。"二战"期间, 在部队医院治疗士兵时,
他研究了感染和愈合的日常节律。后来, 在哈佛医学院, 他开始用老鼠做
实验, 发现了它们体温、免疫功能和代谢毒素能力的日常波动。在 1959
年的实验中, 他把老鼠分为多个小组, 每隔 4 小时将有毒的乙醇溶液注入
老鼠体内。其中一组有半数老鼠死亡。另外一组在接受注射 12 小时后,
只有 30% 的老鼠死亡。20% 的存活率差别仅取决于注射的时间。如果有
更多的老鼠因为注射的时间死亡, 那么我们有理由相信, 更多的老鼠(和
人类)可能会因为他们适当的治疗时间而活下来。在漫长的职业生涯中(哈
尔贝格于 2013 年去世, 享年 93 岁), 他写了 3000 多篇时间生物学的论
文, 在印度进行癌症患者的实验, 在日本考察患者的血压。他负责决定妻
子的化疗时间, 根据他修订的时间表, 他的妻子比预期活了更长时间。

**哈尔贝格是一个天才, 他领先于他的时代。虽然距离他的老鼠乙醇
实验已经过去 50 年了, 大多数医生却仍在使用"每天吃一粒药"的旧
处方模式。**在科学界和医学界的一些角落, 人们重新提起和评估药物的
服用时间。我们知道, 某些药如果在特定时间服用更有效, 其中包括每
天数以百万计的人服用的药。

△ 阿司匹林。在 2014 年荷兰的一项研究中，莱顿大学医学中心的研究人员将 300 名心脏病发作的幸存者分为两组。第一组需要在上午 8：00 服用 100 毫克的阿司匹林，第二组在晚上 11：00 服用同样剂量的阿司匹林。有凝血功能、导致心脏病发作和中风的血小板早晨最活跃。阿司匹林能减少血小板活性。经过两个测试期（每期 3 个月），早上剂量组比晚上剂量组情况更好吗？**出人意料的是，晚上剂量组相比早上剂量组血小板活性显著降低，与阿司匹林耐受度相关的胃舒适度更高。为什么？**在晚上服药能防止血小板的形成，患者睡着后感受不到胃部的不适。

△ 他汀类药物。英国桑德兰大学的一项研究旨在确定早晨还是晚上服用他汀类药物在降低血液中的胆固醇方面更有效。在为期八周的实验中，57 名受试者被随机分配在不同的时间服用处方剂量，然后接受血脂测试。上午组的总胆固醇和坏胆固醇（LDL）显著增加。研究人员据此得出结论：胆固醇数量在晚上产生得较多，**因此在睡觉前服用他汀类药物更有效。晚上，他汀类药物能积极打击脂质（血液中的脂肪）。**

△ 降压药。正如你现在所知道的那样，血压会随着生物时间而波动，早晨上升，夜间下降 10%～20%。但是，血压高的人血压在夜间不会下降，反而会居高不下。西班牙维戈大学的研究人员研究了血压不下降对心脏病发作和中风的影响。这项研究延续了五年，跟踪了 3000 多名有高血压的男性和女性。**晚上服药的患者比早上服药的患者心脏病发作和发生中风的风险低 33%。**

△ 服药节律。大多数患者和医生都对一天中药效最好的时间不甚了解。我经常问病人："你什么时候服药？"答案通常是"每日一次"或"每日两次"，他们不会考虑特定的服药时间（上午、下午或晚上）。我注意到他们通常在早晨服药。而且总的来说，医生也觉得早上服药不是问题。

医生和药剂师应该更多地关注到越来越多的科学研究已经证明什么时候服药很重要。我建议你多问问医生有关服药时间的知识。谁知道呢？你可能会教他们一点知识，拓宽他们的视野，让他们知晓最新的、成熟的、成功的策略和治疗方法。

这里有一些你可以在谈话开始时向医生提及的研究（谷歌上很容易找到）。

Δ 托比亚斯·邦滕等人的"睡前服用阿司匹林的作用与唤醒血小板反应的昼夜节律：一个随机交叉实验"。

Δ 艾伦·华莱士、戴维·钦和格雷格·鲁宾的"早晚服用辛伐他汀的比较随机对照实验"。

ΔR.C. 埃米达、D.E. 阿亚拉等人的"睡眠时血压：以降低心血管风险作为治疗靶点的预后价值和相关性"。

节律回顾
服药节律：什么时候服药效果最好。

最不适合服药的时间

想起来才服药。

对患者来说，树立正确的服药观念至关重要。不应只在他们记得时或者方便的时候服药。服药时间很重要。在改变你的日常惯例之前，跟你的医生讨论何时是你最佳的服药时间。

服药的最佳时间

人们在不同的时间服药，或根据习惯"随餐食用，以免肠胃不适"，或在睡前或起床后服药，等等。有时候，那些习惯性的或按逻辑的服药时间恰好是良好的生物时间。在其他情况下，按照以前的惯例服药对你没有帮助。

在下面的图表中，我粗略地将服用药物的时间分为"早餐前"和"睡觉时间"，而没有为每个生理时钟类型和每一种药物精确划分服药时间。现在，你非常清楚地知道自己的就寝时间和进餐时间。**根据这个制订相应的计划。同时，在打算改变目前服药时间前咨询你的医生。这不是治疗建议，更像是开启下一个见面的对话。**

药物	服药的生物时间
抗组胺药	晚上
阿司匹林	睡前
ACE 抑制剂、血管紧张素受体抑制剂（ARBs）	睡前
反酸药	早餐前
β 受体阻滞剂	睡前
皮质类固醇	下午服用可以减少夜间炎症
胃灼热药	晚餐后
多种维生素	早餐后
非甾体抗炎药	最大疼痛前四小时
骨质疏松症的药物	早餐前一小时
益生菌	随早餐
风湿性关节炎药物	睡前
他汀类药物	睡前

危险时间

　　药物在特定时间更有效或无效是由于你的疾病和身体状况随着自身昼夜节律的变化而波动。

　　△ 过敏在早上最严重，这是因为花粉会在夜间累积，因此，患者醒来后会不停地打喷嚏。

　　△ 关节炎。关节在上午 8：00 到 11：00 最僵硬，因为你的免疫系统在晚上工作过度，上午免疫力降低，所以炎症会加重。

　　△ 哮喘通常在凌晨 4：00 到 6：00 发作，此时肺功能状态最糟糕。

　　△ 抑郁症在早上 8：00 醒来后最容易发作。

　　△ 由于血小板和凝血蛋白过度活跃，**心脏病**在早上 6：00 到中午最为普遍。

　　△ 晚饭后，胃酸处于峰值时，容易引发**胃灼热**，趴在沙发上或床上会加剧病情。

　　△ 高血压在晚上 9：00 处于峰值。

　　△ 凌晨 4：00 到 6：00，肝脏将葡萄糖转储到你的身体系统中，**血糖**显著上升，将你唤醒。

　　△ 更年期妇女的潮热反应在晚上 9：00 左右直至深夜最为频繁、最为严重。

　　△ 偏头痛开始于凌晨 4：00，通常在你醒来时发作。

　　△ 不安腿综合征在午夜最严重。

　　△ 癫痫发作通常发生在下午 3：00 到晚上 7：00。

　　△ 中风通常发生在早上 6：00 到中午。

　　△ 紧张性头痛会在下午晚些时候出现。

称体重

失败：不使用体重秤，或者未能正确使用体重秤。

成功：使用体重秤作为工具，帮助减肥和维持健康的体重。

简单的科学

对于试图减肥的人，体重秤是一个潜伏在浴室的可怕怪物。你可能害怕踩在体重秤上面。如果你真的站到了体重秤上，看到了高于预期的数值，你的情绪会急转直下，随即掀起一场自我毁灭的饮食狂潮。

但是，如果你根据自己的生物时间称体重，就可以把这令人恐怖的怪物变成一个你冷静看待自己的工具，树立看待体重的健康心态——仅仅把它当作一个温度计。

低点节律，即你的体重最低的时候，这很容易计算。任何生理时钟类型在醒来清空膀胱后、饮食之前体重最低。体重会在一天内波动三到五斤，这取决于你的饮食（含盐多的食物会让你留住水，酒精也会使你膨胀）、是否排过便，以及是否运动过。锻炼后大汗淋漓可能会让你失去体内部分水分的重量。你也许会想称一下体重，但是千万别，因为称出来的体重数字虚低。只要你补充完水分，就会重新得到你失去的水分。减肥专家建议你连续三天同一时间称体重，将这三个数字相加后除以三，得到你一周的平均体重。一致性对于保持完美生物时间很重要，包括体重评估。但我不同意减肥专家每周称体重三次的建议。每天称体重比较好，接下来我说说原因。

对于很多人来说，称重会引发消极的自我对话和情绪，体重秤上的数字成为衡量他们价值的尺度。理性地看，他们知道不是这样。但体重可能是一个情绪的火药桶。但是，如果你使用**习惯节律**，即每日称重使自己习惯看到数字，明白这个数字本身仅仅是一个数字，而不是衡量你价值的尺度。重复做会让你在感情上与体重数字剥离，然后你就可以把体重秤视为一种工具，用它只是想看看你的饮食和日常锻炼是如何影响你的体重的。

减肥节律要求你每天早上空腹，赤身裸体站到体重秤上，在笔记本、应用程序或图表中记下数值。美国明尼苏达大学和康奈尔大学用两年的时间研究了162名体重超重的成年人，测试是否仅仅通过自我称重和跟踪体重就能减轻体重。自我称重者的体重确实在第一年减轻了约5%。更重要的是，他们的体重在第二年还会下降。首席研究员戴维·列维茨基博士向《康奈尔纪事》透露，他的方法是"迫使你知道饮食和体重之间的关系。我们通常被告知不应该每天称体重，其实恰恰相反。我们认为，体重秤可以作为启动机制，让你意识到你的饮食问题，帮助你做出符合体重的选择"。

戒断节律呢？在一项研究中，布朗大学的专家将过去一年中减重20%的314名受试者分为三组：对照组、在线支持组、面对面支持组。在为期一年半的时间中，定期的在线和面对面的会面会在后两组中进行。对照组中，有72%的人体重反弹了五斤或是更多。在线支持组中，55%的人体重反弹。面对面支持组中，只有46%的人体重反弹。每天称重并告诉支持者（在线或面对面）他们每天过得如何的受试者体重回升的风险降低了82%。首席研究员瑞纳写道，"每日自我称重与成功维持降低的体重紧密相关"，如果再加上人为的干预会更有效，这样可以让受试者诚实地面对自己。

节律回顾

低点节律: 什么时候你的体重处于最低值（早上起床排尿后、饮食前）。

习惯节律: 每日称重，使你习惯于看到这个数字，不会引起你内心的不快。

减肥节律: 每天早上空腹测量并跟踪你的体重以期达到减肥的效果。

戒断节律: 每日自我称重，寻求面对面的介入，防止体重反弹。

最不适合称重的时间

晚上 10∶00。如果你吃得很饱，喝了一两杯葡萄酒，你的体重就会偏高。久坐（在你的办公桌旁、车上、饭桌旁）积累的水分一天可达三斤。

称重的最佳时间

对所有生理时钟类型而言，进食前、排尿后，早上第一件事就是站到体重秤上。如果你想要减重几斤，记得每天在同一时间称重，获得精确的数据，并在笔记本或应用程序上记录跟踪数字。

海豚型: 每天早上 6∶30。

狮子型: 每天早上 5∶50。

熊型: 每天早上 7∶00。

狼型: 每天早上 7∶30。

一上大学胖 15 斤

猜猜看哪种生理时钟类型在上大学后胖得最多？

提示：不是狮子型

大家又要开始羡慕狮子型了。在费城德雷塞尔大学 2013 年的一项研究中，研究人员收集了 159 名大学新生（79 名女性和 80 名男性）的体重，然后把学生分成三组：早上型、中间型和晚上型。受试者就他们的吃饭、睡觉和锻炼习惯接受了采访。所有学生的体重指数处于同一水平，其他变量（食用垃圾食品、饮酒、体力活动和睡眠质量）也处于同一水平。

8 周后，受试者再次称体重。狼型学生平均增重两三斤。狮子型和熊型学生呢？他们的体重指数和体重保持稳定。你可能会认为狼型学生纵情派对，或往宿舍里叫了更多的比萨，但事实并非如此。他们的饮食、运动和其他生理时钟类型没有什么不同。造成他们体重增加的唯一因素是什么？生理时钟类型。此刻，你几乎能听到那些夜猫子学生举着写有"生物钟对狼型的人不公平"的标语游行抗议了。

我怀疑，在这里起关键作用的因素是昼夜节律失调，或社会时差。刚入大学的新生对于睡眠时间拥有新的自主权，可能会熬夜，在某些天睡懒觉，在某些天被迫早起上课。打乱的睡眠时间表使激素代谢失衡，身体体重增加。起床和休息时间一贯一致的狮子型学生和狼型学生消耗同样的比萨和啤酒，却不会长胖。

第九章

睡眠

————

◎ 醒来
◎ 小睡
◎ 睡懒觉
◎ 上床睡觉

————

醒来

失败：醒来时昏昏沉沉，几小时都不能摆脱大脑的混沌状态。

成功：醒来时精神抖擞，机敏度高。

简单的科学

关于睡眠惯性需要提醒的一点是：睡眠惯性是一种你醒来后昏昏沉沉的感觉，常被拿来跟喝醉或宿醉比较。在睡眠医学界，我们称之为"睡醉"。我的许多病人把早上迷迷糊糊的状态描述成"醒来变蠢"，就好像他们一夜之间智商降低。事实上，当你遭遇睡眠惯性时，认知会出现障碍。在 2006 年的一项研究中，科罗拉多大学的研究人员在睡眠实验室中监测了 9 名受试者，在他们一觉醒来后马上测试他们的认知能力，不给他们通过洗澡、吃早餐、喝咖啡、运动等方式摆脱"昏沉感"的机会。受试者被要求做两位数的加法。他们早上的得分比当天晚些时候类似测试的得分要低。更重要的是，相同类型的测试是在受试者保持清醒26小时后做的，熬夜比8小时连续睡眠醒来后的测试结果更好。

睡眠惯性使负责记忆的大脑前额叶皮层昏昏欲睡。大脑就像一台电脑，它需要启动时间。在启动之前，你的记忆力、注意力、决策力、认知力和各方面表现均会受损。你的运动表现也格外不好。你的四肢不灵活，遭遇车祸的风险更大。根据美国 AAA 基金会交通安全的统计数据，开车时昏昏沉沉占所有交通事故诱因的 20%，即大约每年 120 万起。

根据你的生理时钟类型，睡眠惯性可能会持续五到十分钟（跟你说话呢，狮子型）或两到四小时（对不起，海豚型）。对于任何希望醒来后马上进入工作状态的人——急诊室的医生和护士、士兵、新生儿的父母，睡眠惯性可不是闹着玩的。他们可能给自己和他人带来危险。

要是有一种方法能让你穿越迷雾，省去清醒的时间就好了……

当然，从**睡眠周期节律**出发，一些时间小窍门可以减少睡眠惯性的严重程度，使你醒来后思路更清晰、更警觉。你昏昏沉沉的严重程度取决于闹钟响起时你所处的睡眠阶段。

在晚上的睡眠过程中，你将经历四到五次睡眠阶段的循环。每个完整的周期为 90 分钟，每一个阶段的时长不同，这取决于夜晚的时间。这四个阶段分别为：

△ 第一阶段：清醒过渡到睡眠。这一阶段，肌肉放松，呼吸减慢。如果在此阶段醒来，你可能不会觉得你睡着了。这段时间占睡眠时间的 2%～3%，通常发生在刚睡下后或短暂的苏醒之后。

△ 第二阶段：进入深度睡眠，脑电波越来越慢，偶尔出现快波。

你的身体温度降低，心率减慢，肌肉放松。这段时间大约占睡眠时间的50%，是最容易被唤醒的阶段。

△ 第三、第四阶段: 最深的睡眠状态，你的脑电波是长而缓慢的（德尔塔三角波）。在德尔塔睡眠期间无眼球运动。你的血压下降，呼吸减慢，生长激素释放，组织修复，体温处于最低值。这个阶段占睡眠时间的20%左右，是非常难以唤醒的阶段。大多数人第三阶段和第四阶段的睡眠发生在夜晚的前1/3。

△ 快速眼动睡眠: 在快速眼动睡眠期间，你的眼睛来回移动，心率、血压和体温上升，肌肉松弛。这一阶段比第三阶段和第四阶段的睡眠要浅。脑电波再次加速，在长度和幅度上接近于清醒时候的脑电波。这是大多数梦出现的阶段。快速眼动睡眠占睡眠时间的25%左右（如果咖啡因和药物没有使之减少），这个阶段也是难以唤醒的阶段。你大部分的快速眼动睡眠发生在夜晚的最后1/3。

我们大多数人在特定的时间醒来，然后去上班或送孩子上学，因此我们需要一个闹钟。如果你的闹钟在第一阶段或第二阶段响起，睡眠惯性较小。如果闹钟在快速眼动睡眠阶段响起，你会记得你的梦，睡眠惯性也不会太糟糕。但如果你在第三阶段或第四阶段被唤醒，你会觉得头都要炸了。

为了防止这种情况发生，你有几种选择。我建议你使用一个睡眠监测仪来跟踪你的脉搏。该监视仪可以确定你的睡眠阶段并在第一、第二或快速眼动阶段的30分钟内唤醒你。建议登录www.thepowerofwhen.com获得有关产品信息。

另一种策略是不要在你的卧室里使用窗帘或百叶窗。**阳光节律**可以让你随太阳的升起而恢复意识。我是这样做的。随着天渐渐变亮，我的房间也逐渐变亮，我的身体从深睡眠进入浅睡眠，然后进入全意识阶段，醒来后便没有那么昏昏欲睡。

当失眠症患者试图入睡时，他们往往对光线极为敏感。我经常建议他们安装遮光窗帘，使房间在夜间尽可能暗一些。缺点是当他们醒来时房间还是漆黑一片，这会加剧睡眠惯性。解决方案：买一个黎明模拟器，在正确的时间慢慢照亮房间；或在醒后立即拉开窗帘，让自己暴露在直射的阳光下 5 到 15 分钟。如果你住在一个一年中的某个月份早晨无法获得阳光直射的地区或国家（接近北极圈或南极圈），你可以考虑购买光疗箱（LTB）。光疗箱有各种形状和大小，但大部分人使用可提供 10000 勒克斯（亮度的度量单位）白色波长并能过滤紫外线的 LED 灯。在亚马逊网站上不到 100 美元便可购买一个质量较好的 LTB。关于黎明模拟器和 LTB 的测评，建议登录 www.thepowerofwhen.com。

肾上腺节律。让你的肾上腺激素流动，这是让你走出"昏沉感"的有效途径。当你醒来时，皮质醇和肾上腺素水平自然会上升。这两种激素加上胰岛素能让你活力焕发。你可以通过做一些俯卧撑、仰卧起坐、原地跑，或冲个凉水澡来刺激这些激素的分泌。

你可能在纳闷：那咖啡呢？

咖啡因是这个星球上被滥用得最厉害的物质。尽管我们习惯于用一杯咖啡来抵御早上的昏昏欲睡，但咖啡并不能击退睡眠惯性。虽然咖啡因是一种兴奋剂，使你紧张不安，实际上它并不会让你更清醒。事实上，它只会让你不那么昏昏欲睡。腺苷是大脑中一种使我们感到困倦的物质。咖啡因是一种腺苷受体抑制剂，能有效地抑制嗜睡。这种机制在下午 2：00 最有效。作为细胞代谢的副产品，腺苷在一天中逐步累积。但醒来后——多亏了你的生物钟——你的体内没有腺苷。早上喝咖啡就像是向已熄灭之火浇水。咖啡确实能刺激你的肾上腺素分泌,这就是为什么人们将之与能量的注入等同起来。问题是,咖啡因的瘾头会随着时间的推移逐渐增多,你需要增加摄入量以获得效果,就像其他任何成瘾药物一样。(请参阅 203 页"喝咖啡"章节,找到你喝咖啡的最佳时机。)

与其依赖效果存疑的物质,不如利用阳光和肾上腺来提振精神。在阳光下散一会儿步比喝一整壶咖啡更能驱除睡眠惯性。

节律回顾

睡眠周期节律:根据睡眠阶段调整醒来时间,以便顺利过渡到清醒。

阳光节律:晒太阳或使用光疗箱来帮助你唤醒昏昏沉沉的额叶皮层。

肾上腺节律:启动皮质醇和肾上腺素的分泌,帮助唤醒。

最不适合醒来的时间

深度德尔塔睡眠期。如果闹钟在第三、第四阶段响起,你需要花更长的时间摆脱睡眠惯性。

醒来的最佳时间

海豚型:早上 6:30。使用黎明模拟器慢慢照亮房间。迅速起床,将自己暴露在直射的阳光下。理想情况下,同时锻炼 5 分钟。上午 9:

30 前不要喝咖啡。

狮子型: 早上 5: 30 到 6: 00。拉开窗帘或百叶窗睡觉，或使用睡眠监测仪在第一、第二阶段或快速眼动阶段轻轻将你唤醒。在做任何需要脑力的事情之前，给自己 10 分钟。

熊型: 早上 7: 00。拉开窗帘或百叶窗睡觉，或使用睡眠监测仪在第一、第二阶段或快速眼动阶段轻轻将你唤醒。不要按贪睡按钮。迅速起床，将自己暴露在直射的阳光下。理想情况下，同时运动 5 分钟。上午 10: 00 前不要喝咖啡。

狼型: 早上 7: 30。使用黎明模拟器慢慢照亮房间。按一次贪睡按钮，然后立刻起床，将自己暴露在直射的阳光下。理想情况下，同时做些运动。上午 11: 00 前不要喝咖啡。

小睡

失败: 睡太长时间，在错误的时间睡，睡完后比之前更累；或是根本没有午睡，放弃了午睡给认知和创造性带来的好处。

成功: 在一天中适当的时间聪明地睡个适当时长的午觉，醒来后会感到神清气爽，能量充沛，做好工作和创造的准备。

简单的科学

我们中的大多数人一晚睡七八小时，并在中午短暂午睡。下午的能量下降有一个原因: 这是你的身体在告诉你关闭所有系统，为你的电池进行定期充电。从生理上来说，不同的生理时钟类型，下午时身体的核心体温都会有小幅下降，褪黑素（启动睡眠的关键因素）在下午 1：00 到 3：00 之间释放。在拉丁美洲，小睡是为社会所接受的。我们的文化注重认真工作，努力玩耍，对于有意识的休息嗤之以鼻。其实如果我们打个盹，我们的工作、思考和感觉会更好。

表现节律。你集中精力把事情做好的能力会上下波动，在午睡后会大幅上升。2009 年，加州大学圣地亚哥分校的研究人员用核磁共振成像机测量受试者在午睡前和午睡后做练习时的大脑活动，证明了合理午睡在提升表现上的作用。相比于对照组，午睡组的神经元明显亮于非午睡组。事实上，午睡者的大脑在下午运作得和上午一样好。非午睡者的大脑活动在一天内会持续减少。

通过午睡增进表现取决于午睡时长。睡得太长（或太短）均无法达到预期效果。 在澳大利亚的一项研究中，24 名健康状况良好的受试者被分为五组——无午睡控制组，午睡 5 分钟组，午睡 10 分钟组，午睡 20 分钟组，午睡 30 分钟组，其中四组受试者分别在实验室监测下午睡。3 小时后，研究人员要求受试者醒来后评价自己的主观机敏度、疲乏度、精力和认知。

5 分钟午睡组的报告结果和无午睡组基本相同。也就是说，他们没有从超级短的午睡中明显受益。

10 分钟午睡组的各方面表现全面快速提升，这种状态能维持两个半小时。

20 分钟午睡组的各方面表现有延迟性的略微提高。这种状态 35 分钟后才出现，接着会持续两小时。

30 分钟午睡组各方面表现在 50 分钟后变差。持续一个半小时后，状态终于变好了。

哪一组赢了？在表现方面，10分钟午睡组获胜。经过短暂的无意识后，他们的机敏度立刻恢复正常，大脑在一天的剩余时间里保持清醒。

如果午睡时间过长，你醒来后不仅会更累，而且你的意识也不清晰。日本的一项研究将受试者分为两组——不午睡组和一小时午睡组，测试他们对自己工作的评估。毫不奇怪，午睡者报告说由于睡眠惯性，他们在醒来后需要努力才能立即做被分配的任务。他们还高估了自己的表现，仍然认为自己做得很好。根据不同的生理时钟类型，午睡后的迷糊可能会持续5分钟或几小时。熊型和狼型的人需要花很长时间才能清醒，恢复的时间等于小睡的时间。狮子型的人会很快清醒，但他们的判断力和注意力仍然会受到过长午睡的负面影响。

定义"太长"。你永远不希望在德尔塔睡眠期间醒来，除非你想让大脑处于混沌的状态。所以，有两个选择可以考虑。

1. 午睡少于15分钟。在进入深度睡眠前结束午睡，让自己更加警觉，更加有活力。

2. 午睡90分钟。回到浅波睡眠让你一天的注意力集中。

你有没有午睡醒来后想到一个好主意的经历？**创意节律**确实存在：2012年，包括安德烈·梅德韦杰夫博士（乔治城大学功能和分子成像中心副教授）在内的研究人员让5名受试者戴上有远红外技术的帽子来监测他们大脑的充氧和血液流动情况。相比于清醒时，午睡时受试者右脑（创造力和洞察力）和左脑（逻辑分析）之间的"对话"更多。更重要的是，右脑本身更加活跃。研究结果表明，你的大脑是管家，在你休息时清扫蜘蛛网——整理、记忆、清除。一小时的睡眠会点亮左右半脑的沟通，让你的大脑发生惊人的联系。

学习节律。不只是孩子有学习节律，成人也有。学习节律是你在短时间的睡眠后，更快、更深入地理解新信息的能力。美国哈佛大学的研究人员指出，一小时的午睡对于提高一天的学习水平和晚上的睡眠一样有帮助，并且这种好处可以持续 24 小时。

我相信每个人读到这里都很想扑倒在沙发上，在这个非常时刻马上睡个午觉，醒来后精神饱满。但是**后勤节律**却不允许你这么做。对于熊型的人，最理想的午睡时间是下午 2：00 到 3：00，但这恰好是你从学校接孩子或者下午开会的时间，这真是一个具有讽刺意味的悲伤的生物时间。即使你的日程表在中午很明确，在开放式工作区垂下头还是会被误认为偷懒，不论你多么热情地说："我发誓，我打盹只是为了更加努力地工作！"

证据确实存在。就在这一页上。但文化并没有追上科学的脚步。我敢打赌，未来会有那么一天，在下午 2：30 关灯 15 分钟成为一种惯例。他们应该这样做！小憩片刻可以提高机敏性、创造力、学习能力，以及你在工作场所所需的每一种技能。在那一天到来前，午睡的场所都是标准的办公设备，如椅子和电脑，想午睡的话，除了戴着耳塞和眼罩将自己锁在卫生间，你还能做些什么？

这是一个挑战。希望你能找到一个安静的地方休息，设置一个 10 分钟的闹钟，然后闭上你的眼睛。因为午睡的好处可以持续 24 小时，周日下午小睡可以补充你周一的创造力和学习能力。我的建议是尽可能去找机会午睡，不要认为这是不可能的。凡有意愿，皆可午睡。如果你可以腾出 10 分钟，你的一天将大为不同。

或许把自己锁在厕所并不是个坏主意。

节律回顾

表现节律: 通过适时适度的午睡来提高认知能力。

创意节律: 通过适时适度的午睡来增加左右脑的创意联结。

学习节律: 通过适时适度的午睡来提高大脑接受新信息的能力。

后勤节律: 适时找一个合适的地方来睡午觉。

最不适合小睡的时间

晚上7:00。睡前四小时内的小睡会释放一天的睡眠压力，让你晚上无法入睡。

小睡的最佳时间

为了计算理想的午睡时间，我使用萨拉·梅德尼克博士发明的午睡轮，萨拉·梅德尼克博士是《小睡革命》（*Take a Nap*）一书的作者，也是本章中几项研究的参与者。根据她的数据，醒来后7小时左右是午睡的最佳时间，此时你很可能在完美的慢波睡眠和快速眼动睡眠间达到平衡，这让你的头脑在醒来时最清醒。如果你在醒来7小时前小睡，你的小睡大部分会由快速眼动睡眠构成，午睡后你会更富有创造性。如果你在醒来后7小时小睡，你的小睡会是慢波睡眠，可以让你恢复更多的体力。

海豚型: 不要午睡。小睡会缓解睡眠压力，而海豚型的人恰恰需要睡眠压力。抱歉，午睡带给你的坏处比好处多。

狮子型: 狮子型的人在早上 6:00 起床,最佳午睡时间是**下午 1:30**。

熊型: 熊型的人在早上 7:00 起床,最佳午睡时间是**下午 2:00**。

狼型: 如果狼型的人想要在半夜睡觉,午睡对于狼型是不理想的。但如果你真的需要使大脑清醒,那么早上 7:30 起床,最佳的午睡时间是**下午 2:15**。

迪斯科小睡

如果你怀念七八十年代,那么,你应该对迪斯科小睡不陌生。"迪斯科小睡"指的是傍晚的小睡,发生在你晚上去酒吧通宵跳舞前。这并不是说我主张不理会时间节律,赞成熬夜。我不鼓励不规则的睡眠模式,但是对于偶尔的特殊事件或庆祝,迪斯科小睡能让你精神饱满,防止疲惫。请遵循以下时间建议:

1. 睡满一个周期。如果可能的话,小睡 90 分钟。重新恢复意识后,你会精神饱满,活力无限。

2. 在小睡前喝一杯咖啡。我把这种战略称为"睡前拿铁"。如果你只有一小段时间午睡,那么睡前喝点咖啡。咖啡因会在 20 分钟后影响你的身体系统。因此,在小睡前喝一杯咖啡,咖啡因和肾上腺素进入你的血液时你会自动醒来。我曾经建议许多来自财富 100 强的客户这么做。他们告诉我,睡前喝咖啡能让他们保持长达四小时的机敏状态。

3. 在平常的时间起床。即使你参加派对直到天亮，也请按照平常的作息时间开始新的一天，哪怕这意味着你只睡了一两小时。这肯定很难，但如果你完全扔下平常的作息时间，睡了个懒觉，结果会更糟糕。你面临的选择要么是糟糕的一天，要么是一周的错位、疲劳、易怒和错漏百出。

睡懒觉

失败: 周末在床上逗留的时间比平时长，引起昼夜节律失调和相应症状（乏力、注意力不集中、烦躁）。

成功: 周末在床上逗留的时间只比平时长一小时，避免昼夜节律失调和相应症状。

简单的科学

熊型和狼型的人对周日晚上的失眠都司空见惯了。在周六和周日的懒觉后，星期天晚上你不会感觉累。你躺在床上，大脑迅速运转，开始梳理下一周你需要做的事情。可是，随着时间的流逝，你越来越焦虑，不知道自己什么时候能睡着。凭借纯粹的意志力，你能顺利度过疲惫的周一，拖着疲惫的身体到周二。好在到了周三，你逐渐回到了正常作息。但你也亏欠了身体想要补充的睡眠。这样会发生什么？你会在星期六早上又睡懒觉，恶性循环仍在继续。

不要在周五和周六晚上熬夜。

让我们面对现实，你是一个"社会动物"（有些生理时钟类型更爱社交），渴望与人互动。大多数有趣的事情发生在周五或周六晚上，因为大家都认为可以在周六和周日早晨睡懒觉。对于狼型而言，周末是你的地盘，每周这两天，每个人都渴望拥有狼型的生物时间。但也有不好的后果，其严重程度取决于自身。就个人而言，我喜欢在周末晚上熬夜。我会和妻子去看电影、吃饭，与朋友或孩子们玩耍。那些深夜的时间都是宝贵的时间。我不会犯睡懒觉的错误，无论起床多么痛苦。

当你睡懒觉的时候，你的身体昼夜节律失调，引起**失调节律**，产生如下症状：

Δ 疲劳

Δ 易怒

Δ 不安

Δ 注意力不集中

Δ 睡眠惯性

据估计，70%的人每周受到昼夜节律失调或社会时差的影响。当你飞到巴黎或香港经历真正的时差时，你的身体会以日出、日落为线索，迅速恢复生物时间。平均每跨越一个时区需要一天来调整，但是我们可以通过褪黑素、日光照射和咖啡因的作用加快调整速度。

另一方面，社会时差让你抛弃了与太阳同步的节奏，工作到很晚，睡得很晚，聚会到很晚。你可以很容易地计算出你的昼夜节律失调。估算一下你工作日的闹钟唤醒时间（比如说上午 7：00）和你的周末没有闹钟唤醒的起床时间（比方说上午 9：00）的区别。在这种情况下，睡眠延后了两小时。你可能会想，太好了！少了两小时的睡眠债。但情况并不是如此。

首先你睡懒觉（和熬夜）就欠下了债。**几天累计下来的不良睡眠和醒来后的疲惫无法通过在周末睡懒觉来获得平衡。你永远也还不上欠下的睡眠债，你必须习惯在赤字下生活。**

熬夜产生的睡眠债是睡懒觉所不能偿还的。例如，如果你平时 10：30 上床睡觉，周末熬到半夜，你就错过了睡眠周期中帮助身体恢复的第三阶段和第四阶段睡眠。通过在第二天早晨补觉，你得到更多的是快速眼动睡眠，而不是第三阶段和第四阶段睡眠。最后你不会感觉到身体能量的恢复。即使你的社会或环境节律发生了变化，你的昼夜节律仍然没有改变。

我很遗憾地告诉大家狼型的人是最有可能陷入这种恶性模式的。患者试图通过香烟、咖啡这样的兴奋剂或高糖以及快速补充能量的食物来对抗这种影响。这或许解释了睡懒觉的**肥胖节律**。在慕尼黑大学医学心理学研究院 2012 年的一项研究中——研究人员包括创造了"社会时差"一词的齐尔·伦内伯格——65000 名受试者报告了他们整整一周的睡眠模式。有 2/3 的受试者，其周末的时间表比他们工作日滞后了一小时，他们的超重概率比另外 1/3 受试者高出了三倍。工作日和周末之间的差异越大，BMI 指数越高。10% 的受试者报告有 3 小时的滞后。2015 年英国的一项研究发现，在 800 名受试者中，睡眠滞后两小时以上的人有较高的 BMI，比那些没有社会时差、保持固定睡眠时间的人更易患糖尿病和其他炎症。

节律回顾

失调节律: 睡懒觉会引起社会时差及易怒、疲劳、不安和注意力不集中的症状。

肥胖节律: 在周末睡懒觉会导致更高的 BMI 或者肥胖。

最不适合睡懒觉的时间

周六、日早上。每次睡懒觉的时候,你都在创造昼夜节律失调,影响你的新陈代谢,导致食欲减退,认知能力和能量受损。这全是坏影响,尤其是当你赖床两小时以上时。

睡懒觉的最佳时间

这部分你认真阅读了吗?

睡懒觉没有最佳时间。

如果周末你在床上比平时多待两小时,你更有可能会情绪低落、变胖及生病。如果周末你在床上多待不到一小时,你受到昼夜节律失调的不良影响不大。如果你必须睡懒觉,那就多睡 30 到 45 分钟。因此,**海豚型:** 如果你不需要工作,可以睡到**早上 7:15**。**狮子型:** 如果你不需要工作,可以睡到**早上 6:45**。**熊型:** 如果你不需要工作,可以睡到**早上 8:00**。**狼型:** 如果你不需要工作,可以睡到**早上 8:15**。

现实情况

现在，很多不想在星期天早上 8：00 起床的人都准备把这本书连同闹钟一起扔出窗外。我喜欢周日长时间慵懒地躺在床上。只要你愿意，你可以待在床上，依偎，阅读，喝热饮料（上午 10：00 前不要喝咖啡），看一部电影。只要你醒着，你可以在床上待一整天。即使你星期天早上 4：00 才睡，我还是劝你在建议的时间醒来，后面再小睡一会儿。否则，如果你比工作日多睡好几小时，你一周都会很痛苦。做你愿意做的事情，睡懒觉或醒来。这是你的生活，你的选择，你的日程安排。但是你需要知道后果。周日额外多出一两小时的快速眼动睡眠是否值得让你从周一到周四昏昏沉沉？

"星期日晚上我睡着了"

"睡懒觉是我一周中最喜欢的时光。从周一到周五，我努力工作。周六上午，我可以完全放松，睡到 10：00 或 11：00。这真是一种奢侈，布劳斯博士想把它从我身边夺走！"熊型的本说道，"这让我很不高兴。但我承诺遵守时间节律一个星期。因此，在第一个星期六，我把闹钟调到上午 8：00，即使前一天晚上我和我的妻子直到凌晨 1：30 才睡。所以我才睡了 6 小时左右，虽然感觉像废话，但我还是得问：'这是否意味着我将获得更多的睡眠？'周六晚上熬夜后，周日早上我照样做事，一整天都疲劳愤懑。不过，周日的晚上，通常凌晨两三点还没睡着的我在 11：00 就困了，睡得很好。十年来我第一次在星期一的早晨感觉好极了。最大的问题是：是否值得为了周一的良好感觉牺牲周末？你必须取得一个平衡。在接下来的几个星期，我就只在周末的一个晚上熬夜。这是一种权衡。随着时间的推移，为了周一早上拥有良好感觉，我决定让自己的周日有点困。"

上床睡觉

失败：晚于你应该睡觉的时间睡觉，或者睡觉时间不一致，导致休息不足，提高了与睡眠剥夺有关的疾病的风险。

成功：在合适的时间睡觉，睡觉时间有一贯性，为自己的身心恢复提供充分的条件。

简单的科学

睡多少才算够？我一天至少五次被问到这个问题。答案是：要看情况。婴儿每天需要睡 12 到 18 小时。幼儿需要睡 11 到 13 小时。学龄期的孩子需要睡 10 到 12 小时。十一二岁的孩子需要睡 10 到 11 小时。青少年需要睡 8 到 10 小时。一般二十岁出头的青壮年停止生长，睡眠需求减少。美国国家睡眠基金会建议成年人和老年人每晚睡 7.5 到 9 小时。

我观察到，关注数字会引起很多睡眠障碍，就像试图达到"目标体重"会让人不断经历减肥与反弹的恶性循环，不断经受挫折和失望一样。睡眠需求是基于遗传的。我早在第 1 章就谈到了"睡眠冲动"。有些人的基因决定了他们比其他人需要更多的睡眠。那些具有长型 PER 3 基因的人最容易受到睡眠不足带来的危害，包括心脏疾病、中风、糖尿病、肥胖症、抑郁症和认知 / 记忆问题。你可能具有短型 PER 3 基因，睡六小时就够了。你可能具有长型 PER 3 基因，没有七八小时的睡眠时间就会浑身不舒服。

所以，我们应该睡多少小时？规定的数字是多少？

首先我来澄清……

8 小时的错误观念

每个人的睡眠时间不一样。有些人睡上 6 小时甚至更少就够了，托马斯·爱迪生就是如此。有些人不睡满 8 小时就不能正常工作。我发现有些一晚上睡 9 小时甚至更多的成年人反而会抑郁或嗜睡。过度睡眠通常是一个潜在的身体症状。此外，睡眠的质量和数量一样重要。8 小时中断的睡眠并不比少于 6 小时的连续睡眠质量更好。

你可能听过每天水果和蔬菜的分量要达到 5 份这样的说法。我告诉我的大部分患者每晚睡 7 小时。

每晚睡 8 小时当然好，但是这个数字对大多数人来说是不现实的。而且这也不是能让我们的身体运作最佳的睡眠时间。在理想情况下，你会每晚睡六七小时，中午小睡 1.5 小时，一天 24 小时总共睡 7.5~8 小时。

正如我将在下面详细解释的，你不应该以小时计算你的睡眠，而应该以 90 分钟的睡眠周期计算。5 个完整周期（或 7.5 小时）足够恢复所有生理和心理状态。5 个不完整的周期（仅 7 小时）对于认知功能、食欲控制、记忆力和伤口愈合足够了。4 个完整周期（6 小时）对于狮子型、熊型和狼型的人是不够的。失眠症患者是否真的需要尽可能多的睡眠还有待研究证实。海豚型的人睡眠不足 7 小时仍能够正常工作，而恰恰是没有得到 8 小时睡眠所带来的内疚和焦虑使他们无法入睡。所以，我会建议失眠症患者睡 6 小时，如果他们能多睡一会儿，那就太棒了。

现在，怎么保证你得到了足够的睡眠呢？早点睡觉吗？

这想法不对。

对于所有生理时钟类型，太早睡觉会适得其反，即使是你想要补觉。你的生物时间不会因为你准备早睡觉而自动调节。你会躺着睡不着，感觉疲惫，因为睡不着而精神紧张不安。不睡觉带来的强烈的情绪反应可能让你过了常规的就寝时间才能睡着。

相反，找出你正确的就寝生物时间，获得**计算节律**。从你平日起床时间向后推 7 小时 20 分钟（20 分钟是入睡所需的平均时间）。如果你需要在早上 7：00 醒来，你的就寝时间就是晚上 11：40。

我建议使用一种稍微复杂的方法，就是通过睡眠周期从起床时间向后计数。每个周期需要 90 分钟来完成。在夜间的前两个周期，你会在第三阶段睡眠中得到大量帮助体力恢复的德尔塔睡眠。在过去的两个或三个周期，你会得到大量更轻、更梦幻、更能巩固记忆的快速眼动睡眠。

为了得到睡眠的所有优点，醒来后神清气爽，你的睡眠至少要经历四个周期，最好是五个。如果你在这些周期中醒来，睡眠惯性将是你的地狱。

由 7.5 小时向后计数，计算你的睡眠时间（90 分钟 × 5 个完整周期 = 450 分钟），再加 20 分钟的入睡时间，总共 470 分钟。或者，醒来时间 −470 分钟 = 睡觉时间。

利用这个简单的公式计算出**狮子型和熊型的计算节律**。

> 狮子型：早上 6：00−470 分钟 = 晚上 10：10。
>
> 熊型：早上 7：00−470 分钟 = 晚上 11：10。

只有当你遵守公式时，它才会发挥作用。狮子型和熊型都可能坚持这种节律，只要他们不自己破坏这种节律。这一点我将在下面几页中讨论。

但是，海豚型和狼型很难在上面公式分配的 20 分钟内睡着。这便提出了一个问题：如果你的入睡速度不够快，睡不到五个完整的周期，你是否应该再耗 90 分钟，只睡四个周期呢？答案：不完全是，但差不多。

我给病人的一条严格的建议就是：累了再去睡觉。海豚型的时间节律需要帮助他们在睡前安定下来，放松自己。但是，在某些夜晚，"又累又不安"将超过"累"的感觉，让他们在睡前感觉不到丝毫困意。即使爬上床也睡不着，反而会引发**焦虑/失眠节律**，让他们彻夜难眠。

不建议海豚型将睡眠时间设为五个周期，设置成四个周期即可。（实际上，海豚型的人可以把熊型五个周期的睡眠时间压缩。有一种理论认为失眠者的睡眠周期短于 90 分钟，这就是为什么他们只需要更少的睡眠时间就能正常运行。）给自己两倍的时间（整整 40 分钟）入睡。在那 40 分钟内，你可以使用认知行为策略来入睡——称为床限制（见下文方框），或尝试放松运动、冥想、深呼吸。

（90 分钟 ×4 个周期）+40 分钟 =400 分钟。海豚型的公式是：醒来时间 −400 分钟 = 睡觉时间。他们的**计算节律**是：

海豚型: 早上 6: 30-400 分钟 = 晚上 11: 50。

理想情况下，狼型在凌晨 1: 00 睡下，直到上午 9: 00 才起来。但实际情况是狼型的人生活在一个熊型的世界，他们不得不早醒一小时去工作和处理家庭事务。对于狼型来说，不累不睡觉是一个糟糕的想法。狼型如果睡不着，在床上辗转反侧，**焦虑 / 失眠节律**就会出现。我的狼型患者最早会在午夜感到困倦，这才是他们应该睡觉的时候。狼型的人必须训练让自己快速入睡。（有些人可能会想："是啊，没错。像这样的事情就会发生。"）它可以通过一个被称为床限制的战略来完成。如果狼型的人听从我的建议，学习如何快速睡着，他们就可能越来越接近五个完整的睡眠周期，在关闭闹钟和起床的 20 分钟之内恢复意识。出于这个原因，20 分钟的半意识已经根植在狼型的时间节律中，半意识期间脑电波的长度和幅度与快速眼动睡眠期相似。

（40 分钟入睡时间 +20 分钟半意识时间）+（90 分钟 ×4 个周期）=

420分钟。狼型的公式: 醒来时间 −420分钟 = 睡觉时间。**他们的计算节律:**

> 狼型: 早上 7: 00−420 分钟 = 午夜 12: 00。

床限制

目标: 让你的大脑把"床"与"睡眠"联系起来,这样当你上床后,你很快就会入睡。

策略: 床限制将加剧睡眠不足,反过来会导致腺苷溢出。腺苷溢出帮助狼型提高他们的自然睡眠冲动,并使其很快入睡。我也将这个技术应用到海豚型的人身上,但他们往往需要更密切的监视。简单来说,除了睡觉和性爱,不要因为其他原因爬上床。不要在床上读书、思考、看电视。甚至在穿鞋的时候也不要坐在床沿。

疑问解答:

1. 我失眠的时候,关着灯躺在床上怎么样呢?

同样要限制在床上的时间。如果你已经醒着躺在床上 20 分钟了,那么下床在椅子上坐 15 分钟,同时计一下你的呼吸数,或做渐进性肌肉放松(首先放松你的脚趾,然后是脚踝,依次放松,直到你的额头和头皮;详情请登录 www.thepowerofwhen.com)。然后回到床上尝试再次入睡。根据需要重复,即使入睡前你也要这样重复几次。

2. 策略多久才生效?

一个星期到十天。如果你坚持使用这个策略,你很快就会以惊人
的规律性快速入睡。在我 15 年的实践中,已经有数百名患者证明其
确实有效。我一只手就可以数出没有使用这种应对策略的人,他们有
严重的健康问题,使睡眠问题更加复杂。

即使你知道什么时候应该去睡觉,也并不意味着你会这样做。现代
社会的一个问题就是拖延。我们很多人在该睡觉的时候却总是熬夜,即
使我们知道第二天会疲劳和焦躁。睡眠拖延障碍是真实存在的,而且相
当危险。荷兰乌得勒支大学的研究人员调查了 177 名受试者的睡眠行为,
发现其中有一半的人一周至少两次故意延迟睡眠("再看一集电视剧""再
点一个链接")。拖延者往往拥有狼型的特征:更冲动,自我控制力更低。

请不要搞错,拖延是一种选择,和抽烟、喝酒过量,吃芝士汉堡而
非蔬菜一样,它对身体同样有害。睡眠不足会诱发心脏疾病、糖尿病及
中风症状,增加肥胖、抑郁及记忆力差等风险,还会影响你的注意力和
判断力,导致皮肤过早松弛和过早死亡。伦敦医学院的研究人员在两个
十年里跟踪了 10000 名 35 岁到 55 岁的英国公务员的行为和卫生习惯。
那些每晚睡眠时间 7 小时以上,但后来出于某些原因改变睡眠习惯,睡
眠时间变为 5 小时甚至更少的人,死亡的风险会比其他人高出一倍。

我经常和病人谈论建立固定睡眠时间的重要性。我试着不那么唠叨。
老实说,我明白了。《国土安全》是一部非常吸引人的电视剧,《糖果
粉碎传奇》更是一个让人上瘾的游戏。熬夜心理的背后可以追溯到你对

父母大声催促你"快点去睡觉"的逆反，可见熬夜是对社会规则的反抗。

但是，睡眠时间是一种生物规则。这些规则的存在有一个原因：让你存活，让你成长。如果打破吃营养食物的生物规则，转而摄入一些垃圾食品，你变胖的同时会让你的细胞挨饿，你最终会死于糖尿病、心脏疾病和中风。打破睡眠不足的生物规则会增加你死于致命疾病的风险。

一个简单的解决方案可以让你避免拖延：在睡前一小时设好闹钟，启动你的关机断电时间（见下面的方框）。关机断电时间是你放松的时间，关闭所有屏幕。如果电视处于关闭状态，你就不会被吸引去看电视剧。如果计算机是关闭的，你不会多看一个可爱的猫视频。如果你的手机处于关闭状态，与朋友聊天只能等到明天。

关机断电

睡觉前一小时内，放慢节奏，关掉屏幕，皮质醇水平、体温、血压降低，褪黑素增加，人感到困倦。我让病人把熄灯前一小时分成三个 20 分钟。

第一阶段（第一个 20 分钟）。把必须做的事情做完，如果你不做完的话，你睡觉的时候就会想着事情。这就需要你：

△ 在早上列一个任务清单。

△ 写工作日志。

△ 把孩子的双肩背包和你工作的资料放在一起。

△ 为使你的早晨生活更轻松，为明天做好各种准备。

第二阶段（第二个 20 分钟）。做好晚上的个人清洁，包括在一个昏暗的或过滤掉蓝光的睡眠灯下洗个热水澡。

第三阶段（最后一个 20 分钟）。做一些放松活动，比如：

△ 拉伸运动或"床上瑜伽"。

△ 读纸质杂志、报纸或书籍（包括这本书）。

△ 和家人和朋友随意地聊天。你可以用电话，但是只用于打电话和接电话。

△ 打牌或打游戏（但是不要太激动或具有竞争性）。

△ 冥想。

△ 祷告或读经书。

节律回顾

计算节律：你应该睡觉的时间——从你醒来的那一刻就开始计时，减去完成至少四个睡眠周期的时间。

焦虑 / 失眠节律：你担心自己没有得到足够的睡眠，进而导致失眠的恶性循环。

最不适合睡觉的时间

在你需要醒来之前 8 小时以上的时间。不要试图通过早睡来获得额外的睡眠。坚持你的睡觉时间，避免昼夜节律中断。

睡觉的最佳时间

海豚型: 尽可能接近晚上 11: 30。

狮子型: 尽可能接近晚上 10: 00。

熊型: 尽可能接近晚上 11: 00。

狼型: 尽可能接近午夜 12: 00。

睡觉与伴侣有冲突

　　当你和你的伴侣睡觉时间不同时，冲突出现了，后果随之产生。关于"二次睡眠"或睡眠和谐的新研究试图研究晚上两个人之间的互动如何影响他们的睡眠和他们的关系。

　　有趣的是，我发现，任何两个不同生理时钟类型的人的睡眠时差通常不超过一小时或两小时。晚上 10: 00 睡觉的狮子型与午夜 12: 00 到凌晨 1: 00 睡觉的狼型不太可能一起进行社交活动，更不可能相爱和在一起。但是，我遇到过很多狼型 / 海豚型的配对（他们都很晚睡觉），还有很多狮子型 / 熊型的配对、熊型 / 狼型的配对。

　　显然，海豚型的人辗转反侧可能会破坏伴侣的睡眠。熊型的人在快速眼动时期的打鼾可能会吵醒狼型的人，而狼型的人需要尽可能得到每一分钟来睡觉。伴侣睡觉时间晚，在床上使用电子设备，醒得比你早，睡眠不沉，任何其中一条都可能导致不和谐。许多患者告诉我，由于入睡 / 醒来模式的冲突，他们与伴侣在一起的时间变少。所有的沮丧，干扰睡眠的打鼾都可能引发个人情绪和健康问题，损害婚姻关系。

事实是，愉快的关系不需要有相同睡眠时间的伴侣。但是，你们都需要睡眠，如果睡觉时间上的冲突阻碍你获得睡眠，其他问题可能会出现，继而损害你们之间的关系。睡眠不足会导致烦躁、认知功能变差，以及健康状况不佳。

既然你不能改变你的生理时钟类型，我能给出的最好的建议是组成一个团队互相帮助，获得尽可能多的睡眠。你们可以慢慢接近彼此的时间节律。早起的人应该保持安静，不要开灯，对还在睡觉的伴侣彬彬有礼。晚睡的人可以在睡前 90 分钟使用 0.5 毫克的褪黑素催困。如果情况真的不好，你们俩都睡不好，你们可能需要专业人士的帮助，或者暂时分房睡觉，直到你们都还清了睡眠债，就可以建设性地、清醒地面对问题了。

第十章

饮食

◎ **一日三餐**
◎ **饮酒**
◎ **喝咖啡**
◎ **大吃大喝**
◎ **吃零食**

一日三餐

失败：每日摄取热量的时间与生物时间不同步，让你发胖，并陷入罹患糖尿病和心脏疾病的危险中。

成功：每日摄取热量的时间与生物时间同步，帮助你减肥，让你有更多的精力，不觉得饥饿，进而抵御糖尿病和心脏疾病。

简单的科学

到现在为止，你可能只关注自己吃了什么，这些食物的营养含量、碳水化合物和蛋白质含量等。针对三餐有很多规则和警告。我完全理解为什么几乎不可能坚持健康的饮食之道。今年人们认定脂肪有害，明年却认为脂肪是不错的。然后，某些类型的脂肪是不错的，或者一些坏的脂肪实际上还好。即使你对不断变化的规则了如指掌，比你的医生更了解营养，减肥很可能仍然是一个挑战。而且随着年龄的增长，减肥不会变得更容易。

当一个新的病人走进我的办公室时，我可以在五秒钟内判断他是否与他的生物时间同步。他腹部的脂肪暴露了这一点。**昼夜节律失调和腹部脂肪有直接的关系。**如果你的生物时间处于良好的状态，你的身体也会处于良好的状态。不然就会出现消化问题和代谢功能障碍。

正如我所解释的，你体内有几十个内部时钟。当它们与太阳的升落同步时，你就能完美地运转，在正确的时间，以正确的顺序，在一个完全同步的节奏上做事。身体消化和器官代谢有着自己的时间表。

△ 肝脏。肝脏不仅是人体的过滤系统，它还控制糖原（糖）、胆固醇和胆汁的生产和分配。

△ 胰腺。负责胰岛素和血糖的起伏。

△ 胃肠道。保持食物的移动，吸收我们身体每一个细胞正常工作所需要的营养物质。

△ 肌肉。我们不会主动认为肌肉是代谢器官，但是当你的身体释放脂肪和糖以获取能量时，比如，爬楼梯或眨动眼睛时，就是通过肌肉消耗来获取能量。

△ 脂肪细胞。在消化和代谢过程中，你身体中的每个脂肪细胞会产生激素，告诉你饿了或饱了，以及进行其他消化和代谢工作。

我还没有开始深入研究遗传的蛋白质和酶在多步的消化过程中的复杂性。（例如，BMAL1 基因能启动酶 NAMPT 以产生化学 NAD，激活 SIRT1 基因来分泌胰岛激素，导致糖原的释放或脂肪的存储，等等。）如果你的消化系统、代谢化合物或基因三者中的任何一个是不同步的，整个系统就会被破坏。这就像取出机器中一个小而重要的组成部分，整个机器都会停止运转。

打个比方：消化过程就像火车离开车站。一辆火车穿过隧道，紧接着一辆又一辆的火车穿过隧道。每辆火车根据时刻表发车和停站，不出任何差错。

现在想象两辆、四辆、一百辆列车在同一时间驶向相同的隧道。当调度不好时，会造成巨大的连环相撞。

当你吃饭的时间与生物时间不同步时，脂肪会大量堆积。多余的脂肪和不正常的代谢激素会带来炎症和氧化，导致人类已知的几乎所有疾病，尤其是心脏疾病、癌症和糖尿病。将饮食上的注意力转移到"什么时候吃"可以避免甚至逆转这些疾病。即使你的饮食内容毫无改变，只改变摄入卡路里的时间，你也会变瘦。

一种方法是遵循**限制时间的饮食节律**。在 2012 年拉霍亚索尔克生物研究所的一项研究中，研究人员 24 小时内给一组小鼠喂食高脂肪的食物。另一组给予相同量的食物，但它们只能在 8 小时内进食。24 小时吃自助餐的老鼠变得肥胖，得了糖尿病。被限制吃饭时间的老鼠几乎没有变胖，身体也保持健康。

在后续研究中，索尔克研究所的科学家将老鼠分成四组（高脂肪组、高糖组、高脂肪高糖组和对照组），每天摄入相同数量的卡路里。在每一组中，老鼠被分成进食时间限制组（9 小时、12 小时、15 小时内进食）和进食时间无限制组（全天候喂养）。可以预见的是，不停进食的老鼠在 38 周的实验后变胖并得了糖尿病。9 小时或 12 小时内进食的老鼠体形苗条，身体健康。

这项研究迷人的一点是，一些进食时间受限的老鼠在周末被允许 24

小时进食，但它们也不会长胖。一些老鼠从 24 小时进食切换到严格的饮食计划。它们甩掉了之前增长的体重。虽然这些是拿老鼠做的研究，不是拿人类做的研究，但公平地说，在 8 小时或 12 小时内进食，对我们来说是合理的。因为胃肠道依据嵌入 24 小时昼夜节律中的更小型的四小时次昼夜节律运行。**每四小时进餐（在 8 小时或者 12 小时内）可以帮助你保持完美的消化生物时间。**

研究已证实"什么时间"对于人类减肥的重要性，特别是**早进食节律**。在西班牙的一项研究中，420 名超重或肥胖的男性和女性 20 周内每天摄入 1400 千卡热量的食物。受试者中有一半是早食客，在下午 3∶00 之前吃一天中最丰盛的一餐。另外一半是晚食客，他们在下午 3∶00 后吃一天中最丰盛的一餐，他们吃同样数量的同样食物，运动强度和频率相似，睡眠时间一致，并且具有类似的食欲激素和基因功能。哪一组减重更多？早食客平均减重 23 斤，晚食客减重 15 斤——25% 的差异。晚食客更有可能不吃早餐。如果你想减肥，不吃早饭是一个巨大的错误。在为期 16 年针对约 27000 人的一项研究中，哈佛大学公共卫生学院的研究人员认定不吃早餐使患冠状动脉心脏疾病的风险提高了 27%。晚上较晚吃饭的人患病风险则高出了 55%。

为什么早吃饭会使人类和啮齿类动物受试者体重减轻或不变，从而抵御代谢性疾病呢？这种模式基于一种授时因子（Zeitgeber）——德语词，意思是"时间给予者"。授时因子是外部的力量，帮助你的内部时钟完美匹配生物时间。最厉害的授时因子是太阳的升落。另一种授时因子是外界温度。另一个呢？早食和限制时间的饮食计划。

当阳光照射你的眼球，并沿着视神经传到被称为 SCN 的神经元时，你大脑的生物钟便知道一天开始了。当你享用早晨第一餐时，食物经过你的食道，到达你的胃，你的第二个大脑（胃肠道）知道一天开始了。
当这两个事件——暴露于阳光下和早晨摄入食物，发生在大致相同的时间时，你大脑和内脏的时钟便同步了。你会将食物消化，转化为能量与效率，反过来，储存的脂肪变少，你会感觉更精神。

另一方面，如果不吃早餐，你的第一个大脑可能知道这是白天，但你的第二个大脑会滞后。在这种冲突状态下，你的身体不知道时间。等你之后再吃饭时，你的消化机制就会变得混乱，效率低下，导致炎症（心脏疾病），糖或脂肪的摄取导致激素失调反应（糖尿病），脂肪累积，引起嗜睡。

接下来我们看一下熊型人的次昼夜节律饮食安排。

在醒来后一小时内吃一顿丰盛的早餐，比如早上 8：00。

四小时后吃一顿午餐，在中午 12：00。

四小时后吃点零食，在下午 4：00。

在晚上 7：30 吃一顿晚餐，确保在 8：00 前吃完晚餐，保持在 12 小时内进餐。

本书的第一部分为每一种生理时钟类型概括了生理节律，饮食时间不一定是恰好间隔 4 小时，因为除了吃，每天还要完成其他重要的活动。但我的日程安排是相当接近 4 小时的理想间隔。如果做不到，请遵循以下三个规则：

1. 醒来后一小时内进食。

2. 早餐丰盛，午餐适量，晚餐少食。

3. 在睡前三小时前吃最后一餐。

节律回顾

限制时间的饮食节律: 在 8 小时或 12 小时内，吃完早餐、午餐、晚餐。

早进食节律：考虑什么时候摄入一天大部分的卡路里，防止体重上升、心脏疾病和糖尿病。

最不适合吃饭的时间

在 12 小时进食时间外。

一日三餐的最佳时间

下面三餐的时间不包括零食。请参阅 212 页"吃零食"一节，零食完善了日常的营养。

海豚型：早餐，上午 8：00；午餐，中午 12：00；晚餐，晚上 7：30。

狮子型：早餐，早上 6：00；午餐，中午 12：00；晚餐，傍晚 6：00。

熊型：早餐，早上 7：30；午餐，中午 12：30；晚餐，晚上 7：30。

狼型：早餐，上午 8：00；午餐，下午 1：00；晚餐，晚上 8：00。

"我不会再节食了"

"当我说我已经试过所有的节食方法时，我是认真的，"狼型的安说道，"当然，我的体重从来没有减轻。我的模式是，在白天坚持节食，晚上我会开始吃任何可以吃的低碳水化合物、低脂肪的零食。我的意志力在一天的努力后已耗尽。一个重要的启示是，每 4 小时吃一次任何我想要吃的食物,逐渐减少进食,然后在吃完晚餐后停止吃任何东西。如果我晚饭晚点吃,晚上就不会饿。我一直觉得我必须在傍晚6:00和孩子们一起进餐。一位好母亲会和家人共进晚餐。但是一旦我决定抛弃这个想法,在我丈夫吃甜点的时候吃晚饭,我就不会暴饮暴食了。我已经坚持一个月了。有几个晚上我还会吃零食,但不像以前一样了。我已经减重5斤了!还没怎么费力气!我再也不节食了!只通过晚点吃饭就能减肥真是奇迹,但我对此深信不疑。我真的做到了。"

饮酒

失败:喝醉酒,承受宿醉之苦,损害你主要的内部时钟、你的肝脏和你的胃肠道。

成功:不随便喝醉酒,减轻宿醉的严重程度,使饮酒对你器官和内部时钟的损害最小。

简单的科学

我自己不是酒鬼,部分原因是我知道酒精会对生理时钟造成什么影响。想象把时钟放在岩石上(是的,我可以用双关语),然后取一瓶酒并且砸烂时钟。过量饮酒会粉碎你的内部时钟,身体很长一段时间内都无法调整回对的时间。我很遗憾提到这一点,但研究结果的确如此。正如我前面所解释的，你的全身充满了让你的系统和器官按时工作的生物钟，酒精会模糊许多这样的时间表。首先，豪饮击倒位于你大脑的视交叉上核，然后将其催眠，接着击倒其他时钟。

△ 入睡 / 醒来周期。晚上饮酒会抑制褪黑素的释放。在布朗大学的一项研究中，研究人员用了两周时间来监测 29 名二十出头的健康男性和女性的睡眠。其中三个晚上，一半的受试者喝了安慰剂饮料，另一半睡觉前一小时喝了伏特加。喝伏特加的受试者唾液中褪黑素减少了19%。只要一杯酒就可以大幅削减你的褪黑素。

△ 消化。当你喝酒时，你的第二个大脑也会变得愚蠢。由于你的主时钟受到影响，胃肠不知道何时应该释放蛋白质和酶。不愉快的结果被称为"肠漏"或"肠漏综合征"。肠中的抗菌层不再能充当屏障，使细菌、病毒和毒素可漏入（和漏出）肠道，引起腹胀、胀气、炎症、头痛、皮肤问题、食物过敏、疲劳和关节痛。

△ 肝功能。你身体的过滤器和代谢器有自己运行的时钟，它们按时释放蛋白质和分子。酒精会扰乱该时间表；反过来，该器官的线粒体会失去弹性，开始分解，导致肝脏疾病。

澄清一点：即使你不是酒鬼，喝酒也可能对你的身体造成长期损害，破坏昼夜节律。**长期饮酒，也就是每天喝两杯，就足以损害你的主时钟并延伸到 100 个已知的遍布全身以调准身体运行的小型时钟。**我建议男性和女性将饮酒量限制在每周最多四杯。如果调查人们的饮酒量，你会发现更高的数字。我的建议是，基于酒精对昼夜节律的影响，每隔一天喝酒都不应该。任何有胃肠道、肝脏和免疫相关疾病及抑郁症的人都应该彻底放弃饮酒。

现实情况

　　每周四杯酒？每天四杯如何？我知道许多人每天晚上会享用一两杯葡萄酒，或者在观看足球赛或参加派对时喝上一打啤酒。人们喝酒。人们喝很多酒。我不是在反对任何人享受美好时光或者和朋友社交。我的意思是除了你的父母和健身教练警告过你的那些后果，饮酒确实有害。它扰乱你的生理节律。你喝得越多，你内在的时钟越糟。你喝酒的时间越接近你就寝的时间，你的睡眠质量越差，第二天状态越差，造成宿醉症状。如果这种意识能让你每周少喝一两杯酒，那真是太好了。如果它能鼓励你晚上 9：00 喝苏打水，那实在是太棒了。你已经成年，能够做出决定，并为之负责。我只是提供信息。接不接受取决于你自己。

　　早午餐喜欢来一杯血腥玛丽或者午间喜欢喝一杯马提尼的人，请注意考虑**耐受节律**。在一天中的特定时间，酒精的效果更加明显。早在 1956 年，斯坦福大学医学院的研究人员就得出了这样的结论。他们每小时（包括凌晨 3：00）给六名受试者提供一次威士忌和鸡尾酒（含 20% 的酒精）。当时将大学生作为实验对象的管理还比较松。首席研究员罗杰·威尔逊说道："我们的目标是，通过反复摄取小剂量酒精，实现体内酒精浓度缓慢上升，这种上升速度足够慢，使得实验可持续 48 小时，而不引发严重中毒。"研究人员密切监测喝酒的受试者，并通过血液和唾液样本，测量了他们的酒精含量和每小时代谢率。

受试者代谢酒精，以及将酒精清除出身体系统的能力在晚上最高，早晨最低。

如果受试者摄入较大剂量的威士忌，他们会在上午 10：00 喝得烂醉，但在晚上 8：00 略微清醒。时至今日，这个数据仍然准确，正如 60 年前威尔逊等人的研究一样。人的脱氢酶是分解包括酒精在内的毒素的酶，它具有自己的昼夜节律。我们把它称之为**生物时间的快乐时光**。晚上早些时候，这些酶在体内流动，你可以喝葡萄酒、啤酒或鸡尾酒，和朋友享受美好时光，清晰地表达自己的看法。

当然，如果你准备大醉一场，早餐来两杯含羞草鸡尾酒，保证你一天都烂醉如泥。

临睡前喝的酒

如果你正在使用酒精辅助睡眠，你只会觉得更加疲惫。虽然它可能助你入睡（或让你喝得晕过去），你的睡眠质量也不会好。被酒精腐坏的大脑卡在第三阶段和第四阶段的德尔塔睡眠中，不会进入心理恢复和巩固记忆发生的快速眼动睡眠阶段。此外，如果你睡觉时还醉着，你就更有可能梦游、说梦话、在梦里买东西、在梦里吃饭。睡觉时所有你应该做的……其实就是睡觉。最后一条建议，喝苏打水。

早晨起床，酒精破坏了生物钟。因此对于前晚饮酒的人来说，醒来时会感觉到社会时差引起的疲劳、昏沉和烦躁。**宿醉节律**也有着自己的时间，因为治疗头疼靠的是时间和补水，做任何可以让你尽快回归生理节律的事情，比如将自己暴露于直射的阳光下，即使这样做十分痛苦。

肯特州立大学的研究人员将受试仓鼠分为三组：饮水组、酒精浓度10%的饮酒组、酒精浓度20%的饮酒组。在昏暗光线下，对照组精力充沛，比正常醒来时间提前一小时醒。酒精浓度10%的饮酒组呢？它们在对照组醒来40分钟后才能被叫醒。酒精浓度20%的饮酒组呢？它们要再睡一小时才能醒。

我们很多人在老鼠身上目睹了人类的影子。严重宿醉者躲避光，就如同在半夜一般，自己平时的起床时间过了好几小时都不愿意起床。实际上，酗酒会颠倒生物时间。宿醉症状和社会时差非常相似。宿醉就像一个不稳定的入睡和醒来的时间表，打乱了你的生理节奏。

这里要对狼型说声抱歉。最有可能喝酒放纵、最容易出现昼夜节律中断和频繁宿醉症状的生理时钟类型就是狼型。巴塞罗那大学的研究人员对517名学生的研究发现，晚上型的人最有可能食用成瘾物质，遭遇饮酒问题，需要面对包括头痛、声光过敏、劳累、焦虑和烦躁的宿醉症状。

节律回顾

耐受节律：在酒精代谢最快的时候可以多喝点酒，反应更小。

宿醉节律：过度饮酒导致社会时差症状。

最不适合饮酒的时间

早午餐和睡前。早上饮酒会让你醉得更快，更不舒服。睡前喝酒会打乱你的内部时钟，破坏你的睡眠质量。

饮酒的最佳时间

海豚型: 晚上 6: 00 到 8: 00。

狮子型: 下午 5: 30 到 7: 30。

熊型: 晚上 6: 30 到 8: 30。

狼型: 晚上 7: 00 到 9: 00。

喝咖啡

失败: 早上第一件事就是喝咖啡，或晚上很晚喝咖啡，咖啡因耐受度提高，导致嗜睡。

成功: 在皮质醇水平下降时喝咖啡，有效提神。

简单的科学

咖啡因是一种药物，一种合法的兴奋剂。咖啡已经成为一种美味的输送系统，在每一个家庭和世界任何一座城市的街头几乎都可以找到。不知何故，将咖啡和苏醒联系在一起已经成为一种文化常态。有一句电视广告语是这么说的: "醒来最好的事情是福爵咖啡在你杯中。"人们经常让自己的咖啡机在闹钟响起时运作，以便他们起床后可以直接喝一杯哥斯达黎加咖啡。

接下来我想要说一些让许多人震惊的事实。

早上醒来后喝咖啡不能让你清醒，让你警觉，或给你能量。根据科学研究，它能做的是提高你的咖啡因耐受度，让你需要喝更多的咖啡来感受到其影响。

当你快要醒来时，你的身体释放兴奋剂，体内的体液流动，心脏泵血。这些兴奋剂包括胰岛素、肾上腺素和皮质醇。像我们大多数的器官和腺体一样，肾上腺（产生肾上腺素和皮质醇的腺体）有自己的生物钟。它精心地维护**皮质醇节律**，即在一天中释放和抑制激素。

△ 如果你在皮质醇水平高时喝咖啡，不存在影响。相比皮质醇，咖啡因如同淡茶。咖啡唯一能做的就是在你醒来后两小时内，提高你的咖啡因耐受度。

△ 如果你在皮质醇水平低时喝咖啡，咖啡因轻微激发你的肾上腺，你会觉得更清醒和机敏。

科学研究和生物时间为咖啡时间提供了一个非常明确的时间表，这一时间表与皮质醇水平骤降相一致。对于熊型的人，在**上午9: 30到11: 30之间，以及下午1: 30到5: 30之间**皮质醇水平骤降（要了解各个生理时钟类型的最佳咖啡时间，请参阅207页的"喝咖啡的最佳时间"。）

并不是说你应该在每次皮质醇水平跌落时喝大量的咖啡。这样做会提高咖啡因耐受度，不会使你享受到喝咖啡的好处。俄克拉何马大学的研究人员在双盲研究中测试了近百名男性和女性受试者的皮质醇响应。五天里，受试者被要求戒掉咖啡，并一天三次服用安慰剂或不同剂量的咖啡因。在第六天，这两个群体被允许再次喝咖啡，研究人员测试了他们唾液中的皮质醇水平。对照组再次喝咖啡后，皮质醇水平"稳健"地增加。咖啡因药丸组呢？他们对于咖啡的皮质醇响应减少或消失了。

这意味着收益递减规律适用于一天三次喝咖啡。你喝得越多，它越没有效。如果你仅仅是因为爱咖啡的味道而喝咖啡，那么喝不含咖啡因的饮料，以防止咖啡耐受度提高，增加肾上腺的负担。

当你每天摄入超过500毫克的咖啡因时（五杯咖啡，两杯能量饮料，十杯苏打水，或三者的组合），你会变得紧张不安，胡思乱想，胃部不适，肌肉震颤，甚至心悸。长期摄入太多咖啡因会将肾上腺烧坏，使它们不能产生足够的皮质醇。肾上腺疲劳的症状包括疲劳、体重增加、记忆力减退、焦虑、性欲低下、昼夜节律失调，以及包括抑郁、肥胖和心脏疾病在内的相关危险因素和症状。

让我们看看咖啡因与失眠的关系。秘鲁首都利马的圣马田大学的研究人员研究了 2581 名本科生，发现夜晚偏好、白天疲劳和兴奋剂使用之间有密切联系。狼型的学生说感觉白天累。他们比早上型和中间型的人更多地使用咖啡、香烟和酒精。兴奋剂的使用与白天疲劳直接相关，咖啡喝得越多，白天越困。

这可能是因为喝咖啡会干扰你的入睡／醒来周期。**褪黑素节律**主要由日出日落控制，但它会因为酒精这样的抑制剂和咖啡类的兴奋剂而与太阳不同步。为了找出各种物质对褪黑素分泌的影响，一组研究人员进行了为期 49 天的研究，研究中受试者暴露在强光下，或昏暗光线下，或睡前喝了两杯浓咖啡。虽然明亮、昏暗的灯光都会抑制褪黑素，但**咖啡的效果最显著，可以抑制褪黑素 40 分钟，足以毁掉一个晚上的睡眠，造成昼夜节律失调**。

患者一直告诉我咖啡因不影响他们，喝咖啡后他们可以入睡。我解释说，他们很可能太缺乏睡眠了，大脑会诱发他们进入睡眠，但是由于咖啡因抑制褪黑素分泌，睡眠质量会降低。

喝最后一杯咖啡后为自己保留足够的缓冲时间，这样就不会抑制褪黑素分泌。**新陈代谢节律**是清除你体内的咖啡因所用的时长。我们之前讨论过，你的身体需要一小时代谢一杯葡萄酒或一瓶啤酒。代谢一杯咖啡中的咖啡因需要多长时间？一小时，两小时，还是四小时？

你可能需要长达 45 分钟才能感受到咖啡的影响，但通常 25 分钟后它就开始起作用了。接着，六到八小时后咖啡因的刺激作用减半。你会感觉早上喝的一杯咖啡能作用到下午。如果你下午再喝一杯咖啡，晚上你会感到两杯咖啡的作用。如果你饭后再喝一杯咖啡呢？你睡一觉醒来还能感受到咖啡因的效果。

底特律韦恩州立大学的研究人员通过让受试者在即将睡觉前、睡前三小时、睡前六小时服用 400 毫克的咖啡因，测试咖啡因的效果。相比安慰剂对照组，三个剂量组的睡眠均受到了干扰。

我的建议呢？在你的皮质醇水平骤降前不要喝任何咖啡。喝最后一杯咖啡的时间应该在下午 2：00 前（海豚型和狼型）或下午 3：00 前（狮子型和熊型）。

节律回顾

皮质醇节律：你的肾上腺释放或抑制皮质醇，这种情况在一天内周期性出现。

褪黑素节律：喝过多的咖啡会破坏褪黑素的分泌。

新陈代谢节律：你的身体何时能将咖啡因清除出体内。

最不适合喝咖啡的时间

醒来后两小时内。睡觉前六小时内，尤其当你有睡眠问题，有压力或者你是海豚型时。

喝咖啡的最佳时间

皮质醇水平骤降时即为喝咖啡的最佳时间。每个生理时钟类型的最佳咖啡时间如下。

海豚型：上午 8：30 到 11：00；下午 1：00 到 2：00。下午 2：00 后不要喝含咖啡因的饮料，包括无咖啡因的咖啡（是的，无咖啡因咖啡里也有咖啡因）。

狮子型：上午 8：00 到 10：00；下午 2：00 到 4：00。

熊型：上午 9：30 到 11：30；下午 1：30 到 3：30。

狼型：中午 12：00 到下午 2：00。下午 2：00 后不要喝含咖啡因的饮料，包括无咖啡因的咖啡。

现实情况

什么？拿走你早上的咖啡？你可能马上会认为我是一个邪恶的医生，而不是那个想帮助你的人。比起我在这本书中的其他建议，包括限制饮酒和周末早起，人们通常会更不愿意遵守针对喝咖啡的建议。我只是让你推迟几小时喝咖啡，而不是不喝咖啡。或者先推迟半小时，接着推迟一小时，然后推迟一个半小时，以此类推。

你醒来后出于习惯喝咖啡是因为生产商和广告商已经说服你将咖啡和起床相联系。但是，任何睡眠专家或内分泌学家都知道，早晨起来就喝咖啡的话，咖啡因不会提振精神，只会使你紧张不安。等咖啡因能起作用的时候再喝！如果你必须在睁开眼睛之前喝咖啡，那么就喝不含咖啡因的咖啡。我保证，你会更喜欢它给你的感觉。

那巧克力呢？

我曾经与酒店合作，为他们的顾客设计睡眠套件。睡眠套件是一个小包，里面装着耳塞、眼罩、一些镇静用薰衣草喷雾、夜灯和窗帘夹。夜灯可以使客人去洗手间时不必开灯，窗帘可以挡住周围的光线。像这样的睡眠套件比大部分的酒店在你枕头上放一块巧克力更有助于睡眠。一小片巧克力不是太糟糕，但是吃了几片后，糖果中的咖啡因则可能会破坏你的睡眠。

我们都从吃牛奶巧克力转向吃黑巧克力，是因为黑巧克力含有更多的抗氧化剂。但是黑巧克力也含有更多咖啡因。一块约 57 克、70% 浓度的黑巧克力含有 70 毫克咖啡因，相当于一杯浓咖啡的咖啡因含量。巧克力含有可可碱，可可碱对血压有好处，因为它可以扩张血管。另一方面，血管扩张会刺激心脏，使你有尿意。这点在你想睡觉的时候可不好。

不要在晚饭后吃巧克力甜点。相反，在早上吃可以让你用一整天来燃烧这些卡路里和代谢咖啡因。另外，如果你吃太多的巧克力导致长胖的话，吃巧克力的好处就没有了。

"在午餐时喝咖啡"

"如果我必须说出两个对我幸福感产生最大影响的改变，我想一定是晨间性爱和午后咖啡，"熊型的本说道，"早上做爱对我和我的妻子都是一种惊喜，因为过去我们一直认为上班前、孩子上学前我们没有时间。但是像青少年那样，我们偷偷摸摸做了。性爱已成为我们早晨的乐趣，精彩的一部分。早晨起床前不再是曾经的慵懒状态。此外，午餐时喝咖啡而不是早餐时喝咖啡，这种改变影响也很大。过去，我在早餐时喝两杯咖啡，仍然感觉昏昏沉沉，所以我在工作时会再喝一杯。（性爱是我选择的新的唤醒剂！）现在我中午喝上一杯，整个下午都精神饱满。我喝咖啡的量变为原来的三分之一，但是获得的好处却是原来的十倍。任何读了这本书的人都该尝试一下。如果我渴望晨间咖啡的味道，我会去喝无咖啡因的咖啡。"

大吃大喝

失败：暴饮暴食，将多余的卡路里转化为脂肪，扰乱你第二天的认知。

成功：偶尔暴饮暴食，将卡路里转化为能量，补充身体和心理能量。

简单的科学

这件事发生在我们所有人身上：拿着叉子，穿着运动裤站在冰箱前，心里怀有负罪感。为什么吃垃圾食品的冲动会在晚上突然袭来呢？饮食节律不一致的影响是什么？

你的时间节律中有**意志力节律**。研究解释了为什么你白天可以忍住暴饮暴食的冲动，却在夜间将其抛诸脑后。在一项著名的研究中，受试者被分成两组，一组受试者可以在任何时候吃饼干，另外一组受试者奉命拒绝吃饼干。然后，研究人员让这两组人解决难题。第一组吃饼干的人没有运用意志力，因此比第二组拒绝饼干的人解题能力更好。锻炼意志力会耗尽精力。**只有不耗尽"不暴饮暴食"的意志力，你才能抵抗诱惑。**

使问题变得复杂的是**食欲／人造光节律**。有一个原因可以解释为什么人类喜欢在晚间吃不健康的食物。在 2013 年，俄勒冈健康与科学大学的研究人员进行了一项针对十几个非肥胖成年人的研究。研究人员在实验室一个昏暗的房间里监测了他们 13 天，记录了受试者的食欲和对食物渴望的持续时间。他们定时吃饭，但受试者可以选择吃什么食物和吃多少。上午 8：00 他们吃得最少。晚上 8：00 他们的胃口大开，吃掉了大量淀粉、咸的和甜的食物。

为什么他们在晚上暴饮暴食？瘦素是一种饱腹感激素，就是那个让你说"我真的吃不下了"的东西。瘦素在夜间最高，在午后最低（在这里向那些中午吃得最丰盛的民族致敬）。或许你在天黑后没什么食欲，但其他人却不是这样。为什么？来自灯和屏幕的人造光难辞其咎。在俄勒冈州的研究中，受试者住在昏暗的房间。而在俄亥俄州立大学的研究中，夜间暴露于明亮或昏暗环境下引起老鼠体重指数显著上升。正常暴露于光和黑暗的对照组体重指数没有增加。

深夜暴饮暴食也会对**记忆节律**产生影响。加州大学洛杉矶分校的研究人员对老鼠进行了研究，看破坏进餐时间(昼夜节律)是否会影响记忆。一组老鼠按照正常进餐时间有规律地进食，强化健康的昼夜节律。另一组老鼠只被允许在睡眠时间进食。两组均给予相同数量的丸粒，尽管睡眠时间不同，但睡眠时长一致。三个星期后，**研究人员给老鼠做了记忆**

测试。**白天进食的老鼠表现优于晚上进食的老鼠。**第二组老鼠记不起东西或音调。研究人员让老鼠接受核磁共振成像，发现就在不规律进食几个星期后，晚上进食的老鼠的学习和记忆中心就发生了器质性改变。

节律回顾

意志力节律： 抵抗食物诱惑的能力会在晚上降低。

食欲 / 人造光节律： 饥饿和对食物的渴望因为夜间人造光而颠倒。

记忆节律： 与生物时间不同步进食会损害记忆和认知功能。

最不适合大吃大喝的时间

晚上 9：00 到凌晨 5：00。这一时间段适用于所有生理时钟类型，尤其是在半夜会饿的狼型人。在天黑后吃高碳水化合物、高卡路里的食物会导致肥胖、记忆紊乱。在白天吃这些食物则会降低体重指数，加速新陈代谢。

大吃大喝的最佳时间

狮子型： 下午 2：00。为了对抗下午的能量下降，建议多补充一些蛋白质。

海豚型： 上午 10：00，或者早午餐时间。

熊型： 上午 8：00。将早餐作为最丰盛的一餐。

狼型： 上午 8：00。将早餐作为最丰盛的一餐。

吃零食

失败：在餐间随意吃零食，将多余的卡路里转化为脂肪。

成功：在特定的时间吃零食，将卡路里转换为能量和精力。

简单的科学

如果两餐之间的时间隔得太长，你的血糖会下降，你的脂肪／糖的代谢就会减慢。如果你想减肥，保持精力和机敏度，你不会希望这样的事情发生。零食可以让消化系统和代谢时钟保持同步，满负荷运转。

为实现这个有技巧地享用零食的目标，你需要有一个零食时间表。不按照零食时间表，东吃一点西吃一点会让你的肠道和肝脏时钟脱离生物时间。我知道我们无时无刻都被食物包围着。**我不会告诉你什么可以吃，什么不可以吃，只会告诉你什么时候吃。不是吃零食的时间就不要吃零食。**遵循这一时间诀窍，你会变瘦，也不会觉得饿。

所以，你应该什么时候吃零食？狮子型的人应遵循**早餐和午餐间零食节律**。因为他们在 6：30 吃早餐，对他们来说距离社会可接受的午餐时间很长很长。**狮子型的人应该在上午 9：30 左右吃点零食，如果需要的话可以喝点咖啡。**

其他人都应遵循**午餐和晚餐间零食节律**。西雅图一项针对 123 名绝经期超重妇女的研究表明，根据时间表吃零食更容易减肥和健康地饮食。一年里，受试者参加了一个减肥计划，他们的饮食习惯被记录下来。那些在上午吃零食的人比下午吃零食的人体重下降更少（分别是 7% 和 11.5%）。上午吃零食的人也往往会每天多次吃零食。喜欢下午吃零食的人总体上会吃进更多的水果和蔬菜，摄入卡路里更少。研究人员将早上吃零食和盲目饮食相联系。受测者实际上并不饿，但他们还是会吃。打破盲目饮食习惯的一个好方法是，在下午前完全避免吃零食。

那睡前零食呢？**晚餐后零食节律**取决于生理时钟类型。

△ 海豚型。如果饿了，海豚型的人可以在睡前一小时吃 100 到 200 千卡的零食，其中碳水化合物占 50%，脂肪占 50%（奶酪和饼干；牛奶麦片；苹果洗净切片，涂上花生酱，加一把杏仁），以帮助降低皮质醇水平和提升血清素水平。

△ 狮子型。深夜吃零食不会是困扰你的问题。因为你不会饿，不需要饮食帮助你进入睡眠。

△ 熊型：我建议熊型的人睡前不要吃零食。根据 2011 年巴西的一项研究，接近就寝时间吃东西会对睡眠质量产生负面影响，尤其对女性来说。52 名健康的非肥胖吸烟者详细记录了他们的饮食，然后在实验室监测了一夜的睡眠。研究中，比起不吃零食的人，喜欢在深夜吃高脂肪零食的男性快速眼动睡眠时间少，睡眠效率低（前者能安然入睡，后者却要面对躺在那里望着天花板的挫折感）。深夜吃零食或其他高脂肪食物的女性在睡眠评估一栏中得分较低。她们要花更长的时间才能入睡和到达快速眼动睡眠阶段，而且比不吃零食的女性所需睡眠时间更长。她们吃得越多，睡眠质量越低。熊型的人出于习惯会在睡前吃零食，他们应该竭尽全力避免这样做。他们可以不吃零食，可以尝试喝香蕉茶（见下面我自己的配方）。

△ 狼型。狼型的人在午夜会吃大餐。在巴西另外一项针对 100 个受试者的研究中，受试者大部分是超重的中年妇女。研究人员测试她们是早上偏好型还是晚上偏好型，是否有晚吃饭的倾向，以及是否有暴食的习惯。晚上偏好型的人更容易在晚上暴饮暴食。狼型的人很容易有这个

坏习惯，因为夜间是他们释放活力、消耗能量的时候，他们渴望吃高脂肪的食物。晚上吃东西这个习惯，无论哪种类型，都会导致体重增长，并可能导致疾病和抑郁症。我给狼型的建议是在睡觉前一小时吃点零食。尝试 100 千卡半脂肪、半低血糖的碳水化合物（果仁、豆沙与蔬菜），使你睡觉前平静下来，满足你吃东西的冲动。或者喝香蕉茶（配方如下），镇静你的神经，把食物放进你的胃里。

香蕉茶

我们大多数人都知道，香蕉含有镁。你可能不知道，香蕉皮上的镁比果肉本身多三倍以上。镁有助于安神，因此香蕉茶堪称完美的夜间饮料。

材料：

熟香蕉，5 杯烧开的水。

步骤：

1. 将香蕉洗净，最好使用有机香蕉。

2. 将香蕉头部和尾部 1/4 切去。

3. 不剥开皮，横向将香蕉切半。

4. 将两段香蕉放入沸水，煮 10 分钟。

5. 将香蕉水倒入杯中。

6. 如有需要，可在饮用前加入一滴蜂蜜或肉桂。

节律回顾

早餐和午餐间零食节律：狮子型的人应该为补充能量而吃零食，并与生物时间同步。

午餐和晚餐间零食节律：海豚型、熊型和狼型的人应该为补充能量而吃零食，并与生物时间同步。

晚餐后零食节律：你是在将生物时间抛诸脑后。

最不适合吃零食的时间

半夜。如果你晚上摄入的总热量占一天总热量的25%，你可能有夜间进食综合征（NES，一种饮食失调症），症状如下：

△ 晚上，每隔一小时就吃东西。

△ 一夜醒来几次去吃东西，然后回去睡觉。

△ 每周晚上几次醒来吃东西。

△ 知道你醒来是去吃东西的，对此感觉内疚和羞愧。

如果这听起来很像你，我建议你去找一个睡眠专家探索相应的治疗方案。登录 www.sleepcenters.org 寻找睡眠专家。

吃零食的最佳时间

海豚型：下午3：00。

狮子型：上午9：00。

熊型：下午4：00。

狼型：下午4：00。

运动后吃零食

　　如果你剧烈运动一小时及以上，你必须在完成锻炼半小时内吃零食。零食包括 1/3 的蛋白质，1/3 的复合碳水化合物，以及 1/3 的简单碳水化合物（比如麦片浆果酸奶、麦片和水果奶昔）。这是重建肌肉，给自己身体提供能量的理想配方，也是在长达 24 小时的运动后燃烧储存的脂肪能量这一代谢过程所需要的理想配方。

　　如果你做中低强度的运动不到一小时，你就不应该吃零食，特别是当你的下一顿饭就在一两小时后。你的身体并不需要更多的热量以弥补你燃烧掉的能量，也不需要额外的碳水化合物和蛋白质来补充。不吃零食，但要补充水分。不要喝能量饮料，那里面全是糖、人工甜味剂，偶尔还有咖啡因。

第十一章

工作

要求加薪

失败：在老板心烦意乱、疲惫的时候要求加薪。

成功：在老板机敏度高、心情好、愿意听你诉求的时候要求加薪。

简单的科学

只有你和你的同事知道你们工作场所特有的文化和氛围。一些办事处或公司在早上节奏缓慢，在下午忙碌，有的公司情况恰好相反。你的老板可能在特定的时间或在某些日子太忙了，无暇顾及和你谈话。你必须调整到你工作场所独特的时间节点，并了解老板的情绪和处事方式。弄清楚他（或她）什么时候愿意聆听，什么时候有空。

显然，不要在公司财政不景气的时候提出大幅加薪（在这种情况下，你应该尽快开始面试一份新的工作，更多内容详见 234 页"求职面试"一节）。注意绩效考核和薪资待遇政策。在一些企业，即使你把公司奉若神明，到了下一年你仍然没有资格获得加薪。

如果你的公司财务状况良好，薪水方面具有灵活性，而你又一直努力工作，并且做得很好，你可以通过各种方式开始规划如何说服你的老板给你加薪。当然，事先拟定好你的论点，并在适当的时候——老板愿意谈话的时候提出。

下面是一些关于**道琼斯节律**的粗略的时间建议。我不是指道琼斯指数的周期。我指的是一周中的某一天。

△ 周一：后退。新的一周临近，老板很可能睡眠不足（由于周日晚上失眠或社会时差），易怒，过度劳累。除非你有办法使他或她的生活更轻松，否则不要去找老板。

△ 周二：避开。研究表明，周二是一周中最繁忙的一天。老板有那么多的事情要处理，不一定会对讨论非紧急问题感兴趣。事实上，如果你因为个人事务影响了办公效率，甚至可能会惹恼老板。

△ 周三：依然不理想。周三是一周中第二个繁忙的工作日。将个人问题凌驾于团体需求是错误的。相反，这一天你做事要有效率，以便为后面提出加薪做好准备。

△ 周四：不要操之过急。虽然周四是一周中效率倒数第二的一天，但也是人们最不积极、最不开心的一天。在这种情况下，提出任何要求都可能无法获得热烈响应。

△ 周五：行动吧。一周中最没有效率的一天，也是最积极向上的一天。对于即将到来的周末，人们很高兴，而不会疯狂地忙碌。周五是你抓住机会的好时机。

其次，考虑你老板的**愉悦节律**。在心理学中，我们使用"正面情绪"一词来形容好心情。什么时候你老板的正面情绪最强？相反，什么时候他或她的坏脾气达到最高点（负面情绪达到峰值）？

早在 1995 年，德国美因茨古腾堡大学的心理学家就着手确定每周或每天人心情最好的时候。49 名受试者一周中每天三次评价他们的心情，评价涉及正面情绪的两项内容，包括愉悦度（心态平衡、快乐、满足和放松）。这项研究简单明了，证实了人们长期持有的信念，即情绪在清醒的昼夜周期中段会放大。**德国研究发现，人们早晨最闷闷不乐，下午渐渐变得快乐，晚上最幸福。**

以生理时钟类型推测：

△ 海豚型愉悦峰值时间：下午 4：00。

△ 狮子型愉悦峰值时间：下午 2：00。

△ 熊型愉悦峰值时间：下午 6：00。

△ 狼型愉悦峰值时间：晚上 8：00。

如果你能确定你老板的生理时钟类型，就可以将提出要求的时间调整到他或她的愉悦峰值时间，即他或她最能接受你请求的时候。

你什么时候处于提出要求的最佳状态？**激活节律**此时有了用武之地。正面情绪的另一个子类叫作激活（注意力集中、活跃、感兴趣和被激发）。处于激活状态正是你进老板的办公室提出诉求时所需要的。

在美国哈佛大学和乔治敦大学的一项研究中，研究人员让被试者猜测照片中人的体重，并给予他们现金奖励。他们被允许采纳匿名者的建议，这些匿名者在猜测体重的同时给出了自己的信心程度。结果被试都把钱给了那些信心 100% 的匿名建议者。

就要求加薪而言，你需要有 100% 的信心或者处于激活峰值时间。激活模式不同于愉悦度。根据德国的一项研究，**激活在早晨处于中等强度，在下午达到高峰，在晚上最低。**

以生理时钟类型推测：

△ 海豚型激活峰值时间: 下午 4: 00。

△ 狮子型激活峰值时间: 中午 12: 00。

△ 熊型激活峰值时间: 下午 2: 00。

△ 狼型激活峰值时间: 晚上 5: 00。

节律回顾

道琼斯节律: 在特定的办公室环境中，考虑什么时候提出加薪最有可能成功。

愉悦节律: 考虑你的老板什么时候最愿意和你谈薪资。

激活节律: 在你充满信心的时候跟老板谈薪资。

最不适合要求加薪的时间

周一早上。如果你周一早上进办公室跟老板谈薪资，你能活着出办公室都是万幸。

要求加薪的最佳时间

周四或周五下午。为了根据生理时钟微调，我创建了下面的表格，帮助你找到你老板的愉悦峰值时间和你的激活峰值时间的结合点，老板的心情应被视为更重要的因素。此外，这里并没有将工作中发生的事情考虑在内，老板随时都可能打断你的谈话，紧急情况随时都会出现。此外，没有人愿意在快要下班时和人谈事情，所以至少在下班前一小时提出要求。

要求加薪的兼容性表格

你	海豚型老板	狮子型老板	熊型老板	狼型老板
海豚型	下午 4：00	下午 3：00	下午 5：00	下午 5：00
狮子型	下午 3：00	下午 1：30	下午 3：00	下午 3：30
熊型	下午 3：30	下午 2：00	下午 4：00	下午 4：00
狼型	下午 4：30	下午 3：30	下午 4：30	下午 5：00

打推销电话

失败：打电话给陌生人、熟人，或间接联系进行推销宣传，结果被直接挂断——或者他们接了电话，但对话并不顺利。

成功：打电话给陌生人、熟人，或间接联系进行推销宣传，他们接了电话，或者打了回来。

简单的科学

如果你刚刚起步，进入一个新的领域或寻找新的工作，你将不得不打电话给你不认识的人，要求他们给个见面机会或寻求建议。如果你在销售行业、个人理财行业、房地产行业，以及任何需要招揽业务的行业工作，给陌生人打推销电话会是一种常态。每个人，在他或她职业生涯的某个时期，都不得不给陌生人拨打电话，在 30 秒内推销产品。

某些生理时钟类型更擅长打陌生推销电话。打推销电话的成功要诀在于拥有三种人格特质: 韧性、乐观和毅力。打推销电话会遇到很多挫折、拒绝和失望。

首先，**韧性和乐观节律**。根据西班牙马拉加大学的一项研究，生理时钟类型与韧性和乐观是相关的。毫不奇怪，早上型的人（狮子型）韧性最强、最乐观；中间型的人（熊型）韧性和乐观也居中；晚上型的人（狼型）韧性和乐观最低。该研究的作者指出: "这些结果表明，晚上型的受试者面对逆境积极适应的能力较低，与早上型和中间型的人相比，他们对于积极事件的期待也较低。"换句话说，狼型的人最不适合打陌生推销电话。

那么**持久性节律**呢？你可能对自己在做的事情不够积极，但如果你有毅力，就可以坚持下去，对不对？嗯，这是可能的，但是根据研究，狼型的人持久性也不强。德国的一项关于生理时钟类型和气质的研究表明，早上型的人持久性和合作能力最强，中间型的人处于中游，晚上型的人持久性和合作能力最差。

但是，这并不意味着狼型的人打陌生推销电话注定会失败。他们的性格可能不适合打陌生推销电话，但他们可以用时间技巧来提高成功的概率。关键在于何时打电话，以提高另一端接电话并愿意给你五分钟的概率。

你必须将你想联系的人的生物时间也考虑在内。**每周情绪转变节律**，即一周中拨打电话最好的时机，与从周末的社会时差症状中恢复的程度密切相关。

2010 年，利德响应管理公司这一市场研究机构的詹姆斯·奥尔德罗伊德博士（现任杨百翰大学副教授）进行了一项全面的调查，研究了6家公司3年内超过10万个电话销售呼叫尝试，他能计算出星期几打出的电话有可能接通，进而完成一笔可能的生意。

△ 周一：放下电话。周一是不应该打陌生推销电话的。这项研究并没有说为什么，但我相信罪魁祸首是周日晚上失眠产生的周一社会时差。人们烦躁、疲惫、不高兴，没有心情来处理推销电话。（你读过217页的"要求加薪"一节吗？类似的原理在这里也适用。）

△ 周二：也不要打电话。周二是最不该打电话联系的一天。社会时差就像穿越时区。一般来说，每跨越一小时或每延迟睡眠一小时就需要一天时间来恢复。例如，如果一个熊型的人，在周日一直睡到上午10：00，比平日晚了三小时才醒来，这种情况需要到周三才能恢复。

△ 周三：打电话。周三是打电话第二好的一天。这也难怪，因为大多数人的生物钟终于都恢复了，不那么烦躁和疲惫了。

△ 周四：保持通话。相比于周二，你周四接通电话的概率要高49%。这是打通电话最好的一天。

△ 周五。也许。你可能会打通电话，但这也是最糟糕的一天（面试或销售）。人们准备迎接周末，可能会接电话打发时间，但他们不可能承诺任何事情。

数据也显示了成功的陌生推销电话反映出的**每天心情转变的节律**，即一天中打陌生推销电话最好的时间。

△ 早上7：00到8：00。早上是最糟糕的打电话时间，这很容易理解。只有狮子型在这一时间处于工作模式。

△ 上午8：00到10：00。由于早上拖拖拉拉，这个时候打电话还算不错。海豚型、熊型和狼型的注意力还没有高度集中，所以他们会拿

起电话，浪费时间聊几句。

△ 上午 10：00 到下午 2：00。工作日最繁忙的时间，不宜打电话，尤其别给熊型的人打电话。上午 10：00 到下午 2：00 是他们表现最佳的时候，他们专注于自己的工作。

△ 下午 2：00 到 4：00。别在这个时间打电话，这是因为午饭后皮质醇水平下降，每个人（除了狮子型的人）到下午都昏昏欲睡。

△ 下午 4：00 到 6：00。打电话的最佳时间是在下午晚些时候，此时，皮质醇水平不再下降。海豚型、熊型和狼型的人精力和情绪上扬，愿意聆听你的推销。

△ 傍晚 6：00 到 7：00。不要打扰。显然，此刻人们即使没有离开办公室，也正准备离开办公室。

节律回顾

韧性和乐观节律：利用正面情绪，从拒绝中恢复过来，相信下一个电话会成功。

持久性节律：抱定决心坚持下去，无论遇到什么事。

每周情绪转变节律：社会时差可以在一周中特定的几天使人更容易接陌生推销电话。

每天心情转变的节律：激素和体温的日常波动会使人更容易或不容易接推销电话。

最不适合打推销电话的时间

中午 12：00 到下午 2：00。

本节最重要的一点：不要在午餐时间打销售电话。社交性的电话呢？当然可以。

打推销电话的最佳时间

因为打陌生推销电话需要决心和专注，如果有人接了电话，你有一分钟时间来阐述你的内容，所以打陌生推销电话应该在你的机警度峰值时段，并且在接电话者有空的时候。这意味着，你应该在上午 8：00 到 10：00 和下午 4：00 到 6：00 这两个时间段打电话。

海豚型：下午 4：00 到 6：00，你最佳状态的时间段。

狮子型：上午 8：00 到 10：00，你最佳状态的时间段。

熊型：下午 4：00 到 6：00，当你处于第二轮机敏度高峰时，心情好，可以更好地接受拒绝。

狼型：下午 4：00 到 6：00，当你刚热身完的时候。

什么时候回电话

假设你打出去了十几个电话，然后等待回音。你离开办公桌或者放下电话，回来发现有语音留言。应该什么时候回电话？

立刻。

奥尔德罗伊德确定，如果你能在 5 分钟内回电话，比起等 30 分钟后再回，你打通电话的可能性要高 20 倍。如果超过 60 分钟，打通电话的可能性又降低了，只有之前的 1/10。也许这是因为我们不断缩小的注意力广度？如果你没有抓住马上回复的机会，一小时后你就错失了先机。我的建议是，经常检查你的语音信箱，工作时间手机不要静音！

通勤

失败：在你容易发生交通事故的时候去上班，在路上浪费时间。

成功：在你可以安全驾驶的时候去上班，妥善利用路上的时间。

简单的科学

住的地方是住的地方，工作的地方是工作的地方。除非你搬家或换工作，你对这两个地方的距离和路上的时间几乎毫无办法。

理想情况下，所有的公司都有灵活的工作时间，并允许远程办公，而不是要求员工在特定的时间到公司上班。通勤给我们带来了诸多不便。一项加拿大的研究调查了 3409 名每天开车上班的人，发现开车去上班的时间越长，被调查者对生活的满意度越低。自驾上班的人抱怨"时间紧迫"，说他们一直在与时间赛跑，压力很大。而那些具有灵活工作时间的人认为自己总体幸福感更高，对未来的期望也更高。上下班的**灵活性节律**对狼型和海豚型的人至关重要，这两类人往往对生活的满意度较低。**如果你认为你能尽力说服老板给你灵活的工作时间，不妨试试看。**否则，你就必须找出其他方法来应对去上班的压力，除非有一天你去了谷歌工作。

如果狼型和海豚型的人不想将自己和他人置于危险之中，他们必须制定应对机制。**警惕节律**，即选择你开车最安全的时候。在西班牙最近的一项研究中，研究人员观察了不同生理时钟类型在一天中不同时间驾车的行驶表现（反应时间、谨慎度、信心、驾车的舒适度）的差异。研究者先评估了参与者的生理时钟类型，然后在早上 8：00 和晚上 8：00 分别进行了一个模拟驾驶测试。晚上型的人在早上开车时会比晚上犯更多的错误并且不太警觉。早上型的人在上午开车时自然更加谨慎，开得又好又稳，比晚上型的人犯错更少，并且无论在早上还是晚上的测试中都能保持警觉。

△ 狼型和海豚型：如果有可能的话，坐公共交通或者早上让别人代驾。

△ 狮子型和熊型：如果有可能的话，坐公共交通或者晚上让别人代驾。是的，狮子型的人开车能一直保持警觉，但是事故时有发生，通常是在晚上。（见 229 页方框的"疲劳驾驶"。）

或者，为提高整体生活满意度，你可以遵循**活跃通勤节律**，步行或骑自行车上班。根据英格兰东英吉利大学诺维奇医学院对 18000 名英国通勤者的研究，那些从被动（开车）切换到主动（步行、骑自行车）上班的人，心理和身体健康整体得到大幅度提高。早上锻炼有助于消除睡眠惯性，海豚型、熊型和狼型会以更清醒的状态到达上班地点，而不是在地铁或火车上昏昏欲睡。研究对象称，改善的健康和积极通勤带来的幸福击败了更长通勤时间带来的负面影响。给狼型和熊型的时间建议：如果你骑自行车去上班，那么通过早上的运动，你晚上就会多出一小时。

节律回顾

灵活性节律：灵活安排时间去上班，以提高整体生活满意度。

警惕节律：什么时候开车最小心，最少犯驾驶错误。

活跃通勤节律：为了健康和思路清晰而选择骑车或步行上班，可以节省你晚上一小时的锻炼时间。

最不适合通勤的时间

晚高峰：晚上 6：00 到 9：00。大多数工作日的交通事故在这段时间发生。

通勤的最佳时间

我们大多数人不能选择上班的时间。但是，如果你确实可以选择，通勤的最佳时机就是你能安全机警地驾驶，并能应对上下班高峰压力的时间段。

海豚型：早上通勤，上午 9：30；晚上通勤，晚上 6：30。

狮子型：早上通勤，上午 7：00；晚上通勤，晚上 3：00。

熊型：早上通勤，上午 8：30；晚上通勤，晚上 5：30。

狼型：早上通勤，上午 11：00；晚上通勤，晚上 7：00。

疲劳驾驶

　　导致车祸的三个原因是酒后驾车、驾驶分心、疲劳驾驶。疲劳驾驶是指当你疲劳或由于睡眠惯性而意识不清的时候驾驶机动车。据 2014 年 11 月交通安全统计数据，疲劳驾驶导致：

　　△31%的死亡事故。

　　△13%的人员受伤事故。

　　△7%的车从现场被拖走的事故。

　　△6%的伤者需要医疗救治的事故。

　　这并不是说交通事故在上午通勤时最常见。相反，根据美国国家公路交通安全管理局的统计，大多数的致命车祸发生在晚上下班途中，因为乘客觉得时间紧迫，为不能和家人、朋友度过美好时光而愧疚，因此他们加快了回家的脚步。

防止疲劳驾驶的一些建议

　　△ 在车内喷洒薄荷香薰，吃薄荷糖，或嚼薄荷口香糖。薄荷味可以提神。

　　△ 暴露在明亮的灯光下。

　　△ 在休息站做一些轻微的锻炼，如利用汽车做俯卧撑。它能促进

血液流动，让你清醒。停下来做些锻炼会阻断"道路催眠"，防止你在驾驶座上分神。

△ 收听播客上的喜剧。笑声和积极倾听可以提高警觉。

△ 用你的舌头舔一舔上腭。尝试一下。

△ 喝一杯拿铁：喝 200 毫升左右的温咖啡，然后休息 20 分钟。午睡能够减少疲劳驾驶。当你醒来时，咖啡因会产生作用。

△ 与伙伴轮流驾驶。

△ 如果可能的话，在开车前打个盹。

发邮件

失败：邮件写得不好，发送出去的邮件被无视或忽略。

成功：邮件写得好，发送出去的邮件被阅读。

简单的科学

和大多数人一样，我每天都会收到很多邮件，一些是我要求对方写给我的，一些是我觉得写得很好的，还有大量的垃圾邮件。我尽可能回复重要的邮件，阅读我订阅的所有电子报。但我平时没有时间给予许多重要的电子邮件应有的重视。下班后，孩子和妻子上床睡觉后，我经常进入我的书房处理邮件。那时已经很晚了，我十分疲倦，所以总是匆匆回复完邮件，将许多我原本希望有时间阅读的邮件放入垃圾箱。我想读者中的大多数人对这种拖延和删除可以感同身受。看收件箱既浪费时间，又不断提醒着你还有很多要完成的事。

拖延节律，即当你翻阅你的收件箱时，你会推迟阅读邮件（这可能会发生，也可能不会发生）。这一点因生理时钟类型而异。（生活中几乎一切事情都是如此，正如你现在意识到的。）哪种生理时钟类型最有可能有成千上万封未读、未删除的邮件？哪种生理时钟类型的收件箱是空的，邮件文件夹井井有条？或者哪种生理时钟类型喜欢拖延，避免做决定？哪一种生理时钟类型不是？

△ 海豚型一直以来自我认定为拖延者，其神经质的完美主义可延缓任务的完成。

△ 狮子型自我认定为不可拖延的人，因为他们会在早上解决困难的任务。

△ 狼型自我认定为拖延者，主要是因为他们无法在早晨完成太多的任务。

△ 熊型处于中间，因为他们在早上会拖延一下，但在下午他们会做很多工作。

德保罗大学和马德里大学的研究人员研究了生理时钟类型和两类拖延的关系——犹豫不决和回避。研究人员发现，在509名参与者中：

△ 狮子型在回避上得分低，在犹豫不决上得分高。

△ 狼型在回避上得分高，在犹豫不决上得分低。

熊型在效率和残酷间找到了良好的平衡，有序地回复邮件和删除邮件。海豚型对于收件箱堆积的邮件有点神经质，为了保持邮箱的整洁，会删除垃圾邮件并把有用的邮件放到文件夹中。

但是，狮子型可能会推迟答复和删除邮件，因为他们不知道如何处理。狼型很容易做出删除邮件的快速决定，但他们宁愿放到后面再处理。

熊型和海豚型能很好地管理邮箱。

写作节律，即什么时候你应该写邮件，这取决于你发送的是工作邮件还是私人邮件。工作邮件应该在最佳时间写，那时你的头脑最清晰。当我打开一封简短的电子邮件时，我倾向于立即回复。如果我打开的是一封长的电子邮件，我选择不理会它，之后再处理。在机敏度峰值期，你不会偏离主题，而会保持专注简洁，切中要点。我看过一项研究，该研究说，每种生理时钟类型在执行认知任务时都需要警惕（细心周到），譬如写一个简洁而切中要点的电子邮件。狮子型在早上写的电子邮件最精确，狼型在晚上工作效率最高，海豚型的最佳时间在下午晚些时候，熊型的认知高峰出现在上午至午后。

处理私人电子邮件的最佳时机是机敏度非峰值时间，此时你更容易絮絮叨叨，会花时间编辑照片，给出链接，附上很多评论。

如果在恰当的时间发送，你精心撰写的电子邮件更容易被打开阅读并获得回复。**发送节律**，即什么时候发送邮件可以增加邮件被阅读和回复的可能性。营销研究公司对此进行了超过十年的研究。邮件跟踪平台Yesware 分析了 2014 年第一季度 **50 万封营销电子邮件**，根据其研究结果：

△ 周末邮件被阅读和回复的比例比工作日更高，这是由于降低了收件箱的竞争。

△ 清晨和深夜邮件阅读和回复的比例最高。

这些统计数据是指公司发送给个人的邮件，比如说，陶瓷大谷仓（Pottery Barn）发送给你床上用品销售的电子邮件。一个人发送给另外一个人的工作邮件呢？ 2015 年，南加州大学维特比工程学院和雅虎实验室的研究人员进行了一项关于在邮件超载时代发送和回复个人信息的行为模式的重大研究。下面是他们的一些发现。

△ 如果需要回复，90％的人会在收到电子邮件后一天之内回复。一半的人会在一小时内回复。

△ 下午和傍晚回复时间最快，深夜和清晨回复时间最慢。

正如你所看到的，商业邮件和个人邮件的最佳打开时间和最快回复速度不一致。商业邮件的最佳打开时间和最快回复速度在清晨和深夜，而个人邮件是在下午和傍晚。对我来说这符合直觉。我更可能在下班后点击浏览沙发和椅子，在工作日回复个人或工作上的事务，因为那时的收件人还在工作，并且没有点击浏览沙发和椅子。

节律回顾

拖延节律： 特定生理时钟类型的人可能会尽量避免清空他们的收件箱或不能决定如何回复邮件。

写作节律： 何时写一封简洁的工作邮件，何时给朋友或家人写一封轻松随意的邮件。

发送节律： 什么时候发邮件收件人会打开阅读并回复。

最不适合写电子邮件的时间

工作邮件：深夜。

私人邮件：上午 10：00 左右，下午。

写邮件的最佳时间

海豚型：工作邮件，下午 4：00 到 6：00；私人邮件，上午 9：00 到中午 12：00。

狮子型：工作邮件，早上 7：00，上午 10：00 到中午 12：00；私人邮件，下午 3：00 到 5：00。

熊型：工作邮件，上午 10：00 到下午 2：00；私人邮件，下午 4：00 到 6：00。

狼型：工作邮件，下午 4：00 到 7：00；私人邮件，上午 10：00 到中午 12：00。

求职面试

失败：面试时昏昏沉沉，思想不集中，易怒。

成功：面试时思维敏捷，心情好。

简单的科学

第一印象并不能代表一切。我们都碰到过第一印象不好的同事，事后被证明是精明能干的。尽管第一印象不好，但他们还是得到了工作。在竞争激烈的就业市场中，你不会有第二次机会来证明自己。第一次面试至关重要。如果可能的话，将第一次面试安排在你表现更好的时间。

在面试时，你未来的老板或人力资源经理想看到什么？很简单：一个聪明能干、精力充沛、自信、渴望得到职位的求职者。面试官也在寻找一个有趣的、积极的、能融入办公室文化的人。我们很多人与同事相处的时间比家人还多。雇主不愿意雇用他们不愿与之一起出去喝杯酒的人。

为此，每个生理时钟类型的**好感度节律**是什么？狮子型的正面情绪在上午 10：00 最高，因此他们在中午 12：00 最快乐。熊型的人在下午 6：00 最友好。海豚型的正面情绪在下午 4：00 左右。那狼型呢？他们的心情峰值时间来得晚一些，大约在下午 6：00。

值得一提的是根据匹兹堡大学一项针对 408 名非抑郁成人的研究，熊型和狮子型正面情绪幅度（好心情的强度）比海豚型和狼型更高。所以狼型最高兴的时候并没有狮子型最高兴的时候正面情绪强度高。安排面试时间时，狮子型和熊型有更广泛的讨人喜欢时间（从上午到下午），相反，狼型和海豚型讨人喜欢的时间较少（午后、傍晚），不会像狮子型和熊型那样活泼开朗。

不过无须担心！好感度只会在生活中和找工作时帮助你。衡量本章中所有节律的影响，我认为好感度节律是最不重要的。好感度好比蛋糕上的樱桃，它不是你被录用的原因。那么究竟是什么让你被录用呢？

潜在的雇主有兴趣从三方面衡量你做事情的能力：（1）警觉；（2）定位；（3）注意力。警觉（反应力、敏捷度）是必要的。你的雇主不会要一个反应迟钝、接受能力差的雇员。定位指的是你需要了解情况，能够在走进办公室后迅速搞清楚状况。在接受面试时，你必须顺着你未来的老板说话。如果你思想不集中，你就输了。这三个品质在你大脑的不同神经通路中工作，但是，作为一个整体，它们可以用"执行力"一词来总结——任何老板都希望在潜在的员工身上看到这种品质。

宾夕法尼亚州立大学的研究人员研究了**执行力节律**。研究人员将 8 名受试者根据生理时钟类型分类，评估他们的警觉、定位和注意力。同一天中从中午 12：00 至晚上 10：00，受试者每隔四小时被给予一次任务和考验（对他们来说，这无疑是很漫长的一天）。可以预见的是，早上型的人在白天表现更好，晚上型的人在晚上表现更好。

△ 机敏度根据一天中时间的变化而变化。狮子型和熊型在一天结束时，机敏度会增加。奇怪的是，狼型在机敏度方面的得分在一天中没有变化。受试者自我评估了机敏度，所有的生理时钟类型都宣称，从早晨开始，随着时间的推移，自己的机敏度逐渐上升；狮子型和熊型宣称，他们在白天后期机敏度下降；狼型则称其机敏度会继续上升。这样的自评结果显示，狮子型和熊型低估了他们在下午的机敏度，狼型则高估了他们在下午的机敏度。

△ 定位在一天中不会发生变化，对各种生理时钟类型都是如此。你要么有观察能力，并可以充分运用；要么没有观察能力，更不用说运用了。

△ 注意力。直到接近中午，各个生理时钟类型都还能保持足够的注意力，随着时间的推移，注意力会可预见地上升和下降。

明智的做法是，安排面试的时候，考虑面试官。要知道，他们遵循**排列节律**。在一项富有洞察力的研究中，研究人员评估了哈佛大学和沃顿商学院 9000 名 MBA 考生一天中的模式。

他们发现，面试官会有意无意地"简单归类"，即根据他们对前面几个考生的判断来评估下面的考生。例如，如果面试官给了前四个考生很高的评价，为了使评价结果呈正态分布，他们给第五个考生的评价就会变低，即使所有的考生都同样合格。这和时机有什么关系呢？如果你是最后的面试者之一，你很可能获得低分。考虑到这一点，最好在招聘过程前期接受面试，并在当天早一点面试。

节律回顾

好感度节律：考虑什么时候以你的好心情和积极的心态让老板折服。

执行力节律：选择你最机敏、最能集中注意力的时候面试。

排列节律：考虑什么时候面试官更可能将你排在其他人的前面。

最不适合安排面试的时间

一晚糟糕的睡眠后。如果睡眠不足，你的好感度和执行力会下降或完全关闭。对自己该怎么做思虑过多可引发焦虑，引起一夜的失眠，这就是一周中保持严格的睡眠时间如此重要的原因，这样一来，任何一个晚上的缺觉也不会太有破坏性。

求职面试的最佳时间

在你认为最有可能拿出正面情绪和执行力的时候尽早安排面试，最好是在一天中的前半天。

海豚型：上午 11：00。

狮子型：上午 9：00。

熊型：上午 10：00。

狼型：中午 12：00。

学习新东西

失败：在你的大脑像一堵墙的时候吸收新的信息。

成功：在你的大脑像海绵的时候吸收新的信息。

简单的科学

学习就像睡觉、消化、社交活动一样，有昼夜节律。学习节律是一个有高峰期和低谷期的 U 形曲线，就像温度和皮质醇节律一样。心理学家发现，学习新东西，比如语言或技能，最有效的方法是学习一段时间后做些测验，然后更深入地学习。这不是我们所认识的传统教学——从第一课到第二课线性稳步地接受知识的过程。人类是优秀的学习者，但我们一次吸收的东西是有限的。

基本学习节律，即认知表现的 U 形曲线，遵循可预测的模式。熊型的第一个高峰在上午 10：00 至下午 2：00，此时他们的智力处于一天中最高的水平。午饭后，从下午 2：00 至 4：00，智力水平开始下降。第二个高峰是下午 4：00 至晚上 10：00 之间。一天中认知表现最差的时间是在凌晨 4：00 至早上 7：00。如果在这段时间学习，你很难接受新的信息，更不可能吸收新的信息。但是，如果你在学习的波峰期学习，你吸收信息的能力会更强，只要你给大脑时间来处理你在学习低谷期学过的东西。

根据你的生理时钟类型、一天中的时间以及学习材料的复杂性，大脑的不同区域将被激活来接收新的信息。**大脑区域节律**是由比利时和瑞士的研究人员发现的，他们每天分两次给极端早上型和极端晚上型的受试者做越来越困难的工作记忆测试，比如记忆数字，或按一定的顺序重复单词。当测试进行时，核磁共振成像仪监测了受试者大脑的血液流动。

当受试者参加最简单的测试时，无论在一天中的什么时间，他们都得到了同样的分数。但是，当他们参加最难的测试时，早上型的人在晚上的测试中分数会下降。同样，晚上型的人在早上的测试中分数也会下降。这并没有什么奇怪的。但是，研究人员特别关注的是血液如何在受试者大脑中流动以及受到挑战时每个生理时钟类型所用的大脑区域。当狼型受试者在晚上参加最难的测试时，他们的丘脑区域（在中脑之上，负责警戒和处理信息）点亮的时间多于早上型的人。当狮子型的受试者在早晨处理最艰巨的任务时，他们的额中回（在大脑区域，负责执行决策和处理较复杂的信息）点亮的时间多于晚上型的人。可见，**当狮子型和狼型需要在脑力高峰期学习时，他们依赖不同的大脑区域。生理时钟类型不仅仅决定你什么时候醒来、什么时候感到疲劳，更关乎你的大脑是如何工作的。**

睡眠不足节律也不容忽视，即使你已经厌倦了听我再次提起。海豚型的人都非常清楚，在睡眠不足的情况下尝试学习新的东西几乎是不可能的。许多研究将失眠和学习困难相联系，学习困难包括恶化的工作记忆、长期记忆、注意力、决策能力、口头表达能力和机敏度（专注于一个任务，直到完成）。或许，睡眠不足最悲惨的后果是学习动机下降。你太累了，完全没有学习新东西的愿望。克服睡眠不足的唯一方法是每晚至少睡六小时（对海豚型而言）或七小时（对所有人而言）。当做到这点时，你就会有学习动机。如果你遵照我"上床睡觉"一节（181页）和"醒来"一节（165页）的建议做了，你将有足够的第三阶段、第四阶段和快速眼动睡眠来巩固你学会的东西，并保留这些信息以备将来使用。

节律回顾

基本学习节律：什么时候学习最有效——在峰值期获取信息，在非峰值期休息。

大脑区域节律：大脑的不同部位根据生理时钟类型的不同和学习内容的难度而亮起。

睡眠不足节律：你只是因为太累而不能学习新的知识。

最不适合学习新东西的时间

午夜。U 形学习曲线的低谷在凌晨 4：00 至早上 7：00。此刻应该巩固信息，而不是学习新东西。如果你是一个熬夜的大学生，最好是利用这段时间复习而不是记忆新的内容。

学习新东西的最佳时间

海豚型：下午 3：00 到晚上 9：00，非常清醒，在学习曲线的高峰。

狮子型：上午 8：00 到中午 12：00，非常清醒，在学习曲线的高峰。

熊型：上午 10：00 到下午 2：00，非常清醒，在学习曲线的高峰。

狼型：下午 5：00 到凌晨 12：00，非常清醒，在学习曲线的高峰。

做决定

失败：你想不清楚问题，无法做出选择，基于某种情绪匆忙做出有风险的决定。

成功：深思熟虑后做出一个不会后悔的决定。

简单的科学

我们每天要做成千上万个决定。理想情况下，对于生活中的选择，我们会做出谨慎而理性的决定，尤其当它们与我们的工作表现相关时。一个错误的决定不仅会给工作和生活带来负面影响，也会影响生活的其他方面。如果你明智地使用生物时间做出明智的选择，生活的方方面面都会受益。

理性或感性地做决定取决于选择是如何呈现的。"框架效应"是心理学中一个著名的概念，即你很可能会根据选择呈现给你的方式做出决定。如果选择以潜在的收益的方式呈现给你，你可能会规避风险。如果选择以潜在的亏损的方式呈现给你，你更有可能冒风险。从情感方面来看，如果你感到自信和安全，你会持谨慎态度。但是，如果你觉得害怕，没有安全感，你会变得鲁莽。**框架效应节律**是你在一天中不同时间对做决定的反应（情绪化的或冷静的）。

在阿巴拉契亚州立大学的一项研究中，受试者被要求考虑一个被称为"亚洲疾病问题"的典型例子。一个致命的亚洲疾病可能会导致600人死亡。你有两种选择可以救这些人。第一个选择可以保证200个人活下来。第二个选择没有任何保证，每个人活下来的概率较小，400个人死亡的概率更大。在这里，语言的运用使框架效应发挥作用。即使这两个选择的结果都是200个人有可能活下来，但是第一个选择中的框架是积极框架（没有风险，200个人会活下来），第二个选择中的框架是消极框架（高风险，400个人可能会死）。

研究人员在一天中的不同时间询问受试者这个问题，并从他们的回答中找到了模式。当受试者处于峰值时间时，他们能够抛开情绪反应，选择符合逻辑的、无风险的第一个选项：200 个人将活下来。但是，当他们处于非峰值时间时，他们选择了带有情绪的、高风险的第二个选项：每个人都有可能活下来，但是 400 个人可能会死。不管哪部电影有这个场景，科学家都会选择第一个选项的确定性，但叛逆的前军人则会抓住每一丝拯救世界的机会，选择第二个选项。

我想我们都同意选择时应该使用逻辑认知能力，而不是鲁莽地匆匆做决定。下一次，当你进退两难的时候，考虑等到峰值时间再做决定。

	海豚型	狮子型	熊型	狼型
适合做选择的时间	上午 10：00 到下午 2：00；下午 4：00 到晚上 9：00	早上 6：00 到 11：00；下午 2：00 到晚上 9：00	上午 8：00 到下午 1：00；下午 3：00 到晚上 11：00	中午 12：00 到下午 2：00；下午 5：00 到凌晨 1：00
不宜做选择的时间	晚上 9：00 到早上 6：00；下午 2：00 到 4：00	晚上 10：00 到早上 6：00；上午 11：00 到下午 1：00	下午 1：00 到 3：00；午夜 12：00 到上午 8：00	凌晨 1：00 到中午 12：00；下午 2：00 到 5：00

有关"做"和"不做"的警告：回想一下，睡眠不足和睡眠惯性是关键因素。**睡眠不足节律**告诉你：在你感到疲劳或昏昏沉沉时，你不应该做决定。此时你的认知和表现能力被削弱。在睡眠不足时做出一项重大的决定和喝醉后做决定一样不负责任。等大脑清醒后再决定，不过需要多长时间取决于生理时钟类型和个人。对于某些人（通常是狮子型的人），睡眠惯性可能只持续十分钟。对于其他人（海豚型、熊型和狼

型的人），睡眠惯性可能在醒来后持续长达四小时。

个性节律也会在做决定时发挥作用。海豚型和狮子型的人更谨慎，狼型和熊型的人更冲动。某些生理时钟类型也可能犹豫不决，或避免做决定。

想猜一下吗？

你会惊讶的。

拖延节律对于每个人都是问题，只是呈现方式不同而已。

我知道你以为我想说"狼型"。

西班牙的一项研究调查了 509 名成人，研究人员希望找出不同生理时钟类型如何处理"决策拖延"和"回避拖延"。他们首先确定了受试者的生理时钟类型，然后评估他们特定的拖延模式。调查结果如下：

早上型的人不会回避做出决定。比如，为了买新套装去逛街，狮子型会毫不犹豫地去商店。但是，一旦到了那里，他们反而很难决定买什么。

另一方面，晚上型的人会尽量避免去商店。但一旦到了那里，他们会毫不犹豫地决定买什么。

我能听到读者在哈哈大笑表示认同。

科学研究结果与实际情况如此一致，真的有些可怕，不是吗？

节律回顾

框架效应节律：你基于逻辑还是感情做决定取决于时间。

睡眠不足节律：疲劳和睡眠惯性会影响决策。

个性节律：特定生理时钟类型的人谨慎或冲动的本性导致他们做出明智或仓促的决定。

　　拖延节律：特定生理时钟类型的人在做决定时会犹豫不决或避免做决定。

最不适合做决定的时间

　　早起的第一时间和午夜时分。当你醒来时，你的认知能力和机敏度都还没跟上节奏。等上一小时或更长时间再做决定吧。处于休息状态的大脑不应该做理性的思考。如果电话在凌晨 3：00 响起，你被要求做出决定，记得拖到早上再做决定。除非你是医生或总统，任何紧急情况都可以等。

做决定的最佳时间

海豚型：下午 4：00 到晚上 11：00。

狮子型：早上 6：00 到上午 11：00。

熊型：下午 3：00 到晚上 11：00。

狼型：下午 5：00 到凌晨 12：00。

记忆训练

　　失败：忘记新信息，并且回忆不起记忆存储库中的信息。

　　成功：有思想准备来吸收新的信息，储存它们，并很容易回忆起来。

简单的科学

记住电影《疯狂高尔夫》的台词和记住刚刚认识的人的名字在商业和个人生活中都是必要的。无论是长期记忆还是短时的工作记忆，你都可以用时间技巧来提高。

但首先要对记忆的工作过程做个简单的说明。以歌词为例，这里的三步记忆过程是这样工作的。

1. 获取。你在电台里听到了阿黛尔的一首歌 *Hello*。

2. 巩固。"Hello from the other side. I must have called a thousand times" 的歌词在脑海里巩固。

3. 回忆。当你 20 年后听这首歌时，你可以唱出每一句歌词。

获取节律取决于你是否休息得很好。你可以在筋疲力尽时听十遍这首歌，但是你的大脑无法吸收歌词。也许在大学里，你会在考试之前通宵复习，然后，你坐下来考试时却什么都不记得了。或者你可以记起这些知识，但它们在考试后便烟消云散。根据哈佛医学院的一项研究，一晚的睡眠不足会干扰我们记忆的提取。

巩固节律在睡觉时发生，此时你吸收新知识，保存它们，并保护其免受破坏或随着时间的推移而退化。睡眠不仅保证了将来记忆可检索，也为大脑第二天获取新的信息腾出了空间。这就像将钱从柜台存进储蓄罐，以便柜台可以清空，明天再用一样。

你并不需要一个完整的睡眠来巩固记忆。午睡也可以。你只需要听过 *Hello* 一次，然后倒头便睡，醒来你就会唱这首歌了。显然不会像阿黛尔唱得那么好，但你能记得大部分歌词。纽约大学的科学家研究了老鼠的神经活动，发现**学习一项新技能后马上睡觉能促进大脑突触生长。生长的大脑突触恰好涉及你刚学到的知识**。初始学习之后，睡觉的老鼠执行任务的质量比没有睡觉的老鼠高出两倍。虽然这个过程仍然十分神秘，但科学家们认为，记忆的巩固发生在德尔塔睡眠阶段，或者在睡眠的第三阶段和第四阶段，又或者在不那么重要的快速眼动睡眠阶段。海豚型可能由于睡眠缺乏带来的巩固缺乏而需要重新学习。

当你从你的大脑中提取出一个电影演员的名字或唱出一首你好几年都没听过的歌时，就是**回忆节律**在起作用。研究表明，短期和长期记忆的检索会被睡眠不足破坏。在充分休息的人群中，长期记忆检索的峰值出现在下午。在巴西的一项研究中，研究人员将受试者分为早上型、晚上型和中间型（分别对应狮子型、狼型和熊型），并通过教他们十个单词来训练他们的记忆。一个星期后（视为"长期"），受试者接受了单词测验，单词中有干扰项。这**三组无论在何时接受训练和测试，所有人的回忆能力都在下午更强**。也许是因为睡眠惯性在下午会完全消失，人清醒的时候更容易从记忆库中提取信息。

节律回顾

获取节律：考虑什么时候你的大脑休息充分，能够吸收新的信息。

巩固节律：你的大脑会在睡眠的第三阶段、第四阶段和快速眼动阶段巩固记忆，并清空"柜台"为第二天吸收更多的信息腾出空间。

回忆节律：考虑什么时候大脑准备好提取信息。

最不适合记东西的时间

一晚的糟糕睡眠后和早起第一时间。

记忆的最佳时间

对所有生理时钟类型来说，良好的睡眠对于获取、巩固和调用记忆至关重要。记忆获取一天里随时都在发生。至于其他两个记忆阶段：

海豚型：巩固，凌晨 4：30 到早上 6：30；回忆，下午 3：30。

狮子型：巩固，凌晨 3：30 到早上 5：30；回忆，下午 2：00。

熊型：巩固，凌晨 4：00 到早上 7：00；回忆，下午 5：00。

狼型：巩固，凌晨 5：00 到早上 7：00；回忆，下午 6：00。

发表观点

失败：讲话时精力不足，不能吸引观众的注意力。

成功：讲话时精力充沛，注意力集中，能充分调动观众。

简单的科学

一些生理时钟类型的人可以出色地在一屋子人面前或会议室中提出他们的想法（说你呢，狮子型）。其他人则宁愿关上门，独自完成任务（海豚型），或把每个工作会议安排在酒吧（狼型），或者满足于做观众或小组成员（熊型）。

无论你是否喜欢站在一屋子人面前，在你职业生涯的某些时候也必须将聚光灯打开，在会议上陈述自己的观点（和展示自己）。如果可以安排展示的时间，你可以使用一些实用的时间技巧，帮助你取得成功。

首先，**出勤节律**：什么时候开会或做演示，以确保足够数量的观众？如果房间空无一人，你不可能充满活力，也不可能成功。英国

WhenIsGood.net 网站，一个安排会议的门户网站，分析了 200 万人对于 50 多万个活动时间的反应，以确定最受欢迎的可利用时间。狮子型请注意：在由熊型、狼型和海豚型组成的办公室中，周一上午 9：00 的会议不会有很多人参加，就算你带甜甜圈给他们也无济于事。

△ 受访者在下午 2：30 到 3：00 之间开会时间最灵活。第二个最佳时间：上午 10：00 到 11：00。

△ 受访者在上午 9：15 时灵活性最差。第二个最糟糕的时候：中午 12：00 到下午 1：00（午餐）。

△ 周二下午灵活性评分最高，周一上午灵活性评分最低。

能量节律：什么时候你精力充沛、专注、机敏度高。大多数生理时钟类型直到上午 10：00 才能达到这一状态。狮子型的人在上午 8：00 就已精力充沛，但一般熊型的人要到上午 10：00 后才有能量。上午 10：00，睡眠惯性消退，皮质醇和肾上腺素水平达到上午的高点。狼型和海豚型的人在下午两三点前不能积极和明确地提出自己的想法（或对别人的想法给出明智的反馈）。

当然，要在你的能量和警觉峰值期演讲。但是也要记得你的表现取决于观众的参与能力。**参与节律，**即什么时候你最有可能掌控观众，这很难确定。任何一群人中都会有各种各样的生理时钟类型。在一天中的任何时候，有些人可能充分参与，而有些人则在走神、做白日梦，或者睁着眼睛（也可能是张着嘴巴）打盹。所以不必担心一天中陈述自己观点的最佳时间，而应关心自己需要多少时间陈述观点。

根据 MeetingKing 网站的调查，观众的注意力是极其有限的。半个多小时后，1/7 的人会走神；45 分钟后，1/3 的人变得眼神呆滞。得克萨斯州基督教大学的研究人员做了关于学生的"听力焦虑"的研究。受试者被要求听一段稍后会进行测试的信息。在很短的一段时间后，受试者的"认知储备"已满，即此刻他们无法再吸收一个新数字或多掌握一个概念。有多短？20分钟。TED演讲总是短于20分钟就是这个原因。这也是这本书的章节如此之短的原因！我希望你吸收这些信息，而不是呆呆地看着。即使题材和演讲者很迷人，人类可以吸收信息的时间也就这么长。演示（或章节）过长，观众们就不会再积极参与，你美妙的思想也根本不会得到响应。

节律回顾

出勤节律：一天中什么时候来参加会议或听演讲的人数最多。

能量节律：什么时候你的能量和警觉处于峰值期。

参与节律：什么时候你的听众能够积极听取你的演示，并且欣赏你所说的内容。

最不适合发表观点的时间

上午9：00，下午2：00和下午6：00。清晨，人们要与睡眠惯性抗争，无法达到精力峰值。午餐后，体温下降，精力水平也处于低点。下班时，人们的注意力耗尽，注意广度缩小（除了狼型）。即使你能够集中注意力，你的观众也不能。

发表观点的最佳时间

演示要简短、亲切，时间尽量控制在20分钟或更短。如果你有权力安排演示时间，选择一个精力和机敏度都处于高峰的时间。

　　海豚型：下午 4：00 到 4：20。

　　狮子型：上午 10：00 到 10：20。

　　熊型：下午 1：40 到 2：00。

　　狼型：下午 5：00 到 5：20。

"最后一个发言对我不利"

　　"我是做市场营销的，全部工作就是向客户、同事和老板展示我的观点。"狮子型的罗伯特说道，"在小组展示中，我的态度一直是'我最后一个说'。最好的留在最后，不是吗？我知道我比任何人都优秀，我会把他们都比下去。不过书中提到的人们在漫长会议后会走神的'注意节律'和他们潜意识之中会对最后一个人不屑一顾确实让我觉得很熟悉。回想起来，我发现最后一个发言确实对我不利。那时我已经很累了，只好把全部精力投入我所说的东西上面，结果不能密切关注观众的反应。"狮子型确实往往很内向。他们有自己的想法，并锁定自己的目标。他继续说道："我也决定把我的演讲砍掉一半。我通常都过度准备和过度研究，想展现出我的所有。但是，这可能对我不利。所以，现在我第一个发言，事情很顺利。我有了一个新的视角：我的展示重点不在于我自己，而在于与观众建立联系。"

第十二章

创造力

◎ 头脑风暴
◎ 演奏音乐
◎ 整理思绪
◎ 创作小说

头脑风暴

失败：抓耳挠腮却创意枯竭，感到焦虑不安。

成功：放松思维，不费吹灰之力就能想出绝佳创意。

简单的科学

无论你是急需创意的艺术家、市场营销专员，还是发愁晚饭菜谱的父母，你都需要来一场头脑风暴。在灵光一闪的刹那，你就能突然得到灵感。

为了与**联通节律**同步，首先需要了解的是灵感产生于何时何处。创意始于前额叶皮质层，且往往在你刚刚醒来的一小时内产生。当左右半脑的联结通路纷纷点亮时，这正预示着一场神经风暴即将到来。在 2013 年的一项研究中，研究者对早晨和晚上处于休息状态的大脑进行核磁共振成像扫描，他们发现早上的颞叶内侧区具有双侧联结，这意味着大脑正在建立各种连接，激活想法产生的通路。然而到了晚上，核磁共振成像显示前额叶与顶叶脑之间具有联系，说明大脑正在追索记忆而非创造新思想。

　　另一个头脑风暴的好办法是与**分心节律**同步。当你感到疲倦、认知能力下降、无法清晰思考时，恰恰也是灵感冒出之时。哈佛大学著名教授谢莉·卡森，《创意大脑》一书的作者，数年来一直致力于研究这个看似自相矛盾的现象。她告诉《波士顿环球报》："分心有时候可能是一个机会，让你不再执着于无效的解决方案而得以脱身。"你有没有过类似的经历？花了好几个小时却想不出解决方法，十分沮丧之下只好暂时放下，休息片刻，遛遛狗、切切菜，或者洗个澡，结果不到五分钟就想到了一个精彩的主意。这些创意来自精力非高峰的倦怠期，我也把它称作"昏昏沉沉的伟大瞬间"，此刻偶尔产生的想法很可能最终变成了金点子。

　　新颖节律同样值得关注。当你获得一些能让你灵光乍现的全新体验时，大脑能够分泌一种堪称"快乐"激素的多巴胺。当你心情愉悦，或处在新鲜的情境、伴侣关系与自然环境中时，大脑外缘系统的多巴胺分泌便会增多，这种状态能够帮助人自由联想，让人才思泉涌。科技公司很早就明白了这点，比如，谷歌公司在加利福尼亚州山景城的总部就有运动与游戏场馆，员工在那儿能够彻底放松、游乐，获得灵感。

　　快速眼动节律是另一个刺激灵感的途径。不要忘记，快速眼动睡眠占了整个睡眠时间的25%，但并非平均分布在整晚，相反，大部分快速眼动睡眠发生在睡眠周期的最后1/3（更确切地说是最后一小时）。所以你的大脑在睡眠的最后两小时与醒来后一小时非常活跃，各种灵感汩汩冒出。保罗·麦卡特尼便是在睡梦中创作了民谣《昨日》的曲调，他醒来后即刻记录下来。尽管他无法相信自己能在梦中创作出如此优美的旋律，不过这确实有道理可循。当人的大脑处于记忆固化阶段，其前额叶皮质层可能还在哼唱，而大脑则主动地连接音符成为曲调。俗话说得好，"日有所思，夜有所梦"，对头脑风暴与创意活动来说一点都没错。给自己足够的睡眠，不用闹钟，睡到自然醒，保证你的"昏昏沉沉的伟大瞬间"能时常出现。

节律回顾

联通节律：左右半脑互相对话，激发各种想法。

分心节律：当你稍感困倦、容易分心的时候，灵感会突然到来。

新颖节律：当你享受快乐时光，处在全新的环境中时，你也会收获新鲜的主意。

快速眼动节律：当你在做梦或处于睡眠巩固阶段时，大脑却十分活跃。

最不适合头脑风暴的时间

上午 11：00 到下午 3：00。很可惜，一天中的黄金工作时段、最需要头脑风暴的时候，恰恰是你灵感枯竭之时。

头脑风暴的最佳时间

海豚型：早上 5：00 到 8：00，下午 2：00 到 4：00。

狮子型：早上 4：00 到 6：00，晚上 8：00 到 10：00。

熊型: 早上 6: 00 到 8: 00，晚上 9: 00 到 11: 00。

狼型: 早上 7: 00 到 9: 00，晚上 10: 00 到凌晨 1: 00。

演奏音乐

失败: 舞台焦虑症发作，手脚发麻，在演奏时忘记乐谱。

成功: 在舞台上镇定轻松，演奏犹如行云流水。

简单的科学

我对音乐家十分佩服，他们有如神助，在钢琴琴键、吉他琴弦上十指翻飞，弹奏出精确的音符，或者用他们的声音传达人类的感情。如果你曾经被音乐家的表演感动得热泪盈眶，你一定会同意演奏音乐不仅是艺术，更是技巧。任何一项需要灵巧肌肉控制的技巧，无论是体育运动还是吹奏大号（是的，嘴唇也属于肌肉），其实都受到演奏者的昼夜节律变化的影响。

演奏节律。 音乐家感觉运动的精度（包括眼、耳、手的协调）也具有昼夜节律，德国汉诺威音乐生理学与音乐家医学研究所的研究人员对此展开研究，考察演奏的时间如何影响钢琴家的技巧。音乐会一般都在晚上举行，那么狮子型钢琴家的表演能不能达到精确？而在日场演出时，狼型音乐家的精细动作尚未足够预热，他们能表现得多好？为了得到答案，研究者首先测试了 21 名专业钢琴家的生理时钟类型（所有其他因素，例如练习时间和睡眠时间都保持一致）。接着，这些钢琴家在早上 8: 00 和晚上 8: 00 各自弹奏一次 C 大调双八度音阶，并基于准确性（弹奏正确的音符）、平均性（每个音符的间歇）、稳定性（在规定时间内演奏的连贯性）以及流畅性（演奏者敲击琴键的速度以及发出的声音大小）评分。尽管在规定时间段内，早上型与晚上型钢琴家演奏的准确性与平均性不相上下，但是稳定性不同。狼型钢琴家的演奏大多在晚间时段非常稳定，而狮子型则在早间、晚间两个时段都非常稳定。研究者特别提出，这些都是受过长期训练的专业级音乐家，**然而昼夜节律的波动却让晚上型音乐家在早上的表演出现瑕疵。该结果表明，连续不断的练习也未必能够克服感觉运动技能的波动。**

对于击键流畅性，即演奏的速度与响度，两种生理时钟类型都在晚间敲击力度更大，这与针对其他精细动作能力（比方说握力）的研究结果一致，所有生理时钟类型都在晚上表现更佳。无论是弹钢琴还是打网球，天黑之后的表现都更好，连狮子型也不例外。

我有一个病人，是一名海豚型的音乐家，她告诉我她更喜欢晚场演出，不喜欢日场。就她的生理时钟类型而言，这种偏好再自然不过。我们一起努力帮助她克服演奏焦虑的问题，因为即使她几十年来一直从事专业演奏，演出前她仍旧会感到焦虑难耐。焦虑是海豚型的共同特征，但是演奏焦虑并非仅限于睡眠不好的人群，**紧张节律**也会影响所有类型，不过通过适时的冥想或放松是能够消除的。

澳大利亚悉尼大学的一组心理学家在 46 名专业音乐家身上测试了慢呼吸放松法的效果。其中一部分音乐家在音乐会前 30 分钟花 5 分钟时间练习控制呼吸法，另一部分则不采取任何措施。与对照组相比，采用控制呼吸法的那组，尤其是演出焦虑症状特别严重的那组，都自我汇报他们的紧张焦虑得到显著缓解。感兴趣的读者也可以尝试 4-6-7 呼吸法，能够在演出、约会、会议或其他事情之前有效缓解紧张情绪，方法如下：

1. 吸气，数 4 下；

2. 憋气，数 6 下；

3. 呼气，数 7 下；

4. 重复 2 分钟。

节律回顾

演奏节律：考虑你所属的生理时钟类型什么时候在速度、准确性和强度方面具有最强的感觉动作精度。

紧张节律：在演出前感到紧张，需要平静下来。

最不适合演奏音乐的时间

　　最不适合演奏音乐的时间其实并不存在。熟能生巧的古话今日仍然有效。或许在一天中的某个时间段你的表现更好，但在大多数情况下，练习越多，表现越好。一句话提醒：千万别在大半夜弹吉他或打鼓，会吵到邻居的。

演奏音乐的最佳时间

海豚型：晚上 8：00，从 7：30 开始，在演出前放松呼吸。

狮子型：下午 2：00 到晚上 8：00。无论日场还是夜场，你们的表现同样出色。演出前放松呼吸，可以在**下午 1：30 或晚上 7：30** 开始。

熊型：下午 2：00，晚上 8：00 到 11：00，假如你有夜场演出的话。

无论日场还是夜场，你们的表现同样出色。演出前放松呼吸，可以在**下午1：30或晚上7：30**开始。

狼型：晚上8：00至午夜，假如你有夜场演出。演出前放松呼吸，可以在**晚上7：30**开始。

整理思绪

失败：无法将表面上毫无联系的事情联系起来，无法纵观全局。

成功：能够将表面上毫无联系的事情联系起来，纵观全局。

简单的科学

电视剧里的神探往往不费吹灰之力就能把线索整合在一起。审问犯罪嫌疑人或翻阅记事本的时候，他们眼睛一亮，便突然想起几天前某个无意中发现的细节，立刻揭穿凶手的身份。本尼迪克特·康伯巴奇扮演的夏洛克·福尔摩斯手指轻点太阳穴，仿佛开启电脑一般，即刻就能获取所有信息。他能把看似偶然的事件联系在一起，在脑海中画出一张地图，直接把自己引到凶手面前。这就是基本演绎法（一语双关，既指推理能力，又是电视剧名）。

现实生活中将看似丝毫没有联系的碎片组织整合带来的灵感——如果那不是创意，我就不知道那是什么了——往往不会发生在审讯室、实验室或伦敦贝克街221B的图书室。对我们普通人来说，灵光只有在最不经意的时间（和地点）才会乍现：包括还躺在床上的清晨时分。

灵感节律就如同生物时间一样简单：白天清醒的时候，你会感知到无数的影像、声音、气味、词语、思想，不一而足。而在晚上沉睡时，大脑中的海马体会在记忆库中将白天的新输入与以往的记忆、感知相联系，新的输入与旧的记忆联结在一起，点亮新的大脑联结。第二天早上你一醒过来，就会突然觉得想明白了很多事情，这时你可以给正在创作的小说添加新的细节，破解一段密码，甚至破获一起凶杀案。

来自麦吉尔大学和哈佛医学院的研究人员进行了一项实验，训练一组受试者完成一系列非常复杂的数学题，要求他们必须在脑海中为表面上毫无联系的点建立联系。受试者被分成了三组，分别在 20 分钟、12 小时、24 小时后接受第二次测试。不仅如此，12 小时后接受再次测试的那组受试者进一步分成了早上受训练、晚上再次测试，以及晚上受训练、一夜好眠后早上再测试的两组。

成绩进步幅度最大的组是 12 小时组中晚上受训练、一夜好眠后早上再测试那组。12 小时的良好睡眠让他们的大脑能有时间思考解决问题的方法，等他们醒来，再次接受测试时，清晨的大脑便能提供灵感。尽管他们并没有主动思考问题，但大脑在休息时已经帮助建立了点与点之间的联结。

有些患有失眠症的病人也对我说过："晚上辗转反侧，总希望想明白很多事情。"我的回答是："好好睡一觉！你的大脑会帮你想明白。第二天早上就会有答案。"

你不相信好好睡一觉能够帮你解决问题？你可以尝试在入睡前进行一项远距离联想测验（RAT），第二天早上再次测试，就可以发现自身的灵感节律。

远距离联想测验是 1962 年密歇根大学萨尔诺夫·梅德尼克教授设计的一项测试，能够精确评估创造性与思维敏捷度。测试方法如下：每道 RAT 的问题给你提供了三个表面上毫无联系的单词，要求你写出可以将它们联系起来的第四个单词。

简单

农家 / 瑞士 / 蛋糕 _____

奶油 / 溜冰 / 水 _____

失败者 / 喉咙 / 地点 _____

中等

圣人 / 油画 / 头发 _____

靴子 / 夏天 / 土地 _____

苍蝇 / 回形针 / 墙壁 _____

较难

动物 / 后背 / 老鼠 _____

犯规 / 球场 / 队员 _____

尾巴 / 水 / 洪水 _____

萨尔诺夫·梅德尼克与《小睡革命》一书的作者萨拉·梅德尼克（他的女儿！科学基因在家族中遗传！）合作证明了快速眼动睡眠能够给创造力加分。在他们的研究中，梅德尼克父女让受试者在上午 9∶00 接受远距离联想测试，上午 9∶40 再接受词语类比测试。下午 1∶00，受试者午睡片刻，此时快速眼动睡眠可能发生，也可能不发生；或者受试者仅仅是静思片刻。到下午 5∶00，受试者再次接受远距离联想测试，题目有可能是做过的，也可能是全新的，最后，在下午 5∶40 接受一项记忆测试。

快速眼动节律——发生快速眼动睡眠的午睡——能够让早上做过远

距离联想测试的受试者到下午再次接受测试时，成绩提高 40%。静思或未能发生快速眼动睡眠的受试者，下午远距离联想测试的成绩没有改变，甚至更糟。只有发生快速眼动睡眠的午睡（平均 90 分钟）才能够增强大脑的远距离联想网络，帮助受试者创造性地将不相干的想法联系起来。

节律回顾

灵感节律: 你的大脑将表面上毫无联系的线索联系起来，灵感乍现!

快速眼动节律: 午睡 90 分钟，产生快速眼动睡眠，能够帮助大脑将思考转为灵感。

最不适合思绪整理的时间

狮子型与熊型: 上午 10：00 到下午 2：00。海豚型与狼型: 下午 4：00 到晚上 11：00。精力旺盛的巅峰时段是用来积累输入，使之成为未来的记忆（也可称作线索）的。别试着在这些时段整理思绪，反而应该尽量多吸收信息，积累感知体验。

思绪整理的最佳时间

海豚型: 凌晨 4：00 到 7：00，在快速眼动睡眠期间与醒来后半小时内。海豚型千万不要午睡!

狮子型: 凌晨 3：00 到 6：00，在快速眼动睡眠期间与醒来后半小时内。从 90 分钟的午睡醒来后，下午 3：30。

熊型: 早上 4：30 到 7：30，在快速眼动睡眠期间与醒来后半小时内。

下午午睡醒来后，4：00 左右。

狼型: 早上 5：00 到 8：00，在快速眼动睡眠期间与醒来后半小时内。

创作小说

失败: 努力填满空格，却什么也写不出来。

成功: 在创作高峰期写作，在分析高峰期进行修改。

简单的科学

我从来不会痴心认为写作的任何一个阶段都"轻而易举"。坐下来盯着一张白纸或者空白的屏幕从来都不是一件简单的事。跳动的鼠标总是让人感到压力十足。

写作或许的确让人害怕，但是良好的作息时间却能让你获得先机。当你的大脑做好准备创作的时候，你可以非常顺畅地写出大逆转的情节或极富创意的对话，当你的大脑做好准备进行分析与战略性思考的时候，你可以顺利地修改草稿。

创作节律几乎总是处于其他认知功能的另一端。其他认知功能包括记忆、做决定、注意、计划，一般都是在峰值时段完成。但是"创作"这一项活动——将你脑海中的想法带入这个世界——却恰恰在你精神最不济的时候完成。在阿尔比恩大学的一项具有里程碑意义的研究中，研究人员根据昼夜节律将 428 名大学生分为"早上型""晚上型"与"两者都不属于"的三组，并要求在早上与下午两个不同的场景解决分属两种类型——"灵感"或"分析"——的三个问题。受试者有四分钟来解决每个问题。

实验中使用的"灵感"类问题：

△ 囚犯问题：一名囚犯试图从高塔中越狱。他在牢房中找到一根绳子，但绳子的长度只有高塔到地面距离的一半。他把绳子一分为二后系在一起，最终安全逃脱。他是怎么办到的？

△ 假币问题：有人向一名买卖古董钱币的商人兜售一枚十分漂亮的古铜币。铜币一面刻有皇帝头像，另一面刻有公元前 544 年的标记。商人仔细查看了一番铜币却决定不买，反而报了警。这是为什么？

△ 睡莲问题：水塘中的睡莲每 24 小时长高一倍。夏天刚开始，湖面上只有一朵睡莲，6 天后，湖面上便遍布睡莲。那么，哪一天睡莲占到湖面的一半？

实验中使用的"分析"类问题：

△ 年龄问题：鲍勃爸爸的年龄现在是鲍勃的 3 倍，他们的生日都在 10 月。4 年以前，鲍勃爸爸的年龄是鲍勃的 4 倍。那么鲍勃和他爸爸现在分别是几岁？

△ 单身汉问题：5 个单身汉，安迪、比尔、卡尔、戴夫和埃里克，一起出去吃晚饭，从周一到周五分别吃了 5 顿不同的晚饭（鱼、比萨、牛排、墨西哥卷饼和泰国菜）。每个人在这 5 晚中根据自己的喜好选择餐厅并请客。埃里克周五那顿饭没去，卡尔在周三晚上请客，他们在周五吃的是泰国菜。比尔不喜欢吃鱼，他是第一个请客的。在其中一个人请客吃了比萨之后，戴夫选了家牛排餐厅请客。那么 5 个人各自是在哪天晚上请客的？又分别吃了什么？

△ 花朵问题：4 名女士，安娜、艾米丽、伊萨贝尔和伊凡娜，从各自的伴侣汤姆、罗恩、肯和查理那儿得到一束花。安娜的伴侣查理送的不是玫瑰。汤姆送的是水仙（但不是送给艾米丽的）。伊凡娜收到的是

百合，但不是罗恩送的。请问 4 名女士各自收到的是什么花（康乃馨、水仙、百合、玫瑰）？各自的伴侣是谁？

不难看出，"灵感"问题大多与创造力有关，而"分析"问题则更关乎数学分析能力。在根据受试者各自的生理时钟类型预设的状态最佳的时间段，分析问题的正确率最高，而在非最佳时间段，他们解决了更多的灵感问题。正因如此，我建议在**稍感疲惫的时候进行写作，而在精神最佳的时段修改草稿**。

不过，如果进行其他类型的写作，譬如科技论文、商务写作那种不需要太多"创意"的体裁，那么写作与修改活动都应该在精神最佳的时段进行。由于写作目的是需要通过清晰、明确、连贯的方式摆事实、讲道理，那么最好攒足精神，在不受干扰的状态下高质量地完成任务。

你也会处于一种非最佳状态。那该怎么做？答案就是**沉醉节律**。芝加哥大学的研究人员把酒精在创作过程中扮演的角色戏称作"拔酒瓶塞的缪斯"。在他们的实验中，一部分受试者滴酒不沾，而另一部分则喝了伏特加和小红莓果汁鸡尾酒，使血液中的酒精浓度达到 7.5%，这是一个体重 145 斤的成年男性喝三杯半的鸡尾酒后达到的程度。（美国法律规定，血液中酒精浓度达到 8% 即为醉酒。）两组受试者都进行了远距离联想测试，结果显示，醉酒组比对照组受试者更快地回答完所有问题。

那么，如果你想释放创造力，什么时候最易受到酒精影响？详情可以参看 198 页的"饮酒"一节。（此处郑重声明，我并不推荐喝酒，尤其在距离上床时间 3 小时之内。）

惯例节律。会不会有点无聊？我可不这么认为。遵守写作的惯例能够帮助大脑在每天同一时间产生灵感。本节不再引用一些著名的研究，相反，我想让一些功成名就的作家来一场现身说法，谈谈保持规律的写作作息究竟有哪些裨益。听听这些获奖作家或畅销书作家的建议不会有任何害处。

当我处于小说创作模式时，我每天清晨 4:00 起床，连续工作 5 到 6 小时。下午我会慢跑 10 公里，或者游泳 1500 米（有时候两者皆有），之后会读书，听音乐。晚上 9:00 我就会上床。每天如此，毫无例外。重复本身变得非常重要，变成一种催眠的形式。这种自我催眠能够让我达到心理的更深层次。

——村上春树

在创作小说时，当天边出现第一道曙光时我就会开始写作。此时没有任何人打扰，空气清冽，你会一边写作一边变得暖和起来。时不时读一读已经写好的部分，当你知道下一部分该写什么的时候你就会继续写下去。你一直写、一直写，各种想法不断冒出来，你知道下面应该写什么，这时你可以停下来，等到第二天再继续写作。一般来说，如果从早上 6:00 开始，差不多到中午就可以停笔。

——欧内斯特·海明威

我从早上开始写作，中午回家，再洗个澡。你明白的，写作是个苦活，所以必须多洗澡。之后我会出门采购——做饭是件很严肃的事——假装过着正常的生活。我会为自己做一顿大餐。如果有客人来，我会点上蜡烛，配上音乐。等吃完饭收拾好，我会仔细读一遍我早上写的东西。如果我写了九页，一般我会保存两页半或三页。

——玛雅·安吉罗

我一般会很早醒来，有时候太早。一般是清晨 4:00。每天早上我都挣扎着在太阳升起前起床，不过那时候我的脑海中总是充斥着各种词语，我必须走到桌子前把它们全倒出来。每天醒来的时候，总有无数的句子灌进我的脑海，所以每天早上到桌子前开始写作就好像一场长期的应急工作。

——芭芭拉·金索夫

晚饭前我需要独处一小时，喝点酒，回顾一天下来写了什么。下午的时候我没法做这件事，因为离得太近。酒精有些帮助，使我能够从创作中抽身。所以我会花一小时的时间来删减或增加。然后第二天，我会看着前一天晚上的笔记，继续一天的工作。

——琼·迪迪翁

写作的书房应该如同卧室一般私密，是一个你可以做梦的地方。你的作息——每天同一时间进来，出去的时候已经将千言万语付诸纸上——能够帮助你养成习惯，帮助你做好准备立刻开始做梦，就如同每天晚上你会在同一时间上床，完成同样的步骤之后入睡。

——斯蒂芬·金

著名作家的生理时钟类型

海豚型
大仲马

弗朗茨·卡夫卡

查尔斯·狄更斯

马塞尔·普鲁斯特

威廉·莎士比亚

狮子型

玛雅·安吉罗

W.H.奥登

本杰明·富兰克林

维克多·雨果

约翰·弥尔顿

托尼·莫里森

村上春树

弗兰纳里·奥康纳

西尔维娅·普拉斯

库尔特·冯内古特

伊迪斯·华顿

熊型

简·奥斯汀

斯蒂芬·金

乔治·奥威尔

托马斯 · 曼

苏珊 · 桑塔格

<u>狼型</u>

雷 · 布莱伯利

弗朗西斯 · 斯科特 · 菲茨杰拉德

查尔斯 · 达尔文

詹姆斯 · 乔伊斯

金斯利 · 埃米斯

弗拉基米尔 · 纳博科夫

格特鲁德 · 斯坦因

威廉 · 斯泰伦

亨特 · 汤普森

J.R.R. 托尔金

马克 · 吐温

弗吉尼亚 · 伍尔夫

节律回顾

创作节律: 在非最佳时段创作小说,刻画人物;在最佳时段修改草稿。

沉醉节律: 在非最佳时段小酌几杯,你会文思泉涌。

惯例节律: 严格遵守工作作息,在每天同一时间开始工作,同一时间结束。

最不适合创作小说的时间

下午 2：00 到 3：30；午夜 12：00 到早上 7：30。最不应该创作或修改小说的时间段是什么时候？是该睡觉或休息的时候，应该趁那些时间让大脑整合记忆、进行远距离联想，帮助第二天的创作。

创作小说的最佳时间

海豚型: 上午 8：00 到 10：00 写作，下午 4：00 到 6：00 修改。

狮子型: 晚上 8：00 到 10：00 写作，早上 6：00 到 8：00 修改。

熊型: 晚上 6：00 到 11：00 写作，上午 10：00 到下午 2：00 修改。

狼型: 上午 8：00 到 11：00 写作，晚上 6：00 到 10：00 修改。

清晨写作

《创意，是一笔灵魂交易》是出版于 1992 年的一部关于创意的自我成长的畅销书，销量达到百万册。其作者朱莉娅·卡梅伦敦促人们每天早起进行写作，用三页纸记录下意识流般的各种想法。她在网站的视频中说道，清晨写作可以写"任何内容，比如'我忘了买猫砂'或者'我得洗窗帘'。这些内容看上去似乎与创意无关，但它们的作用是清空你的大脑。就好比用一把小小的除尘刷，扫清大脑每个角落里的垃圾，把它们倒在了纸上"。

卡梅伦建议她的读者让想法不受干扰地流淌出来，即使出口是某些混沌或黑暗的角落。"很多时候，人们觉得这些想法应该有更强的艺术感。我不赞同。它们应该是抱怨的、琐碎的、乖戾的，"她说道，"你写下的正是你脑海中所想到的，就像冥想时所说的那种'云思想'。这些想法穿过你的重重思绪，直击你心灵最黑暗的角落。直面你的影子，请它出来喝杯咖啡。我觉得，当你把负面情绪写在纸上，它就不会再在你的脑海里掀起风浪。清晨写作就好比一种净化练习，一种能够让你更清明地度过每一天的练习。"

清晨写作的内容并不属于小说创作，甚至除了你自己不会再有别的读者。它们不是诗歌，也不是日记。正如卡梅伦所说，你的意识流是一种净化的过程，能够帮助你获取更多的时间。她说她每天花三四十分钟的时间在清晨写作上，这么做能够让之后的工作更有动力、效率更高。这样看来，其实反而省了时间。我非常支持这种能够净化负面思绪的做法，因为它会让你获得更多时间，走向成功。

清晨写作如何嵌入你的生理时钟类型：

海豚型：早上 6：30 到 7：00。

狮子型：早上 6：00 到 6：30。

熊型：早上 7：00 到 7：30。

狼型：早上 7：00 到 7：30。

第十三章

金钱

◎ 购物
◎ 变得富有
◎ 成交生意
◎ 销售

购物

失败：在受到外界或内部刺激产生的情绪反应支配下，疯狂购买根本不需要的东西。

成功：理性购物，适当消费。

简单的科学

逛街与购物之间最明显的区别在于其中只有一项活动真正包括了使用现金购买商品或服务的过程。理论上讲，你可以逛街一整天却不花一分钱，随便逛逛完全是免费活动。逛街可以是纯粹的娱乐，消磨时间，不过也可能是消费前的预演。

逛街的最佳时间是你把钱包落在家里的时候。

相信我，商场环境里五花八门的暗示——无论是实体商店还是在线购物网站——都处心积虑地诱惑你立刻掏出信用卡。直销工厂店常常斥资上百万美元进行研究，试图找出如何利用消费者不稳定的情绪，让他们彻底抛去理智的策略。

你无法抗拒诱惑，这是一切商店得以生存的法宝。"大减价！""买二送一！"这样的诱惑让你想都不想就把不需要的东西收进购物车。熊型和狼型更容易受到**冲动购物节律**的影响，而狮子型和海豚型显然更加谨慎。但是只要环境适宜，每个人都可能冲动购买，之后却后悔不迭。

处于黄体期（排卵期与月经期之间的阶段）的育龄女性尤其如此。这不是性别歧视，有科学证明的。根据一项针对 18 岁到 55 岁的女性的调查（有 443 名女性参与），相比处于滤泡期或排卵期的女性，处于黄体期的女性更难控制自己的消费冲动。除此之外，她们事后并不会感到懊悔，这说明她们缺乏基于内疚与悔愧的消费控制。冲动消费加上放任自流就等于负债，这可不是外人的批评指责，而是简单的真理。

女性和男性在这点上没有区别：当处于激发状态时——并非特指性欲，而是指兴奋愉悦的状态——更容易冲动消费。正是由于这个原因，商场的购物环境常常让人觉得眼花缭乱（明亮的灯光、明快的颜色、特别的气味和音乐）。你会不自觉地"睁大双眼"，这不仅是比喻，也是事实：当处于激发状态时，瞳孔会放大；同时也更易分心，忘记你最初想买的东西，而被诱惑着买了很多原本不在购物清单上的商品。一系列研究都发现，眼睛睁得越大，购物环境的刺激程度越高，消费也越多。

避免冲动购物节律的一个办法就是在最不容易受到购物环境刺激的状态下去购物。我之前解释过，有三种类型的唤醒：能量、紧张以及享乐（幸福感），每一种都是冲动行为的导火索。根据波兰一项针对生理时钟类型与唤醒的研究：

△ 晚上型与早上型相比，在一天中更易感到焦虑，不易感到快乐。

△ 早上型与晚上型相比，在下午 5：00 前精力更加旺盛。

就一个激发的三维模型而言：

狼型、海豚型与晚起的熊型在白天不易在商场冲动购物。

狮子型与早起的熊型在上午能够较好地控制购物冲动，但是晚上则易受影响。

很多人购物的原因不是感到兴奋，而恰恰相反：情绪低落的时候花钱能让他们感到高兴（即使是暂时的）。根据密歇根大学的一项研究，这种**购物疗法节律**的确能够让人感到舒心。什么原因呢？这是因为生活让你感到一切都不受控制，可是当你做出购物决定的时候，却感觉一切尽在掌握。狼型和熊型需要这种偶尔的兴奋剂，可以事先设定一笔预算，一旦达到预算就停止购买。

A 型人格节律关注的是购物和人格特征之间的联系。雄心勃勃的类型（例如狮子型）更倾向物质主义，将获取视为一种达到个人成功目标的途径。一项针对 193 名澳大利亚成年人的研究发现了物质主义与 A 型人格中竞争性和攻击性之间的直接关联。购买对象——新车、豪宅、钻石手镯——对他们而言就如同战利品。从心理学家的角度，我觉得有必要对这种将获取视作个人地位标志的想法提出一点警告：你不是你自己的所有物，通过不断购买来证明自己的成就终将让人感到空虚。不过，或许不到古稀之年你还不会有这种体会，所以现在还是好好享受吧。

海豚型一般来说也属于 A 型人格，不过更偏向神经质与焦虑型，这也可能让他们的钱包压力更大。根据以色列的一项研究，当物质主义的人群遭遇火灾时（研究中的 139 名受试者都居住在长期受到火箭弹攻击的地区），他们的反应是用购物来缓解焦虑。最终，购物并不会让他们感到更幸福或更安全，不过他们仍然这么做。

最后一个看牢钱包的办法：**饥饿节律**。我们都知道，永远不要在肚子饿的时候去采购，否则结果就是扫空货架。明尼苏达大学的研究人员证明，饥饿甚至增加了非食品项目上的支出。在一项实验室的实验中，饥饿的受试者选取商品的时候速度更快，连一些无关紧要的、长尾夹之类的零碎货品也不放过。在现场研究中，研究人员测试了正在离开商场的 81 名顾客的饥饿程度，再考察他们的购物单，发现饥饿的顾客购买了更多的非食品商品，甚至多花了两倍的钱，不管他们的情绪如何、购物时间有多长。

节律回顾

冲动购物节律：在过度激发的状态下购买更多东西（尤其是女性在月经期之前）。

购物疗法节律：购物以缓解低落情绪。

A 型人格节律：将购买作为衡量个人成就的方式，在极度紧张或焦虑的时候购物。

饥饿节律：在饥饿的状态下大量购物。

最不适合购物的时间

"不适合"指的是最有过度花费的倾向时。

女性顾客: 月经期前一周,饭前两小时。

男性顾客: 饭前两小时。

购物的最佳时间

"最佳"指的是不具有过度花费倾向。购物可以安排在:(1)不饿的时候;(2)精力不济的时候;(3)犯困的时候。换句话说,午饭过后去购物。

海豚型: 下午 1:00。

狮子型: 中午 12:00。

熊型: 下午 2:00。

狼型: 下午 3:00。

"亚马逊肯定以为我死了"

海豚型的斯特凡妮告诉我,她以前常常在晚饭后浏览购物网站。"我以前以为购物可以让我放松,但后来我明白了紧张导致购物的概念,我意识到自己只有在晚上情绪紧张的时候才会浏览网站。这个就像膝跳反应,我一觉得紧张(晚间皮质醇水平升高)就会上网。现在我使用了一种网站拦截软件,在晚上上网的时候阻隔购物网站。我还会多做一些能让我真正放松下来的事,比如读书、洗澡。我觉

得亚马逊肯定以为我死了！我一定要感谢生理时钟的力量：每个月的
信用卡账单少多了。"

变得富有

失败：试图使用与你的生理时钟类型的人格特征冲突的策略，让自
己变得富有。

成功：充分利用你的生理时钟类型的人格特征，让自己变得富有。

简单的科学

本书并没有讲"怎么做"与"做什么"才能变得富有，如想获得有
关投资理财或内部交易的诀窍，恐怕得求助别处。我也无法告诉各位读者
应该在一天中的什么时候或一周中的哪一天购买投资组合或对冲基金（我
都说不清这个名词是什么意思）。不过我可以告诉你们的是，每种生理
时钟类型所具有的任何特征都是能够加以利用的优势，可以保障你的财
务安全。

举个例子。**早晨仪式节律**是成功的狮子型的常规做法，他们很早起
来，充分利用全世界仍在酣睡的几小时的安静时间完成自己的工作。清
晨 6: 00 起床的名人包括苹果、美国在线、布隆伯格、思科、康泰纳仕、
克莱斯勒、迪士尼、通用电气、通用汽车、百事可乐、宝洁、星巴克、
联合利华、维京航空和施乐公司的现任或前任总裁，等等。为什么这些

世界首富不贪恋温暖的床而在天不亮时就起身？因为他们有一种获得成功的强烈驱动，对成功的渴望镌刻在他们的基因上。

狮子型显得雄心勃勃、竞争性强，比其他生理时钟类型更易在商场上取得成功。他们常常把成功的秘密归结为早上的时间管理。经济记者劳拉·范德卡姆写的新书《大多数成功人士早餐前干什么》就描述了几十位成功人士的早起仪式。那么，在全世界其他人还在酣睡的时候，他们究竟做了些什么？范德卡姆写道，他们会运动，全身心投入他们深感兴趣的工作中，或者冥想，列计划，与家人相处，还可能列出宏观计划蓝图，回复和阅读邮件，与其他的狮子型同伴交流如何统治世界的计划。

俗话说得好，"早睡早起，健康富有又聪明"，这句话特别适合形容狮子型的本杰明·富兰克林。他热衷于列计划，每天早上起床都会问自己："今天我又能做哪些好事？"对他来说，清晨5：00到8：00的早起仪式包括"起身，洗漱，向上帝祈祷；考虑白天的事情，决定一天的目标；追问今日之事，再进早餐。"用现在的话来说，就是"起床、冲澡、冥想，计划今天要达到的目标并下定决心，浏览一下外面发生了什么，然后吃饭！"听起来像那么回事。

海豚型与熊型在早上精力水平不够，迫使他们像狮子型一样完成早晨仪式反而是浪费时间，会导致他们缺乏睡眠（缺乏睡眠**绝不是**通往富有之路）。相反，那些需要多睡几小时的人恰恰可以利用**好主意节律**——换句话说，利用最佳的创意时间想出为你带来源源不断的钞票的精彩点子。

在详述精彩点子的"时间节律"之前，有必要先简要解释一下这些点子从何而来。大脑负责产生想法的网络包括以下三个。

△ 控制网络，包括前额叶皮质层和后顶叶皮层。当你专注集中于解

决挑战性的问题时，这两个部分会点亮。

△ 想象网络，又称作默认模式网络，包括前额叶皮质层的一部分，内侧颞叶及其他区域。它是"游走性的思绪"，做白日梦的网络——各种想法蔓延至过去，也伸展至未来。

△ 灵活网络，处于背侧前扣带回皮质与前岛叶区域，其功能在于让大脑意识到身体内外的状况，并且帮助优先处理此时此刻最重要的想法。这个想法或许是"我肚子饿了"，也或许是从想象网络产生的一丝灵感，它进入控制网络，直至发展成精彩的主意。

将三个网络结合在一起便能够产生、意识到、打磨出精彩的主意。

但究竟"什么时候"灵感才会出现？事实上，灵感可能出现在任何时候。西北大学的研究人员进行了一项关于灵感的脑科学研究，通过使用脑电图与核磁共振成像技术捕捉受试者在灵光一闪时的神经活动，他们发现灵感真的是突然出现的。灵感有可能与之前的想法毫无关联，它有自己的时间表，发生路径不可预测，甚至无法追溯。

尽管如此，其他大量的研究已经确认，在思绪游走、注意力分散的非最佳状态下，大脑最容易产生灵感。当你的大脑处于"休息"之中时，其实它并不在休息。相反，它正在积极地处理各类记忆与想法。创意十足的金点子不会在你读报纸、看电视、查邮件或上网的时候出现，相反会在你洗澡、切菜、冥想、发呆甚至是在床上等着闹钟再次响起的片刻间出现。在谷歌这家极度推崇创意的公司里，创意思维往往产生在他们所说的"20%的时间"中，也就是说，工程师一天中用于做白日梦的时间反而最有利于产生新的想法。

熊型和海豚型在一天中也有很多机会获取这些灵感，只要他们不是在工作或集中精力思考问题的时候。我建议熊型和海豚型可以向狮子型取取经,每天专门辟出一段时间用于做白日梦,花20分钟的时间设立一个思考计划。这段时间可以在你醒来以后,或者下午困倦的时候,甚至是晚上洗热水浴时。

狼型天生就创意无限,甚至有时候好主意多到没办法组织或实现。我一直觉得狼型和狮子型应该组成商业伙伴,狼型负责创意,狮子型则负责实施。

狼型还有一样变得富有的秘密武器,而狮子型却没有。猜猜看是什么?

顶级富豪的习惯究竟是什么? 当然,社交网络、勤奋工作与兢兢业业确实十分重要,但别忘了冒险。大多狼型都遵守**冒险节律**。芝加哥大学有一项研究,将172名20~40岁的男性和女性根据生理时钟类型分组,并通过一份具体领域的冒险性问卷来评估他们各自在五个领域冒险的耐受程度。这五个领域分别是伦理、财富、健康/安全、娱乐与社交。受试者根据以下各种场景,在1到7分范围内打分(1表示"绝不可能",7表示"很有可能")。

1. 承认你的品位与一位朋友的不同。

2. 去野外露营。

3. 把一天的收入用于赌马。

4. 将年收入的10%用于中等收益的基金投资。

5. 在社交场合喝得酩酊大醉。

6. 在所得税申报表上填写一些有问题的退税项目。

7. 在重大问题上与权威人士持不同意见。

8. 将一天的收入用于高风险的扑克牌赌博。

9. 与已婚男女产生婚外情。

10. 用他人的工作冒充自己的工作上交。

研究结果：

狮子型男性更有可能在社交上冒险，例如，与权威人士持不同意见或在公开会议上畅所欲言。

其他所有冒险行为都属于狼型。狼型的女性更有可能在伦理、财富与健康方面冒险，狼型的男性则在娱乐活动上更具冒险性。

狼型个性冲动，喜欢追逐新鲜事物，但同时也十分聪明。他们所有的风险都经过精心计算。这么看来，每个团队应该至少有一名狼型成员，可以鼓励团队"向前冲冲冲"。他们或许会犯下许多错误，但也有足够的智慧从错误中不断成长学习。

节律回顾

早晨仪式节律：狮子型利用早起的几小时努力工作，走向成功。

好主意节律：所有的生理时钟类型均可利用白日梦的力量，获得能让他们变富有的好主意。

冒险节律：狼型利用自身的冒险性，铲平通往成功之路的所有障碍。

最不适合变得富有的时间

中午 12：00 到下午 2：00。午餐时间是所有生理时钟类型都精力旺盛、注意力集中的时段，所以不适合做白日梦或冒险。

变得富有的最佳时间

海豚型: 上午 9: 00 到中午 12: 00, 睡眠惯性影响下的白日梦时段。

狮子型: 上午 6: 00 到 9: 00, 一个人努力工作的时候。

熊型: 上午 7: 00 到 9: 00, 睡眠惯性影响下的白日梦时段。**晚上** 8: 00 到 11: 00, 晚间白日梦时段。

狼型: 上午 7: 30 到 10: 00, 睡眠惯性影响下的白日梦时段。**晚上** 9: 00 到午夜 12: 00, 晚间白日梦时段。

成交生意

失败: 在疲倦、饥饿或不理智的状态下谈判买车、买房或要求加薪, 最终以失败告终。

成功: 在精力高度集中的状态下谈判买车、买房或要求加薪, 最终赢得谈判。

简单的科学

到现在为止, 你应该知道峰值期是最敏锐、最强势的时候, 也是思路最清楚的时候。

△ 海豚型: 下午以后。

△ 狮子型: 清晨。

△ 熊型: 晌午以后。

△ 狼型: 傍晚过后。

在这些时段, 你能够做出精确计算, 也能够在谈判中清晰表达。与此同时，无论在一天中的什么时段，只要你困倦，你就会易怒、昏沉，从而无法尽最大能力争取想要得到的东西。

不过，进行谈判、促成生意不仅仅要在与生理时钟类型相适应的精力顶峰去做，还需要考虑很多其他因素，例如，你本身的谈判能力以及对手的状态。

冷酷节律指的是一天中伦理界限较模糊的时段，心理学家将其称为道德效应。当你走进一家车行时，你心里非常清楚，交易双方都会尽全力为自己争取一个好价钱，不管需要做什么或说什么。而在不同的时间段，人们的道德感会有所波动。康奈尔大学和霍普金斯大学的研究者发现，一天中的不同时段决定了玩游戏的人是否作弊。他们让受试者玩一组计分游戏（分数越高便可获得越多的现金奖励），并要求受试者自行汇报成绩。结果发现，早上型在早上更加诚实，而晚上型则在晚上更加诚实。每组的诚实度相当，但是在不同时间段表现出了不同的诚实度。

本书的每位读者肯定都是正直诚实的好公民，绝不会撒谎、欺骗以促成生意。所以这里的建议是，弄清对手的生理时钟类型——例如一位车行卖家的——并根据对方的道德效应安排谈判时间。当处于疲倦状态的时候，对方可能不那么诚实，而精力旺盛时则更加诚实。其实很简单，只要刚开始接触的时候问问以下几个关键问题：

1. "我昨晚整晚都睡不着觉。你呢？会不会失眠？"**如果对方是海豚型，那么将交易谈判安排在下午。**

2. "我想先安排一次试驾，明天早上 6：30 方便吗？"非狮子型的卖家一般会希望推迟，但如果对方第二天一大早精神抖擞地出现，他就肯定属于狮子型。**如果车主是狮子型，那么将交易谈判安排在上午。**

3. "我每天午饭后特别困，就好像被下了药似的。你呢？"如果对方一个劲儿点头表示同意，估计他就是熊型了（熊型的可能性确实最大，毕竟人数最多）。**如果对方是熊型，那么在下午以后安排交易谈判。**

4. "你们晚上几点关门？我晚上 8：00 才能赶到车行。"狮子型在那个时间已经快累死了，熊型有可能会抱怨晚上加班，而狼型则会很兴奋地说晚上见。**如果对方是狼型，那么将交易谈判安排在晚上。**

最佳状态节律同样也受到一天中不同时间段的影响。那最佳的谈判状态是什么时候？简而言之，不要在午饭之前。以色列贝尔谢巴本古里安大学的研究人员试图找出保释听证会的法庭裁决究竟是仅仅基于事实，还是受诸如心理、政治、社会等因素的影响。结果表明，这些因素都无关紧要，但是听证会的时间与法官的午休或茶歇时间关系极为密切。

上午刚开始的时候，有利裁决达到 65%，该比例到午饭前下降到 0，无论听证会的具体情况或要求假释人员的个体特征如何，结果都一样。在午休之后，有利裁决的比例再次回升到 65%。或许我们会匆忙得出结论，饥饿感导致法官在午饭前对保释请求一概拒绝。研究者则认为，很可能是连续几小时的"超负荷选择"让法官的决定能力枯竭。或许法官会下意识地想："我已经批准了太多请求，从现在起最好拒绝。"

午饭前精力低谷的另一个决定因素是激素分泌。空腹低血糖是连续四小时不进食最有可能产生的后果，负责在身体内分配葡萄糖（能量）的胰岛素长期工作，可能会导致眩晕、疲倦、焦虑与易怒等结果，产生一种"我必须**现在**就吃饭"的感觉。人处于那种状态下，很难对食物以外的东西集中精力，从而使谈判能力甚至对话能力都受到影响。

即使是法官也会受到判断力疲倦与生理饥饿感的影响，更别提一般人想要在疲倦、饥饿或精疲力竭的状态下谈成任何交易了。正因为如此，最好将谈判安排在吃饱喝足、休息充分与精神振奋的时段。不过如果一天之中已经连续谈判五场，你应该意识到你的对手可能处于上风，经验固然可贵，但是时机更为重要。

节律回顾

冷酷节律: 当你（或你的对手）的道德感受到影响时，更有可能撒谎。

最佳状态节律: 太长时间没有进食，感觉疲倦饥饿的时候，你会无法集中精力谈判或做决定。

最不适合成交生意的时间

午饭之前，尤其是前一晚睡眠欠佳时。你一定会让步。

成交生意的最佳时间

海豚型: 下午 2: 00，午饭过后，餐后精力与注意力的低谷已经过去。

狮子型: 早上 8: 00，吃过早餐之后。

熊型: 下午 3: 00，吃过午饭，餐后精力与注意力的低谷过去之后。

狼型: 下午 4: 00，吃过午饭，餐后精力与注意力的低谷过去之后。

"我比以前更擅长说'不'"

"我是个部门领导，每天都要和供应商、自己的下属进行各种谈判协商，"属于熊型的本叙述了这样一段经历，"并不是那种大额谈判，其实都是小事，比如，是否批准下属休假、调班轮休。他们总是希望为自己争取到最大利益，可我得考虑到整个部门。无论如何，我对谈判的科学很好奇，我想看看我在早上更容易让步还是下午。科学结果从来不会说谎。感到累的时候我会让步，尤其是对方精力十分充沛时。一个狮子型的人大清早来请我帮忙，或者狼型的人到快下班的时候来找我，我都没法招架。但是太容易答应他们的要求也会给我自己带来很多麻烦，尤其是我得到处找人填补空缺，所以我决定在我的部门里实施这么一条规定：只在下午 3：30 到 4：00 之间处理个人休假或调班轮休的申请。这个变化让我的工作简单了好多！我现在更有条理，也更擅长说'不行，我这儿行不通'。"

销售

失败：无法说服任何人购买你销售的物品。

成功：让人觉得诚实可信，成功诱导客户或顾客购买你的商品。

简单的科学

顾客与销售之间的互动如舞步般精妙，表面上，也许你已经成功诱导顾客准备掏钱，可是突然之间，对方毫无预兆地决定不买。怎样才能让天平向自己倾斜，这绝非易事。有些人天生就是推销好手，甚至能向北极熊兜售冰雪，但我们大多数人还是需要一些技巧才能成功出售商品。

或许，推销员最重要的工具就是获得他人信任。**信任节律**其实就写在你的脸上——诚实可靠，并不需要太帅，太帅反而会显得不够老实。在普林斯顿大学的一项研究中，研究人员绘制出 11 张从"低于平均水平"到"最吸引人"的女性面孔，而"大众脸"则处于中间。参与者使用 9 分评级，客观评价这 11 张面孔的可信度。结果表明，最不吸引人与最吸引人的面孔都没有"大众脸"让人觉得可靠可信。

在另一项瑞典的研究中，研究人员请 40 名参与者浏览一组人脸照片，并就其疲倦程度与忧伤程度评分。有些照片上确实是疲倦的面孔，照片主人公在拍照的时候已经有 31 小时没睡觉了。这些缺乏睡眠的人有相似的特征：低垂的眼睑、红肿的双眼、黑眼圈、更多的皱纹、下垂的嘴角——总之算不上漂亮。事实上，在参与者的评分中，这些疲倦的人大多被形容为"忧伤"。忧伤或许是一种常见的情绪，不过出现在推销员身上就不那么常见了。它也绝对不是让人觉得你可信的好情绪。所以，千万不要在你一天中疲惫、困倦的时候推销商品。

海豚型：不好意思，或许销售并不是适合海豚型的职业。

成功的销售人员想要做成生意绝不会显得十分绝望。在一天中的特定时间，体内的激素会增强你的攻击性，但是从顾客的角度看，攻击性不是好兆头。一项荷兰的研究发现，攻击型的激素睾酮水平越高，人际间的信任感越低。通过使用核磁共振成像技术，研究人员测试了 12 名女性在评估他人可信度时的大脑反应。女性在评估时的唯一标准就是对方的面部表情，而睾酮水平高的实验组与睾酮水平低的控制组相比，获得的可信度评分更低。可见，高涨的攻击型激素水平会让客户觉得不够安全。一般来说，熊型的睾酮分泌在清晨和运动后会达到高峰，所以你最好清楚，在这些时段，你的客户会觉得你不够可信。

一项日本的研究则在升高的皮质醇水平与低信任感之间找到了相似的联系。显而易见，皮质醇分泌遵循昼夜节律变化，但在人们紧张时会加剧分泌。如果你的客户感到紧张，他们会变得难以信任他人，可能导致你无法成功推销商品。

灵活节律是指大脑最灵活、能够考虑到不同角度的时候，此时更易成功推销。一项墨西哥的研究考察了 8 名受试者，在 29 小时内，每隔 100 分钟测试他们的认知灵活度。研究发现，在精力与表现非高峰时期，受试者的执行力大幅度下降，导致解决问题与做决定的能力受损。所以，当你试图做成一笔生意，而对方客户表现出犹豫与抗拒，你需要迅速做出反应时，大脑却因恰好处于生理时钟类型所属的作息低谷时段而跟不上节奏。

不过作息低谷是可以补救的。一项比利时的研究表明，半小时的午睡或者同样时间的日光照射能够让受试者的认知灵活性克服午后的作息低谷。与控制组相比，午睡或者接受日光照射的实验组在转换话题能力与同时考虑多个问题的能力测试上都得分较高——这两项能力恰恰就是促成生意时需要的先人一步的思考能力。不过由于很多上班族不方便午睡，午后晒晒太阳倒不失为一个能够提高销售能力的好办法。

节律回顾

信任节律：通过你的最佳表情获得潜在客户的信任。

灵活节律：你何时能够快速思考，同时考虑多个问题，获得先于客户的思考能力。

最不适合销售的时间

上午 10：00 前与晚上 10：00 以后，此时，你很可能看上去十分疲倦，这反而会影响你的可信度。与此同时，清晨和夜晚都不是你认知灵活度的高峰期，不利于成功销售。

销售的最佳时间

海豚型：下午 5：00 到晚上 9：00。此时你的皮质醇分泌旺盛，你十分清醒，思维灵活。抓住这个机会！

狮子型：上午 10：00 到下午 3：00。在下午皮质醇分泌降低前就应该收工，那时你会开始感觉到（而且也表现出）疲倦。

熊型：上午 10：00 到下午 6：00。熊型是天生的销售能手，从上午 10：00 以后到傍晚时分都能发挥最佳表现。下午的时候记得休息一下，增强认知灵活度，之后再继续工作。

狼型：下午 4：00 到晚上 10：00。上晚班，接电话，或者安排开会。此时，你显得精神抖擞，皮质醇分泌旺盛，一定能有惊人的表现。

第十四章

娱乐

◎ 长时间看电视

◎ 浏览网页

◎ 玩游戏

◎ 阅读消遣

◎ 讲笑话

◎ 旅行

长时间看电视

失败：熬夜看电视，一集接一集，欲罢不能，导致负疚感、失眠以及睡眠惯性的产生。

成功：在时间还早的时候一集接一集地看电视节目，不过能适可而止，关掉电视，避免负疚感与失眠症。

简单的科学

此刻，各位读者应该已经很清楚自己的昼夜节律是如何影响睡觉、饮食、锻炼、工作、思考、学习等各项活动的了。不过，娱乐同样会影响或者强化你的昼夜节律。

夜晚看电视或许是最具有美国特色的活动。工作一整天，吃完晚饭，将碗筷收拾干净，全家人往沙发上一坐，开始对着宽荧幕度过剩下的时间。我们家也喜欢看电视，有时我们会全家人一起看喜爱的电视节目，有时也会各看各的。在有些晚上，我们8:00就打开电视，一直到睡觉时间才关掉。在闪烁的屏幕前度过三小时——常常还伴随着手机与平板电脑——或许称不上是最不健康的习惯，不过我们也都清楚地知道，任何事情过量对健康都无益，包括看电视。

首先要考虑的问题就是**失眠节律**，换句话说，眼睛吸收的电视机蓝光辐射是如何影响你的入睡／醒来循环的。根据进化生物学，晚间周遭的环境应该是漆黑一片。可事实上并非如此。松果体被迷惑，本应分泌让人开始疲倦的褪黑素，可是模仿日光的蓝光表示此刻还是白天，褪黑素不能分泌。在黑暗的房间远离电视3米，不会过于影响你的节律，但是如果你本身就有长期或偶尔的失眠，那么长时间、近距离地看电视，例如用平板电脑或手机，就会受到负面影响。

对海豚型来说，天黑之后任何亮光照射都有可能引起体内激素分泌的崩溃，晚上几小时都睡不着。有一点很有意思，我的许多海豚型病人都认为需要看电视才能入睡，实际上，恰恰是看电视让他们陷入了睡眠缺乏的恶性循环。

长时间看电视引起的**抑郁节律**其实是一个"鸡生蛋、蛋生鸡"的问题。得克萨斯大学的一项研究考察了316名年轻人，他们将此行为与孤独感、抑郁、冲动与上瘾行为联系在了一起。过度看电视的人无法控制自己，看了一集又一集。但是，一集接一集地看《绝命毒师》，产生抑郁和孤独感，到底谁先谁后？在本书成稿之际，这已经成为一个崭新的心理学课题，尚未有确切的答案。不过我们知道的是，狼型与其他生理时钟类型相比更易感到孤独、抑郁，也更易出现上瘾行为。同时，狼型也最容易长时间熬夜看电视，进一步损害他们本就已经不符合主流的作息。

另一项挪威的研究考察了在床上使用屏幕（包括电视、电脑、游戏机、手持电子设备等）观看节目与失眠症、白日困倦等现象的联系。研究结果再次证实了这种联系。挪威的研究人员同时发现，在他们的500多名受试者中，床上观看屏幕的时间与生理时钟类型具有相关性，早上型人在床上观看屏幕的最少，晚上型则最多，这也进一步恶化了他们的失眠症状与早上起床后的昏沉感。

对狼型而言，晚上只要连续看两小时电视就绝对会睡不着，第二天整天疲倦不堪，这会使得本就不受欢迎的个人行为更加糟糕。

过食节律和长时间看电视也有关联。在某一方面放纵自己，很快也会打开另一扇放纵之门。科学研究早已描绘了从沙发到冰箱的清晰地图。鲍灵格林大学的研究人员跟踪了116名参与减肥计划的超重中年人，他们发现大吃大喝往往伴随着长时间的看电视行为。一看电视就会想到吃，尽管你可能正主动尝试减肥。

对熊型和狼型而言，过多的电视节目意味着过多的卡路里。如果你想减掉多余的体重，晚上看电视、同时吃太多绝对是一种最差的组合。

那么，是不是所有长时间看电视的行为都不好？当然不是！捧着一碗爆米花看最喜爱的电视节目来度过周日下午，这是非常有意思的事情，也成了一种文化。和儿子一起观看巴莱特－杰克逊车展拍卖会是我最喜欢的活动，拿什么我都不换。不过，聪明人会选择在白天看电视，此时电视屏幕的蓝光不会让你睡不着觉，过食也不会影响你的新陈代谢。和朋友与家人一起看电视可以有效地防止孤独与抑郁。狼型可以选择和一个自我控制能力较强的朋友一起，在看了两三集之后便关掉电视，这样便可以免于陷入看似无害、实际上会带来严重情绪后果的上瘾行为。

节律回顾

失眠节律: 长时间看电视（无论是在床上还是在沙发上）都会影响褪黑素的分泌，导致睡眠问题。

抑郁节律: 看太多电视导致孤独和抑郁（或者反过来），在狼型身上尤为严重。

过食节律: 在一件事上放纵，导致其他方面也放纵。

最不适合长时间看电视的时间

晚上 10：00 以后。所有生理时钟类型的人，只要第二天要正常上班的，都应该在晚上 10：00 后关掉所有屏幕，开始断电时间。手持电子设备也不例外。

长时间看电视的最佳时间

海豚型: 上午 10：00 到下午 2：00。趁着睡眠惯性尚未完全消除可以稍稍放松一下。下午的时候，脑子变得清醒，电视机就该关了。

狮子型: 晚上 7：00 到 10：00 的精力不济时段。如果偶尔会失眠的话，最好不要用手持电子设备在床上看电视。

熊型: 周末下午 3：00 到晚上 9：00。不过不要掉入周六晚上熬夜的陷阱，这会毁掉你下一周每晚的睡眠模式。

狼型: 周末下午 5：00 到晚上 11：00。不过不要掉入周六晚上熬夜的陷阱，这会毁掉你下一星期每晚的睡眠模式。同时，狼型不要独自一人看电视。最好找家人和朋友与你一起看，这有助于你控制自己，不会跌入"再看一集"的旋涡。

黑暗三合一

听起来像一部热门剧集的名字，对吧？黑暗三合一其实是一个心理名词，指的是一个人身上的三种特质会让其变成一个怪物。

心理变态：冷酷、冲动、无情。

自恋：骄傲、自大、不具有同理心。

马基雅维利主义：操纵、欺骗、利用、诡计。

下面是一个简单的黑暗三合一人格测试。请标明你同意或不同意以下陈述。

1. 说出自己的秘密是不明智的。

2. 我喜欢使用小聪明操纵他人达到我的目的。

3. 无论付出什么代价，我必须让重要人物和我站在一边。

4. 没有我，很多团队活动都会变得很无趣。

5. 我喜欢报复权威。

6. 复仇必须又快又狠。

以上陈述如果你同意得越多，你的性格就越黑暗。

狼型的坏消息：研究表明，无论男女，狼型都很可能具有这些性格特质。

所有生理时钟类型的好消息：我们最喜欢的电视剧人物其实都充满这些特质。如果看看电视人物的生理时钟类型，不难发现他们都是夜晚动物。

> 再做一次上面的测试，不过这次，假装你是《绝命毒师》里的沃尔特·怀特，《广告狂人》里的唐·德雷珀，《权力的游戏》里的瑟曦·兰尼斯特，或者《纸牌屋》里的弗兰克·安德伍德。
>
> 明白我的意思了吧？黑暗三合一的角色都是邪恶自私、欺诈操纵、不择手段的，让观众看得欲罢不能。

浏览网页

失败：无法自控地整天或整晚浏览网页，导致失眠，第二天精神欠佳，工作效率低下，心情焦躁。

成功：在精神不济的时候浏览网页，消遣娱乐和获得信息，并在入睡前一小时及时下线，防止失眠。

简单的科学

在本章开始之前，我们需要明白一组区别："娱乐与功能型"上网与"耗费时间与脑力型"上网。

"娱乐与功能型"上网带有一定目的，每天上网一小时左右——购物、发消息、获取新闻信息，或者在社交媒体上与朋友互动，保持联系。

"耗费时间与脑力型"（TABS）上网则排除了以上所有活动，只是无休止地用谷歌搜索其实并不感兴趣的东西，盲目地点击一个又一个链接，无时无刻不受控制地查看社交媒体上的留言。

或许你明白，TABS 上网习惯无益于你的工作，但是你对这种活动给你的生理时钟与身心健康造成的影响或许并不清楚。

我们已经知道，每种生理时钟类型在一天之中都有几小时的精力旺盛高峰，此刻思维敏锐，精力充沛，而很多人却把所有的专注力都浪费在了消耗时间与脑力的无谓上网上。我自己有时候也会陷入这个黑洞，刚开始我是为了上谷歌做一些调研，结果却在网上耗费三小时而一无所获。任由你的手指点击鼠标、把你带入意料之外的网页也有一些价值：在容易分心的创造力高峰时段，或许你会在网上得到意外收获。但是在精力旺盛的高峰时段放任自己浏览网页，你浪费的是每日的**生产力节律**。

社交媒体是努力工作的大敌。猜猜看哪一种生理时钟类型对脸书更新的提示音毫无抵抗力？根据一项西班牙的研究，受脸书干涉程度最高的是晚上型。另一项日本的研究验证了该结果。这项研究调查了 200 名医学院的学生，他们发现狼型人对社交媒体的着迷程度最高。尤其值得一提的是，晚上型女性特别痴迷上推特。这些结果都和冲动性特质相关，当狼型看见屏幕上跳出小小的更新提示，他们根本无法抗拒，想去看个究竟，结果就深陷其中。

这种着迷行为会为神经通路带来一定风险。**搞砸节律**，即一个人头脑糊涂、更易犯错的时间与上网的频率成正比。一项英国的研究调查了 210 名 18 到 65 岁的网民，将他们的上网习惯与记忆力、运动功能失误进行比较。他们发现，使用智能手机上网的时间越长，受试者每天在正常逻辑上犯的错误越多。这些"认知失误"包括忘记约会、说话走神、忘记地点和东西，以及误读交通标志。

显而易见，智能手机让你变得更蠢。

由于我们很多人都把手机放在口袋或手提包中，时不时会拿出来看看，所以也很难确定哪个时间段的 TABS 上网的破坏力最大。**流量节律，**即大多数人上网的时间。众所周知，它和某些生理时钟类型冲突。网络高峰时段，即信息高速最拥堵的时候是晚上 7：00 到 11：00 之间。对狮子型和熊型而言，这不失为一件好事。熊型在那段时间恰恰处于精力低谷，在晚饭后上网浏览最喜爱的网站并在晚上 10：00 前下线，完全不会影响他们的生理时钟。狮子型也一样。

流量节律对海豚型却是坏消息，因为任何能激起大脑兴奋的活动——例如点击一篇引人入胜的文章或在朋友有趣的帖子下留言——都会让他们本就岌岌可危的激素分泌与循环系统更易崩溃。

狼型面对的挑战最大。之前我提过一项挪威的研究证明了在床上使用电子设备——典型的狼型行为——是失眠与第二天的昏沉感的诱因。其实我明白，在晚上关掉平板电脑真的不容易，但如果不关，你的生理时钟将会连续好几天乱七八糟。如果你觉得在晚上很难断网下线，那么对处于青春期、大多属于狼型的青少年来说，难度更是加倍。一项中国台湾的研究调查了 3000 名刚进大学的新生，研究人员根据生理时钟类型、人格特质以及诸如强迫症、焦虑症、睡眠失调等行为习惯将他们分成了几组。对更加冲动、更易上网成瘾的狼型青少年来说，他们更喜欢在周末睡懒觉（其实毫无益处），并且比狮子型与熊型更加焦虑。但好消息是，如果他们能够获得更多的家庭支持，尤其是来自母亲的关怀，他们的焦虑感、强迫症、网瘾程度都会有所下降。当然，我并非宣扬直升机养育法，我只是想说，及时告诫孩子"你该把那东西关掉了"是十分必要的。

事实上，这样告诫自己也是十分必要的。大多生理时钟类型在白天都能避免跌入浏览网页的黑洞。**意志力节律**是社会心理学家罗伊·鲍迈

斯特一直努力探索的课题,他在 1997 年发现了"自我损耗"与"意志
力损耗"的现象。在一项著名的研究中,鲍迈斯特给受试者一盘新鲜出
炉的曲奇和一碗红萝卜,并下指令,要求一半受试者享用美味曲奇,另
一半受试者只能吃不那么美味的红萝卜,之后所有的人要解决一道很难
的数学谜题。吃了红萝卜的那组在 8 分钟后放弃,而吃了曲奇那一组坚
持了整整 19 分钟。研究者得出结论,红萝卜组为了抗拒曲奇的诱惑耗
尽了他们的意志力,所以在面对数学难题或任何其他挑战时,他们也失
去了必要的精力。

我曾经向一位好友描述过这项研究,结果她的回答是:"不想损耗
意志力?那就把曲奇吃了!"这也许违背了抗拒诱惑的初衷。那么今天
曲奇的诱惑是否还是无法抗拒呢?这就需要未来的研究来解答了。

这项研究与上网自我控制又有什么关系?其实一切都是关于如何拒
绝曲奇的,无论是那种黏糊糊的巧克力曲奇还是自动保存在你浏览器里
的网站 Cookie①。由于意志力在白天会慢慢耗尽,所以越到晚上越难下
线。对狮子型和熊型来说,意志力节律与生产力节律完美同步,可是在
海豚型与狼型身上就不适用。尽管他们的意志力也是在早上最强,但他
们的生产力却是越晚越旺盛。

讽刺的是,为了解决过度使用科技产品的问题,我们需要更多的
现代科技。正如人们常挂在嘴边的那句话——"可以下个 App(手机软
件)来解决问题"。我在写这本书的时候,使用了一种名叫"自由"的
App,能够在三小时内阻隔所有的网页浏览。其他的阻隔程序包括:反
社交软件、自控软件、冷酷火鸡软件等。先花半小时浏览网页,然后就

① 指某些网站为了辨别用户身份、进行跟踪而储存在用户本地终端上的数据(通常
经过加密)。

启动这些阻隔网页浏览的程序吧，这绝对是明智的时间投资，会为你带来巨大的回报。

节律回顾

生产力节律: 一天中生产力最高的时段，此时不应在网上浪费时间。

搞砸节律: 过度使用智能手机会让你更容易犯下愚蠢的错误。

流量节律: 大多数人上网的时段，网络会非常拥堵。

意志力节律: 能够抗拒互联网诱惑的时段。

最不适合浏览网页的时间

生产力高峰时段（根据生理时钟类型各有不同）以及睡前一小时。此刻，你应该已经清楚自己的高峰时段和入睡时间。睡前一小时记得下线断网，避免夜间褪黑素分泌紊乱。

浏览网页的最佳时间

海豚型: 上午 9:00 到下午 3:00。之后使用网页阻隔，直到晚上 9:00。晚上 10:30 前下线。

狮子型: 上午 6:30 到下午 6:00。晚上 9:00 前下线。

熊型: 上午 8:00 到 11:00。之后阻隔所有与工作无关的网站，直到晚上 7:00。晚上 10:00 前下线。

狼型: 上午 9:00 到下午 3:00。使用网页阻隔，直到晚上 10:00。晚上 11:00 前下线。

推特、脸书和网络约会的最佳时间

推特： 康奈尔大学的社会学家花了两年时间研究了 50.9 亿条推特，他们发现发在工作日上午 8：00 到 9：00、周末上午 9：30 到 10：30 的推特最乐观、最兴奋，但如果你想旁观人们如何在推特上吵架，可以在晚上 10：00 到 11：00 登录，此时所有的推特信息都充满情绪，用户也特别投入。

脸书： 最佳时间是晚上 7：00 到 8：00（包括周末）。这是克劳特与锂技术公司 2015 年研究了 10 亿条脸书帖子后得出的结论。在这个时间段发帖能够获得最多的分享、评论和点赞。

网络约会： 根据两个最大的约会网站（match.com 与 plentyoffish.com）的数据，每年最多人注册的时间是元旦与情人节之间。而最多用户登录的时间则是晚上 8：00 左右。

玩游戏

失败： 在你最容易作弊、输掉或失眠的时候打牌、下棋、玩电脑游戏。
成功： 在最不易作弊、输掉的时候打牌、下棋、玩电脑游戏。

简单的科学

尽管我们大多数人玩游戏只是为了消遣，或是为了度过乘车的无聊时间，又或是为了与家人和朋友共度时光，但是也有人玩游戏就是为了赢，为此他们愿意付出一切代价。

作弊节律是一天中人最有可能违规的时段。比方说，感恩节假期你和家人一起玩大富翁游戏，对方把手里所有的财富都赌在公园广场建房子上。你可以通过对方的生理时钟类型预测他什么时候会从银行里偷钱。在康奈尔大学与约翰·霍普金斯大学的一项研究中，受试者玩游戏（玩矩阵问题或者掷骰子游戏）可以获得现金奖励（表现越好，金额越高），他们要求受试者自行汇报成绩。结果发现，早上型组在早上更加诚实，晚上却倾向于虚报成绩。晚上型组在晚上更加诚实，早上则更容易虚报成绩。一组并不比另一组更诚实，但是每组都有不可靠的时段。

你的游戏对手是狮子型吗？如果是，他很可能会在晚上作弊。如果他是狼型，那么他更可能在早上和下午作弊。

熊型的对手更可能在晚上作弊，此时也是他的疲倦时段。

相反，海豚型的对手有可能在整个早上和下午都不太稳定，不过失眠症患者一般攻击性较弱，而且过于谨慎，因此他们不易作弊却更在意他人的行为。

灵感节律，即什么时候你的大脑最具创造力，能够把表面上没有联系的线索联系起来，构建完整的概念。需要灵感的游戏包括哑谜游戏、猜字游戏、填字游戏，以及所有需要你仔细思考、突然灵光乍现才能闯关的游戏。当你有一点疲惫、注意力不集中、容易分心时——非最佳表现时段，恰恰是玩这些游戏的好时间。不过要当心，这个时段也恰恰是你最容易作弊的时候。

策略节律是灵感节律的另一面，此时你的大脑处于最佳状态，能够分析和运用逻辑，先人一步。需要策略的游戏包括多米诺骨牌、国际象棋、跳棋、西洋双陆棋、拼字游戏、纸牌（尤其是扑克牌与桥牌），这些游戏都需要计算，需要冷静的逻辑分析能力。当你十分清醒、注意力集中的时候，即最佳表现时段，最适合玩策略游戏。

冒险节律是你最能计算风险，并且有足够自控力在输掉身家之前收起筹码、离开牌局的时候。需要冒险的游戏包括 21 点纸牌游戏、俄罗斯转盘、钓鱼游戏，以及完全依赖运气的游戏。（或许有人会说，21 点应该是策略游戏，不过我们多数时候都依赖标准规则，祈祷能拿到好牌。）大多数冒险游戏的输赢和生理时钟没什么关系，你可以是熊型，无论是最佳还是非最佳时段都能把狼型对手打得大败而归。这种游戏的输赢完全天注定，和昼夜节律无关。

但是，假如你拿着真金白银在赌场里赌博，那么最好的策略是不时看看手表，掌握好时间。也正因为如此，赌场里都找不到时钟——深夜时分熊型和狮子型都精神不济，他们最有可能放下所有警惕，放任自流。为什么呢？因为当你疲倦的时候，你会变得不负责任。睡眠缺乏——好比在赌桌前熬到深夜——会损害决策过程。当处于疲惫状态时，大脑中前额叶皮质层，负责判断（"这是个好主意吗？""这个主意是不是很糟糕？"）等高级认知功能的部位将会关闭。一项来自美国沃尔特里德陆军医疗中心的研究证明了这点。34 名受试者开始在电脑上玩赌博游戏，他们被告知：一些牌肯定能赢，一些牌肯定会输。刚开始，受试者能够持续做出正确的决定，但是随着时间推移，他们开始乱出牌，直至输掉游戏。睡眠缺乏会加剧人的不确定感，你会觉得根本不知道该怎么做才好，而当你十分疲倦、做事又全无把握的时候，你更容易冒险，结果血本无归。

狼型是天生的冒险家，尤其在赌博方面。根据杜克大学的一项研究，

212 名受试者对自己包括财富在内的五方面的冒险耐受程度排序。结果发现，狮子型最不容易在与赌博相关的金钱方面冒险，而狼型则更容易。如果你是狼型，正在计划去一趟拉斯维加斯，那么请带上一个狮子型的朋友，这样当你在牌桌旁不计后果的时候，他可以及时把你拉走。

节律回顾

作弊节律: 道德边界模糊的时候，容易作弊。

灵感节律: 大脑十分具有创造力时，能够将表面上毫无关联的线索联系起来解决谜题，此时可以玩需要灵感的游戏。

策略节律: 大脑分析能力强、精力集中的时候，适合玩策略游戏。

冒险节律: 大脑最能够计算风险的时候，适合玩需要运气的游戏。

最不适合玩游戏的时间

凌晨 2：00。一个人疲倦的时候最容易作弊，无法享受乐趣，容易做出错误判断，直到输得精光。狼型也不例外。

玩游戏的最佳时间

海豚型: 上午 10：00 到下午 2：00，适合玩需要灵感的游戏；下午 4：00 到晚上 10：00，适合玩冒险或策略游戏。

狮子型: 下午 5：00 到晚上 9：00，适合玩需要灵感的游戏；早上 7：00 到下午 3：00，适合玩冒险或策略游戏。

熊型: 下午 6：00 到晚上 10：00，适合玩需要灵感的游戏；上午

10：00 到下午 2：00，适合玩冒险或策略游戏。

狼型：上午 8：00 到下午 2：00，适合玩需要灵感的游戏；下午 4：00 到晚上 11：00，适合玩冒险或策略游戏。

《塞尔达传说》玩上瘾了？

根据《精神障碍诊断与统计手册》第五版，网络游戏成瘾的诊断标准如下：

△ 对网络游戏着迷。

△ 不玩的时候出现禁断症状。

△ 耐受度不断增加（需要越来越长的游戏时间）。

△ 尝试减少游戏时间却不成功。

△ 对生活中其他活动失去兴趣。

△ 明白网络游戏对自己产生的负面影响，却继续过度玩网络游戏。

△ 对每天花在网络游戏上的时间撒谎。

△ 将网络游戏作为一种逃避现实生活的方式。

△ 由于网络游戏而失去不少工作机会，并威胁到感情生活。

以上种种是不是听上去很像你自己或你认识的朋友？游戏成瘾是一种新的精神疾病，其影响不可低估，部分是因为该种疾病对青少年危害极大。根据土耳其的一项研究（考察了 741 名青少年），网络游戏成瘾症受到生理时钟类型、人格特征与性别的影响。简而言之，内向、坏脾气的狼型男孩容易打游戏上瘾，外向、好脾气的狮子型女孩则最不容易上瘾。

为了更好地理解为什么有些类型特别容易对网络游戏上瘾，必须明白他们究竟能从游戏中得到什么。答案就是多巴胺。当你闯关成功，身体释放的让人愉悦的多巴胺会直冲脑门，这种感觉和毒品没什么两样。说到底，人们不是对《塞尔达传说》或可卡因上瘾，而是对多巴胺上瘾。

多巴胺的分泌遵循生物时间，与褪黑素的分泌时间正好相反。众所周知，松果体在晚间分泌褪黑素，让人感到困倦。然而，研究人员发现，松果体也有多巴胺的受体。松果体内的受体一旦接收到多巴胺，松果体便停止分泌褪黑素，告诉你早上了，该醒了。可见，在观看电子屏幕和失眠症之间的多维度联系中，多巴胺的作用也占了重要一环。

通常，网络游戏成瘾的脱瘾策略是让患者在真实生活中也能感受到多巴胺。其中和作息时间相关的一个办法是使用网络阻隔程序（详见 296 页），例如，在非最佳时段使用冷酷火鸡软件，因为此时是人最脆弱、最冲动的时段。当你感到紧张，心理上希望寻求逃避时，别去打游戏，而选择一些能促进多巴胺分泌的活动，例如跑步（121 页），练习瑜伽（128 页），冥想（151 页），演奏音乐（254 页），或阅读消遣（303 页）。

阅读消遣

失败：只读短篇，或什么都不读。

成功：读完一本好书，激发回忆与想象，点亮神经通路。

简单的科学

一天中的阅读有益身心，能够激活大脑，点亮神经通路，并且增强记忆力、创造力、词汇能力、生产力与同理心。阅读能使人及时接收外界信息，减缓由于阿尔茨海默症与痴呆引起的脑部退化，让人变得更有同理心、更完整。阅读对心理，好比瑜伽对身体：能让你变得更强壮、更灵活，更善于接收新思想，并拥有开放的视角。

工作上的技术性阅读应该在高峰时段完成，可以获得更好的习得效果。消遣的阅读呢？时时刻刻都适合。作为一名医生和研究人员，我整天都需要阅读，而休闲时间读得更多。阅读可以说是一种有益的上瘾症，可以形成良性循环。当你读到一本好书，感到愉悦时，你就可能再读一本，再读一本。

海豚型，注意了：阅读会降低皮质醇水平，对入睡很有帮助。英国苏塞克斯大学的神经心理学家戴维·洛伊斯在 2009 年研究了**平静节律**。他召集志愿者进行运动，并且做脑力游戏以提高他们的紧张程度，然后尝试用不同的方法，包括听音乐、喝杯热茶（毕竟这是一项英国的研究）、打电子游戏、散步、阅读使他们平静下来。所有办法都有效舒缓了紧张情绪，但在减缓心率、降低肌张力、减轻压力三方面，阅读脱颖而出。只需阅读六分钟，受试者的紧张情绪就下降了 68%。洛伊斯在《每日电讯报》的访谈中说道："读什么书真的不重要，最重要的是你能完全投入这本书中，忘记周遭的一切，从每日的烦恼与琐事中解脱出来，在作者的想象力带领下，去探索全新的空间。这不仅仅是注意力的转移，更是一种主动参与的想象过程。书页上的字词激发了你的创造力，让你进入一种异于平常的意识状态。"

我希望各位读者都能采用一种**仪式节律**，在每天固定的时间让自己沉浸在阅读的愉悦中。你或许会在上班途中或午餐时间阅读，不过我建议，最实际、最有益处的阅读时间是入睡前关掉屏幕之后。当然，这或许是很多人的习惯，而且也是一天中唯一能够静下心来读书的时间。还有几句忠告：

1. 假如你还在与失眠症做斗争，千万不要在床上阅读。可以坐在床边舒服的椅子上，或者躺在沙发上看书。为了克服失眠症，必须将床只与睡觉（以及性爱）联系在一起。

2. 阅读电子书可能会有问题。这个话题一直争议不断，不过越来越多的人都开始阅读电子书。我有一位狼型好友，去哪儿都带着 Kindle，估计以后也会带进坟墓。有一次，我告诉了她一项哈佛医学院最新的研究结果：睡前一小时阅读电子书与在正常灯光下阅读纸质书相比，更容易延迟睡眠，也增加了第二天的睡眠惯性。她听了之后特别沮丧。事实上，罪魁祸首其实是电子阅读器散发的短波光，它会抑制褪黑素的分泌。不过也有一些新的科技产品能够阻隔或过滤电子屏幕的蓝光，例如显示器保护屏，防蓝光眼镜或白光灯泡。欲知更多详情与相关产品推荐，请登录网站 www.thepowerofwhen.com。

节律回顾

平静节律：只需阅读六分钟就能让皮质醇水平下降、紧张程度自然缓解。

仪式节律：每天在固定时间进行正面的、有益健康的阅读活动，并且保证每日坚持。

最不适合阅读消遣的时间

不存在。

阅读消遣的最佳时间

每天都看看书，可以为身体和心灵带来多重裨益。我建议在晚上睡前、关掉电子设备后开始阅读，为入睡做准备。

海豚型：晚上 10：00。

狮子型：晚上 9：00。

熊型：晚上 10：00。

狼型：晚上 11：00。

讲笑话

失败：尝试抖包袱逗笑，可惜你的听众却十分严肃。

成功：成功抖包袱逗笑，听众也十分配合。

简单的科学

有没有想过为什么喜剧大多都在晚上上演？电视喜剧的标题里往往都有"晚间"或"深夜"两个词，如《周六夜现场》《今夜秀》《深夜脱口秀》《深夜秀》，不一而足。喜剧俱乐部不到天黑不开门，我以前去过的喜剧俱乐部还会特意营造深夜的感觉：灯光昏暗，要么没窗户，要么拉着厚窗帘。在喜剧的世界中，似乎一切在午夜之后都变得更加好笑。为什么呢？幽默感也遵循生理时钟。

其中部分是由于**激素节律**。天黑之后，血清素（让人快乐的激素）水平升高，使人平静，逐渐过渡到入睡状态。与此同时，应激性激素皮质醇水平则骤降。在白天的狩猎时间，皮质醇溢满四肢百骸，幽默感无关紧要。但到了晚上，在快乐激素的影响下，人很容易放下戒备，全身松弛——此时也是笑点最低的时候。

在**沉醉节律**影响下，人们更能"理解"笑点。上文已解释过，创造力的联结会在焦点模糊时出现，此时大脑能够建立远端联系，将机敏度最高的激发状态下无法理解的无序线索联系起来。喜剧的关键在出其不意——出乎意料的笑料、混乱的场景，熟悉的事物被完全扭曲。喜剧团体巨蟒小组深谙此道，所以在他们的电视连续剧里都会说一句"现在让我们来点完全不同的"。喜剧俱乐部里常常要求观众至少喝两杯酒，这也是有原因的：微醺之时，你的脑神经已经准备好欣赏和理解幽默带来的惊喜。

沉醉可以有不同的形式，酒精、大麻、睡眠缺乏都可能引起晕乎乎的感觉。我相信很多读者在日常生活中都有过类似的体验。不妨在家里试试。在上午 10：00、无比清醒的时候观看一部《活宝三人组》电影，晚上 10：00，几杯鸡尾酒或红酒下肚后再看一遍。肯定差别巨大。

不过，过度醉酒可一点都不好笑。如果你喝下整整一瓶或者整晚都没睡觉，笑话就对你没用了。沃尔特里德陆军医疗中心的科学家对 54 名健康的成年人进行了研究，他让受试者坚持 49 小时不睡觉后再看卡通片和幽默的报纸头条，考察睡眠缺乏对幽默感会产生什么影响。结果并不出人意料：对这些受试者来说，两天不睡觉之后没有任何东西能让他们发笑，即使在喝了咖啡、服用了兴奋药击退疲倦后也如此。他们的前额叶皮质层（大脑中负责控制决策、判断、分类等认知能力的部位）已经完全不能工作，可这些能力恰恰是理解笑话可笑之处的关键。

以上两种节律与欣赏幽默相关，所以深夜是听笑话的好时机。但是讲笑话呢？**表演节律**解释了为什么狼型比其他生理时钟类型的幽默感更强。众所周知，没什么比听醉汉结结巴巴地讲笑话更不好笑的事了。他们会忘记抖包袱，甚至回头重复之前讲的内容，比如"一个拉比、一个神父，还有一只猴子走进一家酒吧……是拉比、神父、一匹马吗？……不对，不是酒吧，要么是监狱？……"这样下去，观众都听睡着了。所以讲一个清楚、简洁的笑话尤其需要思维敏捷、注意力集中，这两样狼型到了晚上都不缺，而其他人都已经精疲力竭，做好准备听笑话。

又或许狼型的幽默感来自他们的人格特征。马克·吐温这位著名的狼型幽默大师曾经说过："幽默的秘密来源不是喜悦，而是悲伤。天堂里没有幽默。"晚上型的人更容易受焦虑症、抑郁症、成瘾症、孤独症的困扰。假如幽默真的来源于痛苦，那就难怪狼型能在深夜还让其他人大笑。

节律回顾

激素节律：不同类型的激素波动起伏，影响了情绪、机敏度与睡意，还有理解笑话的能力。

沉醉节律：当你的大脑处在昼夜节律的低谷，或睡眠缺乏，又或使用了药物时，笑话会变得更加好笑。

表演节律：讲笑话的人处在精神旺盛的顶峰，思维敏捷，注意力集中，说话清晰，表达清楚。

最不适合讲笑话的时间

早上 6：00 到 9：00。即使你那时思维敏捷，注意力集中，表现完美，你的听众却刚刚醒来，还没酝酿出大笑的情绪。

讲笑话的最佳时间

海豚型：晚上 7：00。晚餐时分你的注意力已经接近顶峰，而此时熊型和狮子型开始疲倦，正好听你讲笑话。

狮子型：下午 2：00。下午低谷时间精力还不错，可其他人要么在打瞌睡，要么已准备好大笑。

熊型：下午 5：00。晚上正好是你的第二个精力高峰，你可以在开始疲倦的狮子型与刚刚醒来的狼型面前好好表现了。

狼型：晚上 10：00。太阳下山，其他生理时钟类型都慢慢进入低谷，你开始攀上精力顶峰，表现完美。

旅行

失败：穿过几个时区之后持续好几天感到难受、易怒，觉得自己笨拙、愚蠢、反应慢，而且疲惫不堪。

成功：穿过几个时区，只在刚开始的 48 小时内感到中度时差反应。

简单的科学

我讨论过很多关于社会时差后遗症——长期昼夜节律失调引起的易怒、昏沉以及疲倦感。社会时差指的是昼夜节律与规定"什么时候"该做什么的社会规范不同步，包括什么时候睡觉、吃饭、工作、娱乐、休闲。巧的是，社会规范十分契合熊型作息，但即使是熊型也需要应付周末熬夜贪睡、吃饭不规律或夜晚看过多电子屏幕带来的各种昼夜节律失调症状。一两小时的社会时差有时候会带来非常严重的后果，让你无法发挥潜力。

你还需要知道另一个与作息失调相关的问题：强迫昼夜节律不同步，或者说强制完全改变身体的时间节律。上夜班是一个诱因，但另一个更常见的诱因是穿越时区的飞行。换句话说，时差导致的**非同步节律**。

时差对不同生理时钟类型的影响并不相同。

△ 海豚型受的影响最大。我的病人中一半的失眠症患者在飞机上从来无法入眠，主要是因为他们对环境特别敏感，灯光、噪声、垂直椅背、人声、餐食都能影响到他们。当到达目的地时他们已经精疲力尽，即使躺在豪华酒店的床上，仍然无法入睡。如果你是海豚型，或者有位海豚型旅伴，你肯定明白，到达另一个时区的前两三天会如同灾难一般。

给飞行的海豚型的几点建议：（1）如果乘坐的是红眼航班，或许吃一粒安眠药会有好处；（2）即使是长途旅行，如果有可能，最好还是乘坐白日航班，此时你不需要睡觉。 或许你会在旅途中会失去一天的时间，但是落地时感觉会好很多。这就是代价。

△ 狮子型向西旅行反应较大，向东旅行则还好。 举个例子，狮子型如果从洛杉矶飞到纽约，刚开始几天的醒来时间会和熊型同步。不过要小心，由东向西的旅行就没那么舒服了。狮子型从英国飞到纽约之后每天凌晨 2：00 就会醒。

△ 狼型向东旅行反应较大，向西旅行则还好。纽约的狼型会立刻适应洛杉矶的时间，但如果飞到巴黎，他／她或许睡到中午都不会醒、午夜都不会困（不过鉴于巴黎人多彩的夜生活，这也许不是一件坏事。）

△ 熊型无论从东向西还是从西向东都会有反应，不过好消息是反应程度没有其他类型重，除非他们喝酒。问题关键是缺水。飞机上空气干燥，餐食偏咸，都会让你觉得身体被抽空。喝酒只会让缺水问题加剧。而性格随和的熊型或许在座位里坐得太舒服，好几小时都不起身，这会导致深层静脉血栓和肿胀。你有没有在飞行刚开始时脱下鞋子到最后却穿不上的经历？防止这种情况发生的办法就是每小时起身在机舱走道上来回走一两分钟，这样可以促进血液循环。

在我看来，全家一起去国外或热带海岛旅行绝对是一桩乐事。我也经常需要出差，尽管并非娱乐，不过因为我知道如何更快地适应，所以也安之若素。我曾经帮助很多经常飞来飞去的病人从长期时差反应中恢复，其中一位每个月都要从纽约飞到澳大利亚一趟，足足有十年都在忍受时差反应。当他开始采纳**二次同步节律**后，情况明显有了好转。二次同步节律指的是到了新的时区迅速调整生物时间。

以下是我在自己的行医过程中总结出来的一些时差调整方法，同时也根据美国国家航空航天局指南针对航天员如何穿越多个时区提供的信息进行了改进。假如以下建议对在国际空间站工作的美国航天员有效，那么也应该适合所有生理时钟类型。

注意：以下指南适用于穿越至少三个时区的国际旅行。如果只是穿越一个或两个时区的旅行，只需要采用第一天的建议，或者无须采取任何措施。每穿越一个时区，身体就需要一天的时间调整。

向东旅行，或相对位置提前（更早醒来，更早入睡）

△ 出发当天: 不要喝咖啡。将手表调整成目的地时间。

△ 飞行途中: 上飞机两小时后，尝试开始入睡。可以使用飞机上免费赠送的眼罩与耳塞，或者戴上自己的。如果睡不着，不要开灯，可以戴上墨镜。

△ 在目的地降落: 拉开机窗遮光板。

△ 到达目的地第一天: 戴上墨镜，直到中午 12: 00 再取下，之后增加日光直射，尤其在下午 1: 30 到 4: 30 之间。如果整个下午都在室内，那么每小时出去晒十分钟太阳。在刚到达的时候可以喝咖啡，但是在下午 3: 00 以后就不要再喝了。根据新的作息吃早午晚三餐，即使你还感觉不到饥饿。在下午的时候锻炼，尽量去室外。不要睡午觉! 晚上服用一些助睡眠的药物会助你入睡。美国国家航空航天局也建议吃一颗。不要设闹钟，尽量睡到自然醒。

△ 第二天: 醒来的时候戴上墨镜，到早上 10: 00 以后再取下。之后增加日光直射，尤其是中午 11: 30 到下午 2: 30 期间。如果整个下午都在室内，那么每小时出去晒十分钟太阳。可以喝咖啡，但是下午 3: 00 以后就不要喝了。按新的作息规律吃饭，即使你感觉不到饥饿。在下午的时候锻炼，尽量去室外。不要睡午觉!

△ 第三天: 第三天早上你会觉得一切正常了，但是继续戴上墨镜，直到早上 9: 00 再取下。之后尽量多晒太阳。

△ 第四天: 恭喜! 你现在已经完全适应了新时区的熊型作息。

向西旅行，或相对位置滞后（更晚醒来，更晚入睡）

△ 出发当天: 出发前不要喝咖啡。将手表调成目的地的时间。全天

戴上墨镜，直到上飞机。

△ 飞行途中：飞机上一坐定便戴上眼罩和耳机，开始听放松的广播节目，尽量睡觉。如果旅行时间很长，可以使用助睡眠的药物。在飞行途中不要喝咖啡。戴上墨镜，直到飞行最后两小时再取下。之后尽量接触机窗透进来的日光，或者屏幕上的人造光。

△ 到达目的地第一天：取下墨镜，尽量增加日光直射，即使在下午。使用电子设备，直到入睡。晚上 6：00 后不要喝咖啡，也不要午睡。中午前锻炼，按新的作息规律吃饭，即使感觉不到饥饿。

△ 第二天：从早到晚增加日光直射。下午 3：00 后不要喝咖啡。早上锻炼，按新的作息规律吃饭。如果实在不饿可以少吃点，比如喝点奶昔。别忘了，规律进食能够帮助你适应新的生理时钟。

△ 第三天：恭喜！你现在已经完全适应了新时区的熊型作息。

节律回顾

非同步节律：当你来到新的时区，备受时差反应困扰，感到易怒、笨拙、昏沉与疲惫。

二次同步节律：使用具体的策略迅速调整生物时间，再次与新时区的作息同步。

最不适合旅行的时间

醉酒的时候。在飞机上喝酒比在陆地上更容易喝醉（主要是因为机舱缺水）。

旅行的最佳时间

穿越三个时区以上的旅行:

海豚型: 白天。可以预防由飞行引起的失眠症。

狮子型: 晚间。坐一夜飞机,第二天早上很早到达,反应不会太强烈。

熊型: 整晚。根据飞行时间调整。

狼型: 午夜。尽量乘坐晚班飞机,在飞机上能睡得更好。

通过饮食调整时差

"我人生的一大目标是游遍五大洲,征服世界上的所有山峰,"**狮子型的罗伯特**说道,"但是,时差反应却毁了很多旅行,一趟五天的行程要花三四天倒时差,简直就是浪费时间和金钱。前段时间,我去了一趟夏威夷——距离波士顿西部有五小时的时差。我按照美国航空航天局和本书作者的建议,两天以后就感觉好多了,到了第三天便完全没有了反应。多晒太阳对我来说不是问题,因为我整天都在户外(没有遮挡)。真正产生差别的是这次我逼着自己按照新的作息时间规律吃饭,即使还没感觉到饿。大脑的时钟和肠胃的时钟必须同步,才能改变节奏。阳光能改变大脑里的生物钟,在醒来后半小时内吃饭则能让肠胃的时钟正常工作。我对长途旅行的经验就是,最快调整时差的办法是规律吃饭。"

PART THREE

生理时钟
与季节、年龄

第十五章

昼夜节律的季节性

行文至此，我已经解释了一个人从机敏程度、情绪状态到创意活动各方面一天 24 小时内的起伏波动。毕竟，"昼夜节律"一词就包括了一天一夜的概念。不过，每日的生理时钟会随月份、季节和年份的转换而产生细微的变化，变化的幅度取决于你所属的生理时钟类型。

某一种生理时钟类型的经前综合征是否特别严重？

某一种生理时钟类型是否会受到夏令时的严重影响？

哪一种生理时钟类型冬季最容易抑郁？

如何将生理时钟的力量应用到不同的月份、季节与年份？个人应如何应对昼夜节律的变化？本章将进一步展开讨论。

月亮节律

月球引力不仅影响海洋潮汐，也影响人体。最近人们发现，月盈月亏与人体内激素水平的起伏存在联系。瑞士巴塞尔大学的研究人员展开了一项研究，他们征集了 33 名 20 岁到 74 岁的男女，让受试者在实验室里睡觉。研究人员近距离观察了他们的光照情况（人造光和自然光）以及褪黑素水平，**发现在接近月盈时，褪黑素水平急剧下降，到满月日达到最低点；而在** 29

天的月运周期中，褪黑素于第14或15天上升至最高点。

研究中，受试者的睡眠时长、睡眠质量、睡眠深度以及入睡能力在满月时都处于最低点，深慢波德尔塔睡眠在此期间减少了30%。相反，在月运周期的中段，受试者睡眠更深，入睡时间更短，睡眠时间延长。满月让人们无法休息，这点在民间传说中早有提及，但直到今日瑞士科学家才能用实验数据加以证明。

最受月亮节律负面影响的生理时钟类型：

海豚型。（狼型这回总算逃过一劫。）瑞士科学家得出结论，受试者在满月期间平均每天减少20分钟睡眠。有几天少睡一点对狮子型、熊型和狼型都不是大问题，但对海豚型来说，连续几天睡眠时间减少、睡眠质量降低可能会诱发一系列的焦虑反应，甚至导致持续几个星期的失眠。我建议海豚型最好能意识到月亮周期的影响，并采取一定措施，比如，在睡前90分钟服用0.5毫克褪黑素补充剂。

月经周期

月经有其自身规律。第一阶段是卵泡期，卵子成熟，发育成为卵巢滤泡。第二阶段是排卵期，卵子从卵巢中排出。之后是黄体期，结束后便是月经。整个周期从卵泡到月经大约28天。

大多育龄女性都经历过月经周期的情绪与新陈代谢改变。在卵泡期，女性一般感觉正常；但在排卵期，睡眠质量受到影响；而在黄体期，生理时钟的标杆——体温、褪黑素分泌、皮质醇分泌、快速眼动睡眠质量——统统受到影响，而且都是负面的。对大多数女性来说，激素变化诱发压力，并会增强食欲（褪黑素水平下降，饥饿感便会上升），降低睡眠质量、灵活度与力度。众多科学家将以上种种昼夜节律的变化与经前焦虑症（PMDD）联系起来。经前焦虑症是一种特别严重的经前反应，多达 8% 的女性受此困扰，症状包括睡眠质量差、失眠、抑郁、紧张、情绪大起大落、易怒暴躁。

一项来自加拿大的研究比较了控制组与 PMDD 组在一个月经周期中的褪黑素分泌量与分泌幅度。研究发现，PMDD 组的褪黑素分泌量在黄体期要低于控制组，褪黑素分泌幅度也要低于控制组，表明受到经前焦虑症困扰的女性大脑中的主钟——视交叉上核神经受损。读者中肯定有人经受过每个月的经前昼夜节律改变引起的困扰，甚至很难让别人了解这种改变的生物基础，我对此深表同情。下次如果再有人说这些症状全是你自己脑子里想象出来的，你可以反驳："你说得没错，确实在我脑子里，就在我的视交叉上核神经上！"

最易有黄体期症状（包括易怒暴躁、情绪起伏、抑郁、睡眠质量差与失眠症）的生理时钟类型：

不得不说，这个回合**海豚型**又输了。一切都与褪黑素分泌量及幅度的变化相关，这两点影响了入睡能力与睡眠质量。失眠症患者无法适应这种对睡眠的干扰，所以我建议在黄体期每天睡前 90 分钟服用 0.5～1.0 毫克褪黑素补充剂。

冬日节律

季节性情绪障碍（SAD）俗称冬季抑郁，影响因素众多，简而言之便是日照减少。白天变短，天黑变早，人们的户外活动减少。如果我们整天待在室内，接触人造光，我们的睡眠、维生素D的吸收、激素分泌（包括血清素、褪黑素）与新陈代谢节律都会重新调整，从而导致一系列症状：

情绪：愤怒、焦虑、冷漠、不满、无望、无法感受快乐、孤独、失去兴趣、情绪大起大落、悲伤。

睡眠：过度困倦、失眠、睡眠不足。

心理：抑郁、思虑过度。

身体：食欲改变、疲倦、不安。

行为：哭泣、易怒、不喜社交。

体重：体重增加或减少。

认知：无法集中精神。

每年近 1000 万的美国人需要找医生治疗他们的 SAD，还有更多的人由于没有寻求医治而痛苦难过。那么哪些人更易受到季节影响？在波兰的一项研究中，101 名平均年龄为 26 岁的受试者回答了研究者设计的一套冬季抑郁量表，对一系列与季节相关的疲惫感、食欲、精力水平、性欲、全身乏力感、情绪、社交能力等项目评分。研究者将量表结果与性别、性格等因素相比较、联系，结果发现女性更易遭受冬季抑郁。神经质（更易焦虑、情绪起落）与开放性（对新事物敏感和接受）等项目评分较高的受试者也更易患有 SAD。有些受试者汇报使用了"趋避导向的应对方式"，即使用各种分散注意力的手段（包括滥用药物与酒精、过度饮食、看电视、打游戏）来逃避现实。他们在整个冬季都会经历睡眠更少、情绪低落、精力欠佳。这项研究的作者将这种趋避导向称为人类冬眠。

有些研究者认为，冬季过多的人造光是造成 SAD 的原因。事实未必如此。马里兰大学医学院的研究者考察了在冬季完全不使用人造光的人群——生活在宾夕法尼亚州兰开斯特的阿米什人社群。通过测试 500 个受试者的生理时钟类型与情绪季节性，发现早上型的人不易患冬季抑郁，无论是否缺乏电灯。换言之，狮子型与其他类型相比不易患有 SAD。

节律中的节律: 浅谈冬季体重增加。体重增加很可能会加重抑郁感，而我们的腰围确实会在寒冷的季节增粗。但是，鉴于人类的进化生物学，其实在冬季体重应该会减轻。

褪黑素与食欲息息相关，与另两种激素也有关系。一是瘦素，这是一种会释放"我吃饱了"信号的激素；二是生长激素，即释放"我肚子饿了"信号的激素。褪黑素分泌降低会使人感觉更加饥饿，这也是睡眠缺乏会导致体重增加的背后机制之一。

春季与夏季，褪黑素分泌降低，我们会觉得不那么困倦而更加饥饿。在温暖的月份，我们的祖先随着褪黑素水平下降会睡得稍少，吃得更多——这很有好处，因为春夏季食物充足。而在冬季，褪黑素分泌上升让人们睡得更多、吃得更少——这也有好处，因为彼时食物稀缺。而现代社会食物充足，我们整年都会吃得很多，尤其在冬天，因为我们更会选择能够产生血清素、含有高碳水化合物的安慰食品来驱散抑郁感。芝士通心粉也许会暂时让 SAD 远离，但很快，这会演变成更长远的问题。当我们应该减重时却在增重，而在应该增重时增加更多，一切就像脱了缰的野马。这个问题在狼型人身上尤为严重，他们为了度过情绪低谷更易沉湎于食物（和酒精）。

最易受到冬季抑郁负面影响的生理时钟类型:

别被"人类冬眠"这一说法吓到。熊型受的影响很少。另一方面，**海豚型**则对环境变化十分敏感，在神经质这一项的得分很高，这项特性恰恰和 SAD 相关。

狼型，该生理时钟类型总是和开放性、趋避性应对策略联系在一起，即使在温暖的月份都可能出现类似抑郁的情绪失调，他们更容易在冬季患上 SAD。击败冬季抑郁的办法只有一个——假装在过夏天。尽量在户外活动，接受足够的阳光照射（尤其在早上），锻炼身体（你会很快暖和起来），多吃新鲜蔬菜与水果。练习瑜伽、冥想，这些活动都可以刺激血清素的分泌。

夏令时节律

实事求是地说，我觉得每年为了夏令时（DST）调整两次时间着实没有必要。夏令时就像恐龙，而且会留下很多后遗症。

一项德国的研究表明，在夏令时调整的八周左右时间内，社交时间（并非太阳时间）在秋季推迟一小时更易被所有生理时钟类型接受，但是春季提前一小时的设置对所有生理时钟类型，特别是狼型来说尤为困难。

春季提前一小时会引起一种小型时差效应，类似于穿越了一个时区，普通人需要一天时间适应。由于夏令时一般都是在周末调整，相对较易接受。但是到星期一早上，人们依然会觉得疲倦、笨拙，甚至有点暴躁。3 月，夏令时在春季提前一小时开始后，意外伤害、交通事故、心脏病突发的数量也都有所增加。

最易受到夏令时负面影响的生理时钟类型：

海豚型对失去一小时的睡眠不能很快适应。他们需要更多的睡眠，所以为了一小时的白天时间牺牲一小时的睡眠，实在得不偿失。

熊型与狼型也许喜欢秋季推后一小时，但春季提前一小时会加重睡眠惯性，以及随之而来的疲倦、易怒、事故和错误。

狮子型则由于夏令时而变得更加孤僻——夏令时使得他们在天还没亮的时候又多出了一小时无所事事，而晚上则更早感到疲倦。

顺利适应夏令时的办法只有一个，假装你在倒时差。尽量多地接触阳光直射，吃饭一定要规律，即使还没有感到饥饿。在夏令时开始后的三天，连续在傍晚时分运动。

第十六章

一生的昼夜节律

生理节律会随着时间的变化而变化。或许你天生有早醒或失眠的基因，但是**你的生理时钟的各个参数并非一成不变，而是随着年龄而变化**。

本书所讨论的生理时钟类型主要针对 21 至 65 岁的成年人，四种类型各有不同。熊型占主体，大约 50% 的成年人都属于熊型，而剩下的 50% 则分属海豚型、狮子型和狼型。然而这个比例分配在 21 岁之前或者 65 岁之后则大相径庭。

婴儿的行为更类似狼型，他们越到夜晚越精神，白天则十分嗜睡。不过更准确地描述婴儿作息时间与生理时钟类型的说法是，他们的大脑虽然也有视交叉上核，基因里也携带了某种生理时钟类型的偏好，但是婴儿直到两三个月之后才会开始遵循生物钟。

胎儿在子宫中处于全然的黑暗之中，完全接受不到阳光或者人造光的照射。胎儿孕育过程中——基本上就是浸泡在羊水中——完全没有受到类似日出日落或开饭时间这样的授时因子的影响。更重要的是，新生儿大脑中能够分泌褪黑素和血清素的松果体在刚刚出生时尚未发育完全，一直到两周岁左右才能发育完全。出生后三个月内，新生儿根本无法分泌褪黑素，所以他们的作息显得毫无规律。

不过，婴儿可以从母乳当中获取褪黑素，这会让他们感到舒适、困倦，尤其在晚上，当母亲分泌更多褪黑素时，他们也会获得更多。但褪黑素的量尚不足以让他们沉睡一整夜，因为婴儿很快就会饥饿，需要不断进食。

不仅如此，母亲也会向婴儿传递她们的紧张情绪。有一项很有意思的研究调查了 52 名喂母乳的母亲，研究者发现母乳中高浓度的皮质醇与女婴的"负面情绪"——包括恐惧、悲伤、不适、愤怒、挫败、烦躁等具有相关性，男婴则脾气稍好。这与婴儿的生物钟又有什么关系？事实上，当夜晚你被婴儿的哭闹吵醒时，肾上腺素分泌升高，这会传递给婴儿，导致你和婴儿都无法再次入睡。

假以时日，三个月后，婴儿的松果体成熟后，他们的生物钟就开始起作用了。父母可以有效使用授时因子——早晨的阳光照射、规律的进食时间——帮助婴儿建立一套健康的作息时间，让婴儿的作息时间来个 180 度的大转弯，使刚出生时的狼型变成狮子型。

两三岁的学步儿属于狮子型。博尔德大学的研究人员在儿童父母的帮助下评估了 48 名健康的 3 岁儿童的生物钟。他们为每个儿童建立了睡眠日志，并收集了儿童唾液中的褪黑素以确定他们生理上的入睡时间。接近 60% 的儿童被划分为"完全早上型"或"基本早上型"，剩下的属于既非早上型也非晚上型，并没有一名儿童被划分为"完全晚上型"。任何家有小儿的家长其实都对此深有体会，天刚亮他们就会跳到你的床上，午饭后需要午睡，晚上很早就会困倦。

孩子慢慢长大，渐渐不再需要午睡，他们的生理时钟类型也会慢慢从狮子型转向熊型——直到青春期，仿佛一夜之间又变成了狼型。

青春期少年多数都是狼型。他们能一觉睡到下午，而晚上却精神抖擞。著名的时间生物学家齐尔·伦内伯格进行的一项研究表明，生理时钟从青春期的狼型转向成人期的熊型，恰恰是青春期结束的标志。伦内伯格和他的团队分析了 25000 名德国与瑞士受试者的生理时钟类型，描绘了他们在自由的日子里（例如不需要特别早起的周末或假期）醒来的时间。他们发现，大多数的狼型处于 20 岁年龄段，在 25 岁人数骤降，转向熊型，而以熊型为主的人群一直到成年期都保持稳定。

老年人。在伦内伯格的研究中，大多数人的生理时钟类型倾向于在 65 岁之后再次发生改变——变成更趋向早起的狮子型。众所周知，老年人确实具有狮子型趋向：醒得早，晚饭吃得早，感到疲倦更早。他们的注意力、执行力与认知能力同样符合狮子型的模式，早上水平较高，晚上则已精神不济。然而，如果我们仔细看看老年人的总体睡眠时间与睡眠质量，会发现一个完全不同的生理时钟类型模式。在一项针对将近 1000 名平均年龄 74 岁的老年人的研究中，研究者比较了受试者的入睡时间与总体睡眠时间，他们发现，尽管早起型的老年人比熊型的老年人早入睡一小时，实际上前者的睡眠时间比后者还要少 20 分钟。虽然他们更早上床，但结果反而睡得更少。这听起来非常类似海豚型的特点，也符合我的失眠症患者的睡眠模式。

根据美国国立卫生研究院的调查结果，50% 的老年人都受到失眠症折磨，他们普遍缺乏第三阶段、第四阶段的深慢波睡眠。老年人的生长激素与褪黑素通常分泌较少，其结果之一便是整晚会醒来数次，睡眠碎片化。老年人患有失眠症的第二重原因则是使用了破坏睡眠的药物，或因身体疼痛以及瘫痪、焦虑与其他健康问题难以入睡，所有这些因素和状况夹杂在一起，导致他们的睡眠更少、更轻，质量更差。

我们所有人都希望安享晚年，老了依然精力充沛，拥有高质量的生活。一个办法就是从现在开始保持与生理时钟类型一致的良好作息，这样才能在人生的黄金时期拥有健康的身体。只要你采纳本书推荐的策略，你一定能够改善睡眠，减轻体重，增强肌肉，远离心脏疾病、糖尿病及种种会缩短寿命、让你无法安享晚年的负面因素。

各年龄段主要的生理时钟类型

新生儿: 狼型

学步儿: 狮子型

学龄儿童: 狮子型 / 熊型

青少年: 狼型

成年人: 熊型

老年人: 狮子型 / 海豚型

最后的话

本书源于最新的生物医药研究成果，属于医疗保健领域的前沿。

我们都知道在一天中某个具体的时间进行化疗，能够大大提升化疗的效果。由于昼夜节律效应影响了血液成分，可以说任何血液化验结果都带有时间的印记。不考虑采血时间与用药时间即便不足以构成危险，也是十分过时的做法。

我相信，随着现有的新兴研究进一步深入，在不远的将来，个性化的时间节律终究会成为治疗与治愈疾病的手段之一。

本书呈现的数据让我感到十分兴奋，也非常高兴能为各位读者提供一个大开眼界的机会，了解生理时钟的力量。我希望各位读者能够了解自己的生理时钟，变得更健康、更快乐，同时让周围的人更健康、更快乐。不用改变你的行事方式，你就可以让一切变得更美好。

我会持续搜寻最新的研究数据，并定期在我的网站 www.thepowerofwhen.com 上更新。我也十分感谢本书引用的研究成果的所有研究者，以及为未来研究奠定了基础的研究人员。我还将继续治疗我的病人，继续研究他们如何能够利用生理时钟这一手段变得更强、更快、更健康、更富有、更快乐、更成功，拥有更好的人际关系。

改变就从今天开始！我建议我的病人从改变主要内容开始——入睡与醒来的时间、进食时间、锻炼时间——然后再稳定地调整每日或每周的作息时间。

或者你也可以立刻开始一整套全新的作息。先查查你的生理时钟类型的主钟（从328页开始），就会知道此时此刻应该做什么。是喝咖啡吗？真幸运！给自己冲杯咖啡吧。是上床睡觉吗？赶紧换上睡衣，躺在床上。是去跑步吗？那么换上运动鞋，赶紧出门。获得健康与幸福的作息就在你的手中。看看表，查查你的生物时间，从这一分钟开始，利用生理时钟的力量吧！

主钟

海豚型主钟

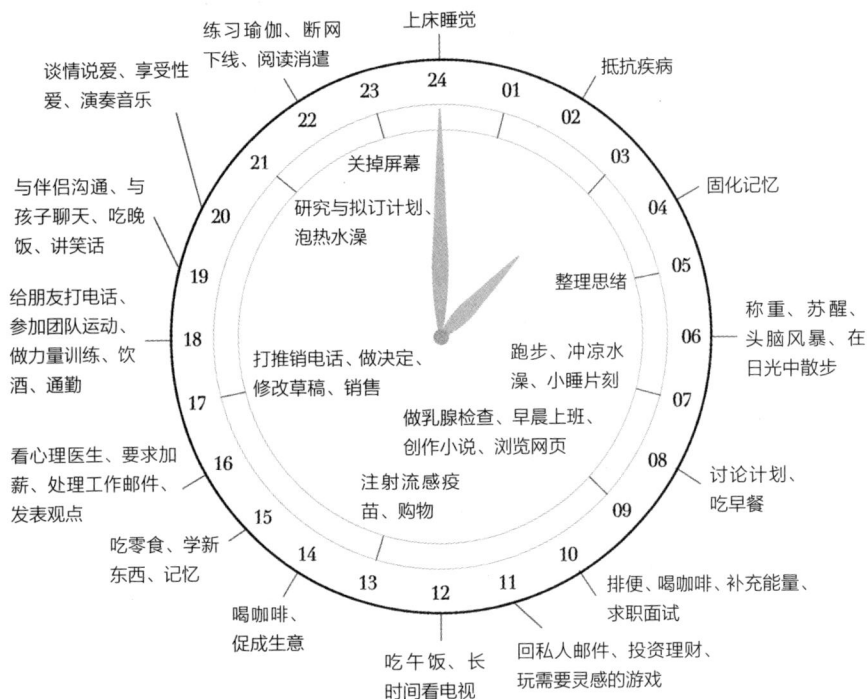

练习瑜伽、断网
下线、阅读消遣

上床睡觉

抵抗疾病

谈情说爱、享受性
爱、演奏音乐

关掉屏幕

固化记忆

研究与拟订计划、
泡热水澡

整理思绪

与伴侣沟通、与
孩子聊天、吃晚
饭、讲笑话

称重、苏醒、
头脑风暴、在
日光中散步

给朋友打电话、
参加团队运动、
做力量训练、饮
酒、通勤

打推销电话、做决定、
修改草稿、销售

跑步、冲凉水
澡、小睡片刻

做乳腺检查、早晨上班、
创作小说、浏览网页

讨论计划、
吃早餐

看心理医生、要求加
薪、处理工作邮件、
发表观点

注射流感疫
苗、购物

吃零食、学新
东西、记忆

排便、喝咖啡、补充能量、
求职面试

喝咖啡、
促成生意

回私人邮件、投资理财、
玩需要灵感的游戏

吃午饭、长
时间看电视

狮子型主钟

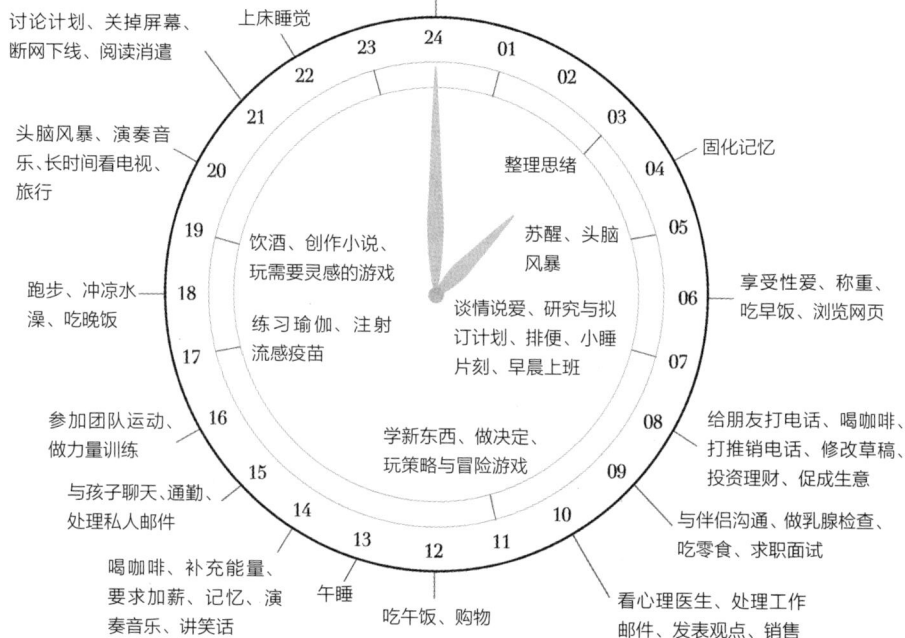

抵抗疾病

上床睡觉

讨论计划、关掉屏幕、断网下线、阅读消遣

头脑风暴、演奏音乐、长时间看电视、旅行

固化记忆

整理思绪

苏醒、头脑风暴

享受性爱、称重、吃早饭、浏览网页

饮酒、创作小说、玩需要灵感的游戏

练习瑜伽、注射流感疫苗

谈情说爱、研究与拟订计划、排便、小睡片刻、早晨上班

跑步、冲凉水澡、吃晚饭

给朋友打电话、喝咖啡、打推销电话、修改草稿、投资理财、促成生意

参加团队运动、做力量训练

学新东西、做决定、玩策略与冒险游戏

与伴侣沟通、做乳腺检查、吃零食、求职面试

与孩子聊天、通勤、处理私人邮件

看心理医生、处理工作邮件、发表观点、销售

喝咖啡、补充能量、要求加薪、记忆、演奏音乐、讲笑话

午睡

吃午饭、购物

熊型主钟

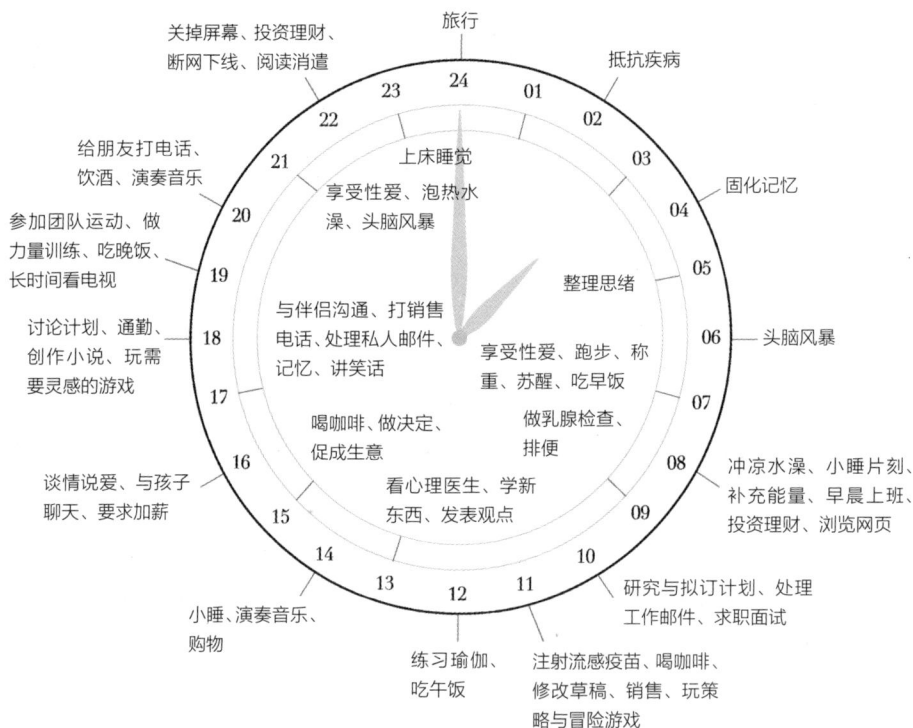

关掉屏幕、投资理财、断网下线、阅读消遣

旅行

抵抗疾病

给朋友打电话、饮酒、演奏音乐

参加团队运动、做力量训练、吃晚饭、长时间看电视

讨论计划、通勤、创作小说、玩需要灵感的游戏

谈情说爱、与孩子聊天、要求加薪

小睡、演奏音乐、购物

固化记忆

头脑风暴

冲凉水澡、小睡片刻、补充能量、早晨上班、投资理财、浏览网页

研究与拟订计划、处理工作邮件、求职面试

注射流感疫苗、喝咖啡、修改草稿、销售、玩策略与冒险游戏

练习瑜伽、吃午饭

上床睡觉

享受性爱、泡热水澡、头脑风暴

整理思绪

与伴侣沟通、打销售电话、处理私人邮件、记忆、讲笑话

享受性爱、跑步、称重、苏醒、吃早饭

喝咖啡、做决定、促成生意

做乳腺检查、排便

看心理医生、学新东西、发表观点

狼型主钟

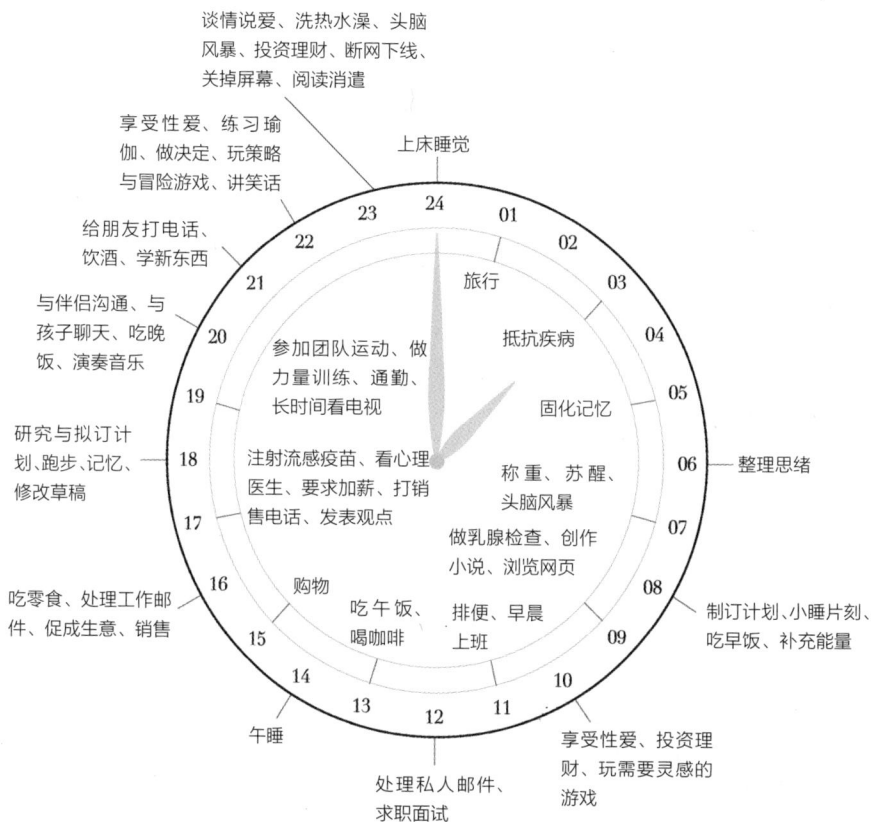

谈情说爱、洗热水澡、头脑风暴、投资理财、断网下线、关掉屏幕、阅读消遣

享受性爱、练习瑜伽、做决定、玩策略与冒险游戏、讲笑话

上床睡觉

给朋友打电话、饮酒、学新东西

旅行

与伴侣沟通、与孩子聊天、吃晚饭、演奏音乐

抵抗疾病

参加团队运动、做力量训练、通勤、长时间看电视

固化记忆

研究与拟订计划、跑步、记忆、修改草稿

整理思绪

注射流感疫苗、看心理医生、要求加薪、打销售电话、发表观点

称重、苏醒、头脑风暴

吃零食、处理工作邮件、促成生意、销售

做乳腺检查、创作小说、浏览网页

购物

制订计划、小睡片刻、吃早饭、补充能量

吃午饭、喝咖啡

排便、早晨上班

午睡

享受性爱、投资理财、玩需要灵感的游戏

处理私人邮件、求职面试

图书在版编目（CIP）数据

四型生理时钟 /（美）迈克尔·布劳斯（Michael Breus）著；郑咏滟译 . — 长沙：湖南文艺出版社，2017.5
书名原文：The Power of When
ISBN 978-7-5404-8058-5

I.①四… II.①迈… ②郑… III.①应用心理学 – 通俗读物 IV.①B849-49

中国版本图书馆 CIP 数据核字（2017）第 076357 号

著作权合同登记号：18-2016-250

THE POWER OF WHEN by Michael Breus
Copyright © 2016 by Mindworks, Inc.
Published by arrangement with Glass Literary Management, through The Grayhawk Agency.

上架建议：畅销·心理励志

SI XING SHENGLI SHIZHONG

四型生理时钟

作　　者：〔美〕迈克尔·布劳斯
译　　者：郑咏滟
出 版 人：曾赛丰
责任编辑：薛　健　刘诗哲
监　　制：吴文娟
策划编辑：董　卉
特约编辑：陈晓梦　庞海丽
版权支持：辛　艳
营销支持：杜　莎　李茂繁
封面设计：仙　境
版式设计：潘雪琴
出版发行：湖南文艺出版社
　　　　　（长沙市雨花区东二环一段 508 号　邮编：410014）
网　　址：www.hnwy.net
印　　刷：三河市中晟雅豪印务有限公司
经　　销：新华书店
开　　本：880mm × 1230mm　1/32
字　　数：260 千
印　　张：11
版　　次：2017 年 5 月第 1 版
印　　次：2017 年 5 月第 1 次印刷
书　　号：ISBN 978-7-5404-8058-5
定　　价：38.00 元

质量监督电话：010-59096394
团购电话：010-59320018